战国七雄

李山 著

商务印书馆
创于1897 The Commercial Press
2012年·北京

图书在版编目(CIP)数据

战国七雄/李山著.—北京:商务印书馆,2012
ISBN 978-7-100-09359-0

Ⅰ.①战… Ⅱ.①李… Ⅲ.①中国历史—战国时代—通俗读物 Ⅳ.①K231.09

中国版本图书馆CIP数据核字(2012)第198441号

战国七雄
李山 著

商务印书馆出版
(北京王府井大街36号 邮政编码100710)
商务印书馆发行
北京市松源印刷有限公司印刷
ISBN 978-7-100-09359-0

2012年9月第1版　开本710×1000 1/16
2012年9月北京第1次印刷　印张$20^3/_4$
定价:39.00元

目　录

第一讲　大裂变

这是一段延续了二百五十多年、影响中国两千多年历史的动荡时期，这就是战国。战国时期的突出特点是变，它以风卷残云之势，变革着旧有的秩序，形成着新的历史格局。西周以来的许多诸侯邦国不见了，现在是七个大国的逐鹿中原。那么，这个激荡着血与火的变世，是从哪些方面开始变化的呢？请看《战国七雄》之《大裂变》。

战国上承春秋，下启秦汉，是中国历史上的一个特殊时期。它的突出特点就是“变”。西周以来诸侯林立格局大体消失，代之以七雄并立的格局，即所谓战国七雄：齐、楚、燕、韩、赵、魏、秦。七雄竞争你死我活，“七雄”并立又变成秦国的“一雄”独大。七个志在统一的竞争对手，代表着统一天下的七种可能。那么，七种可能，又是怎样向一种可能演化的？七雄对峙，它们各自有怎样的作为？从七个大国的盛衰变化中，又能读到怎样的历史经验和历史教训呢？

天下大势，合久必分，分久必合。我们要讲的战国这一段故事，就是中国历史由“大分”到“大合”的过程。这个过程延续的时间与春秋差不多，二百五十多年。也就是说，从公元前五世纪到公元前三世纪这段历史。

李山脱口秀

战国这一段故事，就是中国历史由“大分”到“大合”的过程。

为什么要讲这一段呢？因为两点：一、重要；二、特别。

它怎么重要呢？战国两百多年的历史大裂变，结束了从史前到夏商周数千年形成的远古社会，开启了秦汉至今两千多年的社会政治经济与文化。史前的中国文化究竟从什么时候开始，仍需更多的探索。但十分清楚的是，战国离我们才两千多年，离中国文化的开始时期却要远得多。那么，战国以前的漫长历史，其特点是什么？依靠考古发现和文献记载，可以这样说，从政治上说君权要靠神权的护佑，所以，战国之前漫长历史的政治情况，也可以说是神权政治。古代文化从发祥、发展，一直到夏、商、周建立，那些王者总是要依靠一种至高无上的神权，也就是精神力量统治大家。神权的分量很重。当然，任何政权都需要武力支撑。可是武力支撑，缺了神权的保障，就没有服人心的力量，就难以持久。这是一个方面。另外，人类从原始社会发展过来，总是由父母生，有兄弟人伦，由父子兄弟这些最基本的人伦，蔓延而形成复杂的社会群体。发展到西周时期，就有宗法制的出现，强调血亲原则。可是，到了战国时期，这样的总体社会结构原则也要结束了。下启秦汉，到离今天一百多年的清末，古代社会政治经济等几个主要方面，都实行的是战国兼并战争中形成的体制。要了解秦汉以后的两千多年的历史，一定要从战国开始观察。所以说，它很重要。

第二，它特别。特别在哪儿呢？中国文化，从有文字记载以来的文化，很长时间里，人们信仰德行，相信亲情，尊崇人际和谐，可是到战国这个时代，根本不讲以上这些东西。它讲什么？讲智术，讲诈术，讲暴力。所以这个时代，是血与火的时代。数千年发育成的文化形态，要在两百多年中把它改变，大家读过《庄子》的“庖丁解牛”，庄子老先生写庖丁解牛，把一个剔骨、一个骨肉的剥离过程，写成一个富于韵律的过程，文学家的手法美化了一件很痛楚的事情。站在牛的角度，那是要流血，那是要骨肉分离的！战国这两百多年，应该说也是一个很痛苦的时代，崇尚暴力，崇尚诈术。古老的社会体制要结束，许多人要为此而死于非命。

李山脱口秀

庄子老先生写庖丁解牛，把一个剔骨、一个骨肉的剥离过程，写成一个富于韵律的过程，文学家的手法美化了一件很痛楚的事情。站在牛的角度，那是要流血，那是要骨肉分离的！

后人写文章说到这一段的时候，对这个时期的尚诈术，对崇尚智力的评价，并非那么美好，往往持一种否定态度。这是因为这个时代在整个中国文化发展的大历史当中，比较特殊。惟其特殊，它才别有意趣。

战国又叫战国七雄，哪七雄呢？大家耳熟能详，即所谓齐、楚、燕、韩、赵、魏、秦。在七雄争强过程中，尤其是一开始，还有一些小的国家存在，它们尸居余气地存在，实际早已变成“狼群”眼中的“羊”。七雄就是“七匹狼”啊！它们盯着这些小国，要竞争，就得抢夺这些小国的“鲜肉”。有这些小国存在，可为什么只说战国“七雄”呢？就是因为那些小国不过是放在案板上的肉。这时期的历史，只是“七雄”的历史。

战国是由春秋裂变来的，西周建国大一统，到东周就开始乱，先是春秋，继而是战国。春秋与战国比，春秋是“乱”，战国是“变”。当然这只是取其大端而言。春秋是在“乱”中

李山脱口秀

在七雄争强过程中，尤其是一开始，还有一些小的国家存在，它们尸居余气地存在，实际早已变成“狼群”眼中的“羊”。七雄就是“七匹狼”啊！它们盯着这些小国，要竞争，就得抢夺这些小国的“鲜肉”。

临淄　在今山东临淄
蓟　在今北京
邯郸　在今河北邯郸
咸阳　在今陕西咸阳
郢　在今湖北荆州
郑　在今河南新郑
大梁　在今河南开封

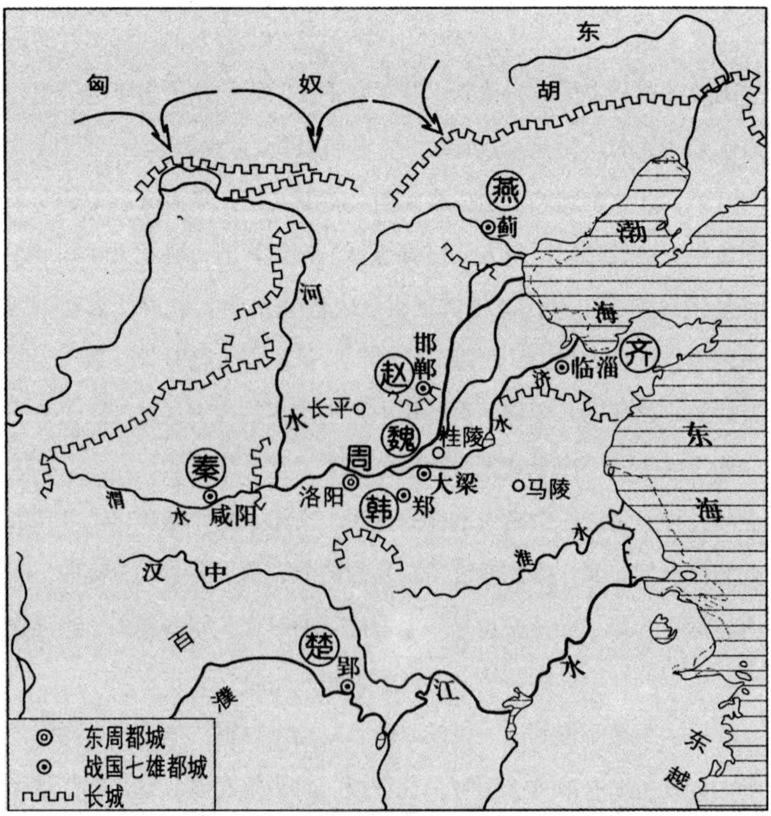

战国诸侯称雄形势图

“变”，战国是“变”中还有点“乱”，因为还没统一。所以，春秋加战国这段历史，这段五百多年的历史，就像一座大厦，咔咔作响倾斜，以至于轰然倒地。由此旧时代结束，新时代诞生。大厦轰然倒地之前，就是七雄的角逐。这七雄，其中有四个国家，是换了最高统治阶层的。所以，战国的第一个重要变化，就是西周以来的老贵族被新的统治者所取代，也就是说，第一个显著的变化就是政权的大变更。

政权的大变更，主要表现在“三家分晋”和“田陈篡齐”这两个事件上。有的史学家认为，三家分晋、田陈篡齐，是春秋走向战国的标志。

那么，究竟“三家”怎么“分”的“晋”？“田陈”又怎样“篡”的“齐”呢？这里边有很多细节，简单地说，可以用四个字加以概括：邀买人心。

先来看三家分晋。大家知道，晋国（在今山西省）进入春秋以来争霸，先是晋文公争霸，后来又有晋悼公复霸，霸业延续的时间很长。要争霸，必然打仗。要打仗，君主去？光杆儿司令不行，就要用大臣。用大臣，打了胜仗，就得给好处，主要是土地和人民，划出去给那些战场立功的大臣。这样，在晋国内部，就逐渐形成大家族条条块块分割国家君主权力的状况，而且愈演愈烈。同时，这些大臣之间，为了更多的权益，也必然要互相倾轧，你消灭我，我消灭你，消灭来消灭去，最后剩了六家。这六家有韩、赵、魏，大家比较熟悉，还有三家是智氏、中行氏和范氏。六家在一段时间内虎视眈眈，你盯着我，我盯着你，六只老虎或说六只豹子在那儿争。这种局面维持不了多久，早晚要有个胜负。这个情景，被远在吴国的一位赫赫名人看透了。谁呢？孙武子。他把晋国六家将来的胜负情况看了个通通透透。出土文献有一篇叫作《吴问》，里边记载了孙武子和吴王的一次谈话，说到晋国六卿的争斗。吴王问孙武子，北方的晋国，六家都在争强，将来到底鹿死谁手啊？孙武

李山脱口秀

春秋加战国这段五百多年的历史，就像一座大厦，咔咔作响倾斜，以至于轰然倒地。由此旧时代结束，新时代诞生。

子说，将来笑到最后的，应该是赵氏家族，范氏、中行氏先亡。吴王一听，啊？赵氏家族？赵氏家族并不是很强啊！当时最强的家族是智氏，其次是范氏、中行氏。孙武子就解释说：范氏、中行氏先亡，因为他们出租给农民土地的田亩量最小，一亩只有160步；智氏则是180步，韩氏、魏氏则是200步；最多的是赵氏，一亩240步！而且，赵氏还“公无税焉”，不收税，或者税收很少；韩、魏等五家，则是五分税一。孙武子看到的赵家等出租田亩的情况，其实就是收买。大家族租给百姓土地，160步叫作一亩，180步、240步也叫作一亩，可实际的面积差得很多。收税都按一亩多少来收，都是一亩，160步和240步，差得远了去了！这就是说，老百姓从谁家得到的好处多，就支持谁。由此，孙武子判断赵家最后能胜利，因为他家最能邀买人心。

孙武子是军事家，可是他也懂政治，懂世道人心。他老先生把晋国的事看透了，实际也把当时新贵上台的把戏看穿了。果不其然，没有多久，先是智氏联合韩、赵、魏灭范氏、中行氏，接着韩、赵、魏联合起来又灭智氏。最后，就剩了三家：韩、赵、魏。与孙武子的预言有出入的是，最终是韩、赵、魏三家切西瓜似的把晋国一分为三，这就是韩、赵、魏三个战国政权的诞生。

三家分晋，诞生了战国七雄中韩、赵、魏三个国家。这件事情，和在齐国内部发生的田陈篡齐事件，一起构成了春秋向战国的过渡。田陈篡齐，指的是齐国的田氏家族篡夺了齐国的君主之位。那么，田氏家族为什么能篡夺齐国的君主之位？它主要靠的是什么呢？

李山脱口秀

与三家分晋的大亩出租、小亩收税手法相似，田氏夺权邀买人心则是大斗出、小斗入。

再来看齐国。与三家分晋差不多同时，出现了田氏篡齐。与三家分晋的大亩出租、小亩收税手法相似，田氏夺权邀买人心则是大斗出、小斗入。

田氏这个家族，春秋早期从陈国流亡到齐。当时陈国公子叫完，陈国发生内乱，公子完在陈国待不下去，就跑到了山东的齐国，后来称田氏。田、陈古代读音相近。当时正值齐桓公争霸，陈完作为流亡贵族来到齐国，被任命为工正，管手工业生产。齐国是老牌国家，工商业发达，烧罐子、烧瓦盆之类的制陶业也发达，田氏就负责这方面生产的管理。

当初陈完往齐国跑的时候，占了一卦，算卦的说，将来陈完这一支会建立一个新国家。不过看卦象，新国不是在陈国，得在异国。陈国的贵族与舜一个姓，而齐国的贵族则是姜姓，卦象里显示，将来八代以后，他们要在齐国建一个新国家。陈完到了齐国以后，有人给他找媳妇，老丈人家也算了一卦，说将来这位女婿的后人要取代齐君，大富大贵，贵不可言。这些如果不是事后诸葛亮，也只能算是瞎猫碰到死耗子，我们不去管它。陈氏在齐国做管理手工业的官，积蓄了不少财富。不过很长一段时间，田氏家族在齐国的表现都平平，没什么大贡献，只是一个富人家族而已。

到了春秋后期，陈完的后人在收买人心上就可以大有作为了。为什么呢？因为这时候的齐国老贵族，与其他诸侯国的老贵族一样，都在抛弃自己的民众。邀买人心，就可以见缝下蛆了。春秋后期齐国的君主是谁呢？是齐景公，就是鲁迅先生“俯首甘为孺子牛”的那位“孺子牛”。是他，让儿子骑在背上，自己嘴里叼根绳儿，另一头让儿子拽着当缰绳。结果，爷儿俩栽了跟头，儿子一拽绳子，把老爹的门牙拽掉了，这个人就是齐景公。对儿子好得不得了，溺爱，弄得自己豁着牙执政。对儿子那么好，对民众又如何呢？糟糕透顶！齐景公手下著名的大贤臣晏婴到晋国去给君主办婚事，与当时晋国的一位大贤人叔向闲谈，谈到齐国的情况，晏子说，“此季世也，吾弗知，齐其为陈氏矣”（《左传·昭公三年》），我们的政治到了末世了，我不知道将来政权是不是就归田氏。晏婴有这样的感觉，叔向就问，为什么这样说呢？晏子说，咱们可以“即器

李山脱口秀

对儿子好得不得了，溺爱，弄得自己豁着牙执政。对儿子那么好，对民众又如何呢？糟糕透顶！

求道”，看看我们国家的情况。晏婴的意思是通过一些现象（就是器），可以了解一些本质性的东西。他又说，我们国家度量衡是有定制的，比如一斗有多大，国家有明确规定。多少升是一斗，多少斗是一石，也是有规定的。可是，田氏家在放贷的时候，他家那一斗，好家伙，要比国家的一斗大出好多，用这样的大斗发放给小民，等到小民还他家粮食的时候，田家又把符合国家规定的斗器拿出来，用这样的斗来量。这就是大斗出，小斗入。里外里，借债的百姓就占到了便宜。另外，田家经营木材，经营海货，木材在山上什么价格，在都城里卖给老百姓还什么价格；海货也是一样。这不是赔本赚吆喝吗？可是经济上受点损失，政治上却获得了民众的支持。

三家分晋和田陈篡齐，开启了大兼并的战国时代。战国时代和它之前的历史相比，在很多方面都发生了巨大变化，这些变化，构成了战国时代的独特面貌。那么，这些变化是什么呢？

李山脱口秀

诸位，好让人感觉疼的说法啊！老百姓砍了脚，不用穿鞋子了，改穿假肢。这就是统治阶层忘了载舟覆舟的道理，不拿百姓当人啊！这就叫没落。小百姓也就只能跟着给他一点点好处的人走，其实是被一些有野心的人收买了。收买他们不就是三五斗的事吗？

好，无论是三家分晋，还是田陈篡齐，就是四个字：邀买人心。从这件事情我们可以看出好多内容：

第一，什么叫老贵族没落啊？他怎么就没落了？当年打天下，伐商纣王的时候，老百姓跟着你贵族走，现在几百年过去了，你们富贵太久了，开始抛弃当年追随你的老百姓。齐景公对儿子那么好，把门牙都拽掉了，可齐国老百姓的情形怎么样呢？晏婴说了，说在我们国家，卖鞋子的都失业了，卖什么的赚钱？卖假肢的！诸位，好让人感觉疼的说法啊！老百姓砍了脚，不用穿鞋子了，改穿假肢。这就是统治阶层忘了载舟覆舟的道理，不拿百姓当人啊！这就叫没落。小百姓也就只能跟着给他一点点好处的人走，其实是被一些有野心的人收买了。收买他们不就是三五斗的事吗？还能用多少？升斗小民，一点小利就可以带他们走。当田陈篡齐、杀姜姓君主时，齐国的百姓默不作声，田氏就得了手。可是，最终跟着走的小百姓又如何呢？一百年左右吧，孟子到了齐国，就是田陈篡齐的齐；碰巧他也到过梁惠王的魏国，就是三家分晋的那个魏。孟子在这两个国家看到的是什么呢？孟子反复看到的是“野有饿殍，厩有肥马”——野外有不少饿死的老百姓，可是当权者，有钱有势家族，达官贵人家里，马都要肥死了！你田氏当年大斗出、小斗入的劲头哪儿去了？你魏氏当年大亩出租、小亩收税的劲头哪儿去了？夺了权，反过头来就收拾老百姓，大斗小斗、大亩小亩的那点好处，要利滚利、利打利地收回啊！其实就是放的高利贷！历史读到这儿，让人很感慨！

以上就是这段历史的第一层，政权方面换了人。从西周到春秋，君主及其周边的亲贵，都是周家当年分封的老贵族的后代。比如说鲁国的伯禽，带着鲁国的民众，到山东建了一个国家，住在城邑里。这批人繁衍，越来人越多，君主与这些人，老关系，不是亲人就是旧人。现在突然咔嚓一刀，诸侯邦国的脑袋被拿走了，换上了“新头”，韩、赵、魏和齐，都换了新头。不过，在社会层面，并没有根本性的改变。可是社会的“头”换了，“头”和社会的“身子”之间，需要新的接骨连皮术，这就要出现新的变化。过去老君主和自己民众的关系，不是亲戚就是故旧，可以追溯历史，追到创业时期。现在换了，没这个历史渊源了，怎么办？各种各样的变法就出现了。而且，也正是四个新兴国家率先变法，尤其是三家分晋的那个魏，变法更走在前面，也率先走向强盛。别的国家纷纷效仿，不变法不行，所以各国都开始变法。由于政治层面的变更，在社会管理层面也必然有大变化。这是第一个层面，就是政权发生了重要的变更。

第二个，在整个政权变更中，也看到了世道人情的深层变化。刚才我们说过，三家分晋，不是六卿之家在那里互相虎视眈眈吗？范氏、中行氏早早被灭，这事情先从哪儿起？先从赵家内部起。怎么起的呢？说起来很简单，家族势力大了，就开始分家，越分

李山脱口秀

夺了权，反过头来就收拾老百姓，大斗小斗、大亩小亩的那点好处，要利滚利、利打利地收回啊！其实就是放的高利贷！历史读到这儿，让人很感慨！

越远。赵氏家族大掌门、正支正脉是谁呢？是赵简子。可是他有个“五从兄弟”，什么叫“五从兄弟”呢？就是刚刚出了五服不远的兄弟，在邯郸掌管着赵氏大家族的地盘。这位“五从兄弟”叫赵午，又叫邯郸午。本来，不都是赵家人吗？然而，老话说的，卧榻之旁岂容他人酣睡？这已经是战国时期，正门正支就要消灭旁门旁支，赵简子已经容不得赵午。看到了吗？世道人心开始变了。当时赵家势力打卫国，卫国献五百户人家给赵氏。所献五百家本是准备放到邯郸这儿的。不想赵简子处心积虑要干掉赵午一支，就提出来说，卫国献的五百家，你们不能要了，必须给我。这是强拿。赵午他们就商量，采取推迟拖延的计策。赵简子马上翻了脸，赵午来都城，赵简子就把他关了起来，然后对他的随从说，你们回去再另立个人吧，这个人回不去了！三下五除二，赵简子办事倒很麻利，把赵午杀了。同门，刚刚出了五服的兄弟，赵简子就这样对待，这就是世道人心在变啊！变在哪儿？我们知道，周代建国，亲亲尊尊，有个很著名的政治人物叫周公旦。周公旦这个家族在洛阳主政，他死了，他儿子继承，他好多辈子孙，世世代代做周公，在西周做了约三百年，到了春秋又做了一百多年，总共做了四五百年的周公，十五六代人总有了。那是老原则，任用亲人。

可是，在赵简子杀赵午这个事情上，我们却看到了另外的法则。什么兄弟不兄弟？利益最要紧，谁妨碍了自己的利益，就把他干掉。实际上，正是赵简子和赵午同一个大家族之间的内斗，又引起其他家族的反应，出现了六卿之间互相歼灭，直到最后剩下四家。赵简子处心积虑就是要干掉赵午这一支，这时候，西周以来重视宗族血缘关系的老观念已经被抛弃，眼里只有利益、土地、人民。这样的世道人情，打个比喻说，遵循了鲨鱼的准则。电视里演，鲨鱼在娘肚子里时，若是怀了多胎，同胞在娘肚子里就开始干仗，大的消灭小的，也不管什么同胞不同胞。赵简子正门消灭旁门的事，就发生在春秋后期，韩、赵、魏还没有破壳而生，很像是鲨

李山脱口秀

什么兄弟不兄弟？利益最要紧，谁妨碍了自己的利益，就把他干掉。这样的世道人情，打个比喻说，遵循了鲨鱼的准则。鲨鱼在娘肚子里时，若是怀了多胎，同胞在娘肚子里就开始干仗，大的消灭小的，也不管什么同胞不同胞。

鱼在娘胎里的大吃小，哥哥吃弟弟，强的吃弱的，这样的原则在战国七雄尚未真正出现时就确立了。试想，一旦他们建国以后，他们处置列国的关系会怎样？我想大家从赵简子处置赵午家族这样一件小事中，差不多就可以领会了。这是我们看到的第二层变化，就是处事原则、世道人情的变化，什么人伦，什么血亲，统统扔在脑后，这就是第二个方面的变化。

> 战国时代的一个突出特点就是“变”，不仅政权层面在变，世道人心在变，而且在社会的各个方面都发生着天翻地覆的变化。那么，这些变化是什么？这些变化最终又带来了什么样的结果呢？

第三个方面的变化，就是战争法则的变更。七雄所以不同于春秋五霸，还表现在对周天子的态度不同。春秋五霸争来争去，都是以尊周天子为最高指向，就是不想尊，也得尊，假装也得尊。这就是“五霸”。他们要以周天子为号令，统领诸侯。另外，诸侯称霸，要设个假想敌。例如晋文公，想联合北方中原诸侯，就一定得把楚国当假想敌。这样，诸侯才有了共同的敌人，于是大家才成了朋友。这是老形态。

但是战国，一旦出现七雄并列的局面以后，这些国家的君主，没多久就各自称王了。各自称王意味着什么？意味着你和我之间我们都是独立的，谁强谁主宰天下，没有任何的道义可言，也没有任何的合法性可言，合法性只有拳头。所以战国的原则就是拳头的原则，谁横，谁取胜。所以我们说，这个时代就特殊在这儿，每个国家都摆明了，你是王，我也是王，就看拳头吧，摆明了是武力征服天下。

李山脱口秀

各自称王意味着什么？意味着你和我之间我们都是独立的，谁强谁主宰天下，没有任何的道义可言，也没有任何的合法性可言，合法性只有拳头。

这导致什么结果？战争打法不一样了。春秋的打法是什么呢？是“大刑用甲兵”（《国语·鲁语上》）。最大的刑罚是打仗，披铠甲、拿兵器，这是大刑。大家都是周王室下的邦家，如果一个国家做了不好的事，周王用简书的方式调动诸侯军队，打上旗子，敲起锣来，公布错误，讲明诸侯哪儿做错了，要堂堂之阵，正正之旗，要堂堂正正地征伐有错的诸侯，这叫刑罚，这就是所谓王道。西周的战争是这样的概念。

到了战国，七雄都是王了，荒原上七匹狼，都想当王者。这时候还能讲“大刑用甲兵”吗？不能。战争就只是用诈术，就是杀人如麻。七国都想做最终的王，必须把并立的其他国消灭掉，占领你的土地，掠夺你的人民，消灭你的政权。战争因此异常的酷烈了。

春秋时期打仗，七八百辆战车，战车上站着三位甲士，后边跟着十几个人，算一算，总共也就是几万人而已。可是到战国时期，伊阙之战一下子就死了二十四万人；长平之战，一晚上坑杀降卒四十余万。诸位，一部二十四史，翻一翻，记录多少人，就说是人名，有二十四万个人名吗？有一晚上坑杀四十余万吗？而且是杀降卒。春秋时期的邲之战，楚庄王打胜了，晋军逃跑，楚庄王告诉他的将士们，追跑了就算了，不要多杀人。这个符合杜甫的诗，杜甫《前出塞》说，“苟能制侵凌，岂在多杀伤”。楚庄王还有这个调调呢，他知道，战争是政治的延续，战争是为了建立更好的政治，不是杀人。可是，到了战国时期，就出现了杀降卒的将军。为什么有人把战国称为“黑漆漆”的时代？这时，孟子站出来了，指责当权者：你们杀人盈城！有人问孟子：未来统一天下的是什么人？孟子来一句：不嗜杀人者，统一天下。这句话调门虽然太高了，不切实际，但说出了世道人心。这个时期战争的打法异常惨烈，战略战术也很复杂，所以研究军事史，研究列国之间的军事斗争策略，这个时期是个好对象，很多典型的战例都出现在这个时期。另外，这时期人们打仗，不像过去，驾驶战车，敲着鼓；而是全方位，水战，陆战，靠着险关，包围战，运动战，等等，有各种打法。所以，古代的兵书，像《孙武兵法》等，就写成于这个时代，此外还有《孙膑兵法》，

李山脱口秀

这个时期战争的打法异常惨烈，战略战术也很复杂，所以研究军事史，研究列国之间的军事斗争策略，这个时期是个好对象，很多典型的战例都出现在这个时期。

还有《吴子兵法》，也都是这个时代出现的。这是第三层变化。

第四层变化是什么呢？舞台的主角变了。春秋时期，那些贤人，举一个例子，如晋国的贤人有位随武子（也叫范武子）；随武子死了，接着就是范文子；范文子死了，就是范宣子，老贵族之家一代代往下传，这些人也都是出身名门，根正苗红。这批老贵族，他们的家庭就这么世代相传做大官。这是老例，是世卿制。到了战国，新冒出一批人来，不是靠出身，而是靠个人的才干起家的。这批人要说起来，还跟孔子有关系。春秋战国之际，新崛起的士子，就有孔子的学生，像子贡、子夏等。子夏后面还会说到。子贡这个人有一个特点，他会做买卖，他的身家财富如果在现代，可以上富人榜。司马迁写《史记·货殖列传》，记载了子贡这位善于经营的富人。说孔子死了以后，子贡到卫国经商做买卖，富甲一方。他接驷连骑，游说诸侯，阐扬自己的政治主张，能跟诸侯分庭抗礼。为什么？我不吃你，不喝你，不拿你，他的身份就独立。《史记》也说："使孔子名布扬于天下者，子贡先后之也。"这时期，一批新人起来了。还有一个人物，大家很熟悉，苏秦。他是洛阳人，家里的财产状况，他自己说过，他说我要不出去游说诸侯，就老老实实种城南那二亩地，有什么出息？看见了吧，家里面只有这么一点土地，是小户小民。后来，出去游说诸侯，传说他挂了六国相印后回家了，有点小人乍富那个劲儿。他一开始游说诸侯不顺利，回家那是什么光景？老爹、老妈见了他以后，理都不理：我哪有这么个儿子？倒霉催的。嫂子，管家的伙头军，在那儿坐着，一看小叔子那个德行回来，干脆不烧火、不做饭。爹妈，因为有不止一个儿子，有好有坏，分别对待；嫂子，人家的女人，对自己不贴心，也不奇怪。自己老婆又怎么样呢？苏秦的老婆在那儿照旧织布，假装没瞧见他。这是当初他回家的情形。可是现在，他富贵了以后回家，挂着六国相印带着钱财回来，可以买田买宅了，好家伙，他嫂子见了他以后，像一条蛇，匍匐着爬到苏秦面前套近乎。苏秦就说了：

李山脱口秀

苏秦出去游说诸侯，传说他挂了六国相印，回家了，有点小人乍富那个劲儿。他是二亩田地人家出来的，他们家都是势利眼，典型环境下出来的典型人物。

“嫂子，以前对我那么傲慢，现在怎么对我这么恭敬啊？”他嫂子势利眼却也实话实说：“以季子之位尊而多金。”小叔子您不是钱多官大吗？苏秦当时感慨了一句：“人生世上，势位富贵，盍可忽乎哉！”（《战国策·秦策》）大丈夫生在这个世界上，权势、富贵怎么可以忽略呢？文字很传神，是小说家言，把嫂子的势利，苏秦得志后的沾沾自喜，表现得淋漓尽致！

苏秦是二亩田地人家出来的，他们家都是势利眼，典型环境下出来的典型人物。他的确很有作为。当时出了一大批像他这样的下层之士，如商鞅、吴起、张仪，纷纷活跃在这个历史舞台上。他们或者主持变法，主持大的军事斗争，或纵横游说，出谋划策。一批新人崛起，使历史变得如火如荼，社会政治的舞台令人耳目一新。

李山脱口秀

由春秋的乱，分裂成七国，再到秦国统一，一个大枣核形状的历史。

总之，归结一点，这是个大裂变的时代。由春秋的乱，分裂成七国，再到秦国统一，一个大枣核形状的历史。谁能统一天下，七种可能，但最终秦国统一了天下。

大幕已经徐徐拉开，秦国为什么能够战胜其他六国，最后中原逐鹿，一家独胜？七雄从并立到历史统一，这个血与火的过程到底怎么回事？请看下一讲：魏文侯图强。

第二讲　魏文侯图强

战国时期大兼并的残酷现实，使得各个诸侯国都在谋求自身的强大，第一个做出成绩的诸侯，是魏国的魏文侯。那么，魏文侯是一个什么样的人？他又做了什么，使魏国首先强盛起来了呢？请看《战国七雄》之《魏文侯图强》。

历史进入到战国时期，大兼并的残酷现实，导致了诸侯国之间形成了弱肉强食的竞争格局，各个诸侯国为了自身的生存和发展，都有谋求发展的内在动力。在当时的七个大国：齐、楚、燕、韩、赵、魏、秦中，第一个强盛起来的，是从三家分晋中诞生的魏国；而魏国的强盛，和它的一代有为之君魏文侯密不可分。

战国二百多年，最终收拾掉六国并统一天下的是秦国，可是战国七雄第一台有声有色的大戏却不是从秦国开演的。从哪个国家开始的呢？是从韩、赵、魏的魏国开始的。

七雄并立局面出现以后，突然之间魏国强盛起来了。它的强盛，打破了历史的沉闷。从春秋后期到战国，有一段时间比较沉默，当然也可能是历史记载的丢失。从魏国兴霸开始，历史变得有声有色起来。天时地利人和，魏国占有着今天山西西南部一大片肥沃的土地，是春秋时期晋国争霸的基础。所以魏国首先演出一幕有声有色的戏剧，有它的现实条件。当然，仅此还不够。

魏国一强盛，它就要扩张，一扩张东边的齐国就觉得不得劲儿，西边的秦国也觉得受了压迫，于是纷纷效法图强。这一下，整个的战国历史就活起来了。

那么，使魏国崛起的君主是谁呢？这个人就是魏文侯。

中国古代的儒家思想，对君主是有自己的设想的。说一千道一万，儒家理想中，做君主的，应该是个有道德的人。古希腊也有这样的思想，柏拉图，他说我们选什么样的人当我们国家的最高领导呢？最好是他全知全能，是个智慧王。在中国漫长的历史中，贤明的君主不少。这些贤明的君主，各有其贤明的原因和表现。魏文侯的表现是什么？是他礼贤下士，这是他的一个特点。

首先说他下士，也就是尊重有道、有德的读书人。古代有一部书叫《吕氏春秋》，书中有一篇叫《察贤》这样写道："魏文侯师卜子夏，友田子方，礼段干木，国治身逸。"什么意思呢？说魏文侯把卜子夏当成老师看待，把田子方当成切磋道义的好朋友，此外他"礼遇"、就是非常恭敬地对待段干木。这就说到了这三个人，一个是师，一个是友，一个是被他礼遇的人。这都表示魏文侯要向他们学习，不是拿他们当自己的大臣，吆来喝去，而是把他们当成贤明之人来敬奉。此即所谓躬亲下士，就是把自己的身份放得很低，向有道之人学习。

第一个就是卜子夏。卜子夏是谁？他的名字叫卜商，是孔子的高足。

子夏在孔子死了以后，开始在西河传经，开门授徒当老师。他的学生中就有魏文侯，这时的魏文侯应该是年轻人，还没有成为王。那么，魏文侯向子夏请教了些什么呢？有记载。儒家有一部重要的经典叫《礼记》，里面有一篇重要的文章叫《乐记》，是讨论音乐的。古人深信，移风易俗，感人至深，莫善于乐。魏文侯年轻的时候对老师子夏说：我"端冕而听古乐"，就怕自己睡着了。可是，我一听当今音乐，就两眼放光，有滋有味。想问问老师，为什么听古乐那个样子，听当今音乐却是这个样子，何以效果如此截然不同呢？子夏回答了好多，其中比较重要的是他认为古乐表达的

李山脱口秀

古人深信，移风易俗，感人至深，莫善于乐。

内容深奥，有哲理的思考，古乐演奏的是天地秩序、人伦秩序、鬼神秩序，都是与文化存在息息相关的内容，所以古乐认真、严肃、和谐。而今之乐呢，节奏分明，节奏快，内容贴着凡人的情感走，男欢女爱，听多了无益。作为一个国君，应该多听古乐，把自己的内心世界熏陶得"敬以和，何事不行"？认为音乐的和谐可以改造人的心灵，如果内心世界充满了恭敬、和谐，什么事儿做不成呢？接着，子夏又引申了一句说："为人君者，谨其所好恶而已矣。君好之，则臣为之。上行之，则民从之。"（《礼记·乐记》）他对魏文侯说，您现在问的问题，实际涉及君主的好恶。君主好流行音乐，那老百姓满街满巷都是流行音乐；好古典音乐，高雅音乐，万民会跟着您走，恭敬、和谐、庄重。这话是可取的。任何民族、任何群体，都需要一点高雅的精神生活。当然，子夏话里话外也有瞧不起当时音乐的意思。他跟魏文侯也说过，总是听"郑卫"之音（当时这是一个固定语，指那些令人精神萎靡的流行音乐，又叫

李山脱口秀

音乐的和谐可以改造人的心灵，如果内心世界充满了恭敬、和谐，什么事儿做不成呢？

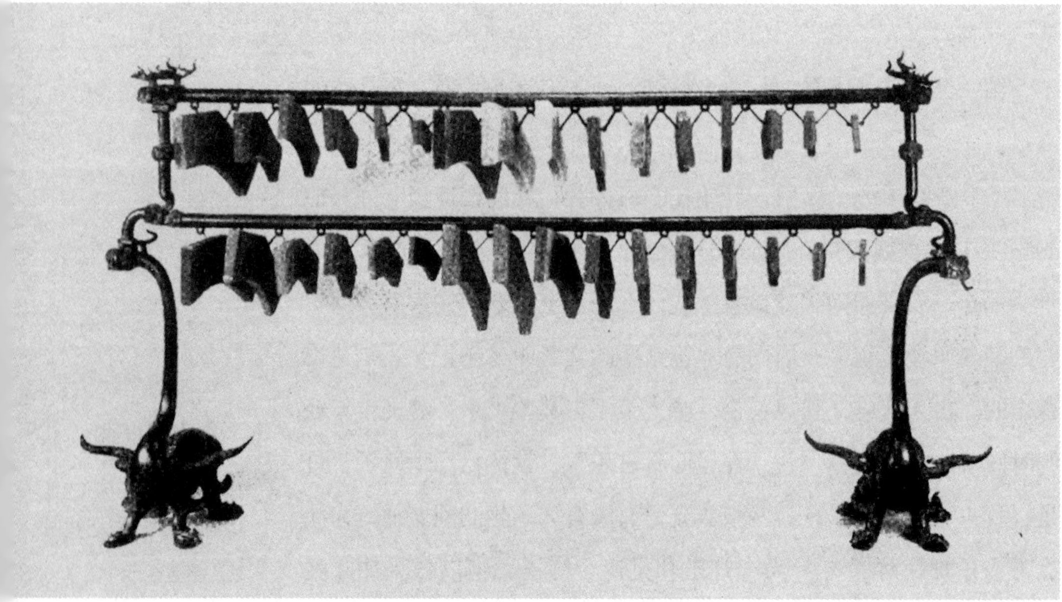

战国曾侯乙墓出土的编磬

"桑间濮上"之音，再说难听点，叫"亡国之音"），调调不高，整天沉迷在这里边，国家不好好治理，可不就完蛋了！这里，我们看到的是儒家对"礼乐教化"的关注。也可以说，子夏教导魏文侯，讲传统事物，里面有比较深邃的东西，君主应该学一学，而不应该一味跟着流俗跑。可以想象，魏文侯长期跟子夏这样的人打交道，知好知歹，有价值判断。这是我们从文献中看到的很珍贵的材料，记载了儒学思想与一个有为君主之间的关联。

魏文侯作为魏国的君主，向当时的儒家贤人子夏问学，不仅增长了学识，也开阔了眼界，这为他日后成为一代有为之君、带领魏国走向强盛打下了基础。除此之外，魏文侯还向其他贤人学习，这又给他带来了什么样的影响呢？

第二个人叫田子方。田子方是子贡的学生，比子夏小一辈。这个人在儒门中属于狂者类型。有一次，在朝歌，他遇到了魏文侯的太子击，就是后来的魏武侯。太子击对田子方很恭敬，田子方却不加理睬。魏太子不高兴了，说：你这样骄傲，我请问，是富贵者骄傲，还是贫贱者骄傲？田子方瞅了瞅他，心想：这个小势利眼！就说，我认为，像我们这种穷困的落拓不羁的人，可以怠慢人、骄傲人，你反而不可！太子问何以这样说？田子方回答：你有国家，你有社稷，你要负责任。你一骄傲，贤人就跑了。我怕什么？我一个穷光蛋，大不了在这儿待不下去，就像鸟一样跑到别处去。这就是"贫贱骄人"，后来有些人写文章喜欢用这个典故。当然，若是单由这段对话判断，田子方调子虽不很高，却也个性分明。儒门里面，孔子死了以后，分为八派，什么人都有，其中就有这么一种狂傲不羁的。从上面这个故事可以看到，田子方是能严守自己人格的，这就是比较早的儒家。在这样一个分裂的时代，国家政权没统

李山脱口秀

你是太子，你有国家，你有社稷，你要负责任。你一骄傲，贤人就跑了。我怕什么？我一个穷光蛋，大不了在这儿待不下去，就像鸟一样跑到别处去。这就是"贫贱骄人"。

一，这种人还有存身之地，此处不留爷，自有留爷处，所以还能保持一点孤傲的人格。

那么，魏文侯从田子方这里能学到什么呢？文献记载，魏文侯有一天跟田子方在一起吃饭，下面在演奏音乐，忽然魏文侯放下筷子，指责一位乐官说某个音符高了点，某个低了点。他的耳朵好使，看来跟子夏没白学，深通音乐，吃着饭，就听出了音乐演奏有毛病。这时，一旁的田子方就说话了。他说：您很懂音乐，就直接指责那位演奏者，这可不是做君主应该有的做法。该怎么做呢？应该找他的乐官，跟他指出来。这样指责演奏者，您的逻辑是因为您很内行，就可以直接管这个事。可是天下事如果事事都觉得内行，事事都去直接管，越级管事的瑕疵不说，一个君主这样做未免有点太不知大体了。田子方所说的，是古代论政非常注意的一点。老话说，宰相自有度，国君自有法条、法度。该管的事情管，不该管的事情你也管，问题就多了。管对了，没问题。管错了，怎么办？谁来纠正你？所以在这个地方君主要知大体。田子方这是教育魏文侯怎样当好一个君主。或许有人会问：儒家还有这方面道理？好像跟我们平时理解的儒家不太一样。其实儒家讲究的君子之道，很大程度上就是治世之道。这方面儒家文献有丰富的内容，例如孔子就说过，一个在上位者，对下级，应该“举贤才，赦小过，先有司”（《论语·子路》），在上位者以身作则，这叫“先有司”；另外，要注意“举贤才”；第三，“赦小过”。你制定政策，你是在思想中算来算去，就是有错误也显示不出来。可手下人，实际做事情的人，在执行政令的实践过程中，就容易出岔子。这个地方不能够太苛刻，太苛刻人家没法做，畏首畏尾。这都属于君主、领导者知大体的事情。从这个小故事当中，可以看到田子方这位孔子的再传弟子，还是深知儒家为官为政道理的。

李山脱口秀

该管的事情管，不该管的事情你也管，问题就多了。管对了，没问题。管错了，怎么办？谁来纠正你？所以说君主要知大体。

接着再看魏文侯的“礼段干木”。本来魏文侯也想把段干木延揽过来，给自己当老师或当朋友，切磋道义。结果呢，魏文侯有一次去找段干木，段干木一听说君主来了，翻墙就跑了。就是说，段干木跟魏文侯没有发生什么关系。这也是那个时代特有的精神。那时候的王者，还允许有一部分人，不进入到他们的体制之内，让他们保持自己的节操。但是，每一次魏文侯坐车经过段干木所住的闾里，总要站起来，俩手放在车的横木上，表示恭敬。这就是魏文侯。这是在给万民做表率，是向天下宣示这样的意思：只要是贤明的人，我们的国家，不论你为我所用，不为我所用，我都能包容，都能尊重。这不就是懂得什么是价值吗？这样的一个君主，虽然段干木不伺候他，他也予以容忍。这会给人们带来一种什么感觉？修身进学，在社会上生活，贤达有道，才是正确的人生方向。所以，对魏文侯而言，段干木这样的人貌似不为我所用，实际也为我所用。世界很大，比世界大的是宇宙，比宇宙还大的是心胸。在这些地方，我们看魏文侯跟儒家打交道，没白打。一个人的生命，如果只靠我们的俩眼看到的，俩耳听到的，不去读书，不去接触，不接触一种深厚的传统，不与高人打交道，就没法开拓个人狭小的生命世界。人生如白驹过隙，倏忽百年，所生活的空间有限，就是在现在，活动的空间大了，可以到美国、可以到南极去，但不学习，不开拓生命的世界，即使能在空间上到处走，也还是狭小。

这位魏文侯，我们看到了，是懂得有所尊重，也可以说是知好知歹的君主。按照中国儒学的说法，一个道德王应该做君主，魏文侯很难说是一个道德王，但是他懂得朝这个方向趋进，因此在他统治时期，魏国的政治比较开明。所以战国伊始，魏国就兴起了，让人眼前一亮，有一种开明气象，也懂得尊重知识、学问，原因就在于有这样一位有心胸的君主。

那么，在魏文侯时期有多少贤人呢？史料记载不详。秦国统一天下以后，专门烧列国的史书，尽管如此，还是能钩沉出一些材料。魏文侯当政时期，有以下这些贤人：魏成子，这个人是国君的弟弟。国君弟弟怎么会是贤人？他不是贵族吗？是贵族，但魏成子

李山脱口秀

那时候的王者，还允许有一部分人，不进入到他们的体制之内，让他们保持自己的节操。

对魏文侯而言，段干木这样的人貌似不为我所用，实际也为我所用。世界很大，比世界大的是宇宙，比宇宙还大的是心胸。

却靠俸禄生活。这就是战国的新办法，不能生下来就可以享受一片土地的封赏，战国没这种好事了，得靠本事，魏成子就是靠本事吃饭。还有翟璜。翟璜推荐了一大批贤人给魏文侯。还有吴起。吴起是法家人物，变法。还有李克，也是儒家子夏这一辈的学生，也应该是师从子夏。还有西门豹。此外还有一个叫赵苍唐的人。等等。君主开明，贤人济济。春秋后期，孔子活着的时候，弟子三千，四方的人背着包，都来向他学习，鲁国是一个文化中心。孔子死了以后，战国早期，第二个文化中心，士人云集的中心，就是魏文侯治下的魏。像吴起，是曾子的学生，一大批人，有点儒家底色的一批人，来到魏国的治下，在这儿形成一种学术上彬彬之盛的局面。战国时期的学术中心，魏文侯之后，还有齐国，在稷下学宫兴学。但论养士之风，战国时有权位的人重视养士，应该就从魏文侯开始，他给天下树了一个榜样，把贤才请过来帮助治国。

魏文侯向贤人学习，尊贤重贤，这使得社会上的一大批贤人从各个地方来到魏国，聚集在魏文侯麾下。但光有贤人还不够，还要任贤用贤，才能发挥贤人的作用，使魏国强盛起来。那么，在任用贤人方面，魏文侯又是怎么做的呢？

单单贤人多，像个仓库，也不行。例如说三国时期荆州的刘表，手下一时就有大批人才，可他就是不知道用，最后哗啦啦全散了。光有贤人不行，还得会用贤人，这就说到魏文侯的用贤人了。他是如何任用贤人的呢？

首先，设宰相。魏文侯想立个宰相，就对李克说："家贫则思良妻，国乱则思良相。"（《史记·魏世家》）李先生，我想立宰相，立谁好呢？李克说，这事怎么问我们？第一，我地位低，怎么可以说谁做宰相呢？第二，我身份远，我怎么可以讨论您亲近的人的事情呢？这事儿不能找我。魏文侯说：李先生，您别客气了，您有这个眼光，您说说谁能做我们魏国的宰相？李克这个人很含蓄，不愿意明讲，就说，我还是说一说怎样看人吧。看人一共有五条："居视其所亲，富视其所与，达视其所举，穷视其所不为，贫视其所不取，五者足以定之。"（《史记·魏世家》）什么意思？"居视其所亲"，"居"就是平素、日常。要看一个人可以看他平日跟什么样的人亲近。交朋友可以看出一个人的趣味和志向，狐朋狗友、酒肉朋友，一看就是仨瓜俩枣的人，值不了多少。这就是看平时。"富视其所与"，就是看一个人富了以后怎样做。一个人富了，有钱财了，他怎么花这个钱呢？他周济谁？看他周济谁，他的志趣也就出来了。"达视其所举"，"达"就是通达，升了官位，显贵了，能够帮着君主挑人、帮着领导挑人了，看他推举谁。你看鲍叔，齐桓公上台后，鲍叔举管仲做宰相，自己可以做却不做，这种人是好样的。"穷视其所不为"，这里的"穷"跟我们今天"穷"的意思不一样，是指人在困境、逆境的时候，这时你要看他做什么，不做什么，这里更强调"不为"，就是操守。人格要有底线，每个人都生活在自己观念的控制之下。比如我这会儿缺钱，就去偷，那你就破了做人不能偷窃的底线，你就是贼了。夏天再热，可以光膀子，可以穿拖鞋，但中间这点衣服不能脱了，这就是"不为"。"不为"是因为人都有一条耻辱线。一个人怎么样，取决于那条耻辱线有多高。受困的时候，穷愁潦倒的时候，也要有所坚守，这就是有所不为。最后，是"贫视其所不取"。"贫"，就是日子不好过，经济困难。谁给钱，就向谁示好，嗟来之食也吃，这种人就是没有耻辱线控制着，他有什么坏事儿不敢做？这就是看人的五个方面，看平时，看富裕，看显达，看困境，看受穷。这样看一个人，谁也藏不住。这就是孔子说的："人焉廋哉，人焉廋哉。"（《论语·为政》）看人从哪儿看？看长相？看身份？或者看扑克牌？看人应该看什么？看他的社会生活，看他的人生实践，

> **李山脱口秀**
>
> "穷视其所不为"，这里的"穷"跟我们今天"穷"的意思不一样，是指人在困境、逆境的时候，这时你要看他做什么，不做什么，这里更强调"不为"，就是操守。人格要有底线，每个人都生活在自己观念的控制之下。

从生活表现看志向，看操守，而不是抽象地看。李克的说法，在今天仍熠熠闪光。要做事总得有人帮衬，要帮衬就得知人。知人难啊！李克把这些话一说，魏文侯多敞亮，哈哈一笑，说，行了！李先生，我知道是谁了。

对话结束，李克就出来了，出来遇到贤人翟璜，他是来找李克的。他说，李先生，我听说君主跟你谈论任相的事，请问你是不是推荐我了？李克回答：第一，我没有说谁可以做谁不可以做，但是，我把五条标准跟君主讲了，君主快乐地接受了这五条。他接着说，由此推断，这次你没戏，下回吧！翟璜当时就不满意了，说，李克，可不要忘了，当年是我推荐你来的魏国，怎么搞的？忘本了吗？李克说，老朋友，你推荐我来魏国是出于什么目的呢？该不是想着哪一天我推荐你，互相之间，你拽我一把，我拽你一把吧？那样的话，可是结党营私。你当初不是这个意思吧？翟璜说当然不是！李克就说，那我那样对君主说就没错呀！那五条，刚才我跟君主一说，君主哈哈大笑。我就知道，这次一定是魏成子做相，你没戏了。翟璜说，那我就更不明白了，我哪儿不如魏成子？你看我推荐的人，推荐了你，推荐了吴起，西门豹也是我推荐的吧？李克说，是啊，你的确在魏国贤人聚集一事上出了很大力气。可是有一点不同。你看，魏成子推荐的人固然不如你多，可是，他推荐了子夏，推荐了田子方，推荐了段干木。你看，人家打交道的全是这样一些人物，推荐给君主，君主拿人家当老师、当朋友、当有道之士。你呢，跟我们这些人打交道，我、西门豹、吴起，看见了吗？君主只是把我们这些人任命为大臣。你说，我们不都是君主的大臣，君主的奴才，君主的学生吗？怎能与君主的老师和朋友相比！翟璜一听这话，好惭愧，当时就满身出虚汗，说，李先生，我实在是鄙陋！推荐魏成子做宰相，您做得对！

古代人讲，作为一个明君，最大的作为不是你去管左弦高了，右弦高了，音乐哪儿调门高了，调门低了。管什么？论一相而已。

刘备用了诸葛亮，什么事都不用自己办；反而有的时候，就是贤明的君主，一做事也荒唐。刘备不用诸葛亮，夷陵之战打得烂茄子似的，这就是不会做君主。刘邦也是这样。刘邦问韩信，我能带多少兵？韩信说，陛下至多带十万兵，多了就乱了。刘邦说，你能带多少？韩信答：我呀，多多益善！刘邦不高兴了，说，那你怎么还伺候我呢？韩信就说，您的长处是善将将。这是金石之言！这就是魏文侯论相。

另外，魏文侯跟儒家打交道，接受儒家的影响，还表现在讲信用上，即作为一个君主，说到做到。有一次孔子与子贡谈论政治。孔子说，政治的几个条件是："足食，足兵，民信之矣。"（《论语·颜渊》）要有吃的，有军队，老百姓信任你。子贡非常聪明，就问老师，说不得已去一个呢？孔子回答：去兵。可以没有军队。子贡又问：再去一个呢？孔子说：再去一个，可以不吃饭。但是，"民无信不立"。民众跟你不一条心，有吃的、有兵又如何呢？所以魏文侯在这点上，他学到了儒家的一些真谛。

有一次魏文侯与一些人吃饭，下起雨来了，他突然想起一件事情，就说抱歉抱歉，我跟我们国家管林木的长官约好了，要一起去狩猎，时间快到了。别人劝他：今天下雨，怎么狩猎？魏文侯说，那可不行，我跟他约定的，现在我不去，是失信。怎么办？坐上车赶紧走了。见了那位虞人，就是管农林的官员，魏文侯告诉他，取消这次行动。这就是君主讲信，说了话，板上钉钉，不容易！

李山脱口秀

刘备不用诸葛亮，夷陵之战打得烂茄子似的，这就是不会做君主。

魏文侯不仅尊贤重贤，还能任贤用贤，这给魏国带来了焕然一新的变化：李悝"尽地力之教"，增强了国力，富裕了民众；西门豹治邺，以戏剧化的方式，制止了当地的一股歪风邪气。那么，李悝、西门豹具体做了什么呢？

魏文侯任用李悝实行“尽地力之教”的政策，就是充分利用土地，强调多种经营，让老百姓的日子丰饶一些，国家因此而力量增强。李悝算了算全国的面积，认为大概有九百万亩，除去山林、沼泽和住宅，还剩六百万亩可耕种土地。这六百万亩，农民好好种，可以多收三五斗，种得不得法，就少收三五斗，一上一下总体上就有40%的差异。怎么办？要教导民众，善于利用有限的土地。其中主要有这样几条：

李山脱口秀

要全面了解儒家，不要以为他们就是些道德先生，专门挑刺儿的。其实很有一些有现实感的人，本着一种爱民的政治理念，热心肠做一些实际的事。

第一，号召老百姓每年要多样化种植，不要一棵树吊死，种点小麦，种点高粱，多种，广种，一旦有天灾，这个不长那个长，指望多。住宅旁边要种桑种枣，种一些经济作物。另外，收获如寇盗之至。收获的时候，就像有外寇、有盗贼一样，必须抢收、抢种，不误农时，这要由政府督促、组织。这就是所谓“尽地力之教”，多种经营，努力耕种。讲这些，李悝的用意很清楚，增加农民收入，进而富国强兵。他说一户农民，一家一个男子，带领全家耕种百亩（合今天三十亩多一点）。一般年景，收入多少石的粮食，交完国家的税收，留下口粮，过宗教节日，给鬼神上贡花钱，制作衣服花钱，花来花去，一个农民之家一年到头还缺大概几十石的粮食，这就要挨饿。所以，“尽地力之教”，农民生活情形就不一样了。他以国家的力量号召民众，实行广种博收，颇有点科学种田的意思。这在古代，一个政府，为增加农民的收入想办法，不能说没有，却很少见。这就是李悝，一个儒家的再传弟子的政治作为！所以，要全面了解儒家，不要以为他们就是些道德先生，专门挑刺儿的。其实很有一些有现实感的人，本着一种爱民的政治理念，热心肠做一些实际的事。李悝做得不错，这就是“尽地力之教”。至于西门豹治邺，就更有意思了。

李 悝

西汉的宣帝曾经说过一句古代治理天下的箴言。他说一个国家政治的好坏，小民是不是能够生活得好一点，二千石一级的官员最重要。二千石是俸禄单位，是州郡一级官员的俸禄。天下好，老百姓能过得好一些，这些官员很重要。魏文侯时期，出现了一批比较优秀的地方官员，像治西河的吴起、治邺的西门豹等。鉴于时间问题，这里只讲西门豹治邺。

用时下流行语说，西门豹是个"闷骚"+"腹黑"型的人，司马迁写《史记》时，没有写这个人物，后来有一位叫褚少孙的，把西门豹补入《史记·滑稽列传》里。"滑稽"俩字，有今天的"滑稽"意思，至于西门豹的"滑稽"，是说他出奇地处理了一件地方上的迷信案。

西门豹来邺为官后，问当地老百姓，这里的政治、经济、风俗等各方面如何？生活怎么样？老百姓就反映，说我们这儿一般情况能凑合，只有一桩事情让我们受害无穷。什么事呢？就是河伯娶妻。这里有一个巫婆子，联合廷掾，就是地方小官员，还有地方上的豪强，就是三老，即那些农村头面人物，几伙子人勾结起来，干什么呢？给河伯娶媳妇。河伯是中国水神，说他要娶妻，得花钱操办。巫婆和地方势力勾结，以此为名目，每年要收上百万的钱。最后是几伙子人分了钱揣在自己兜儿里。西门豹听完以后心里就有了数，他对百姓讲：这事儿还真新鲜，我还没见过！下次再给河伯娶媳妇，让我也见识见识。

第二年到了河伯娶妻的时候，西门豹就带着几个手下人来了。他看到一个七十多岁老巫婆子，身后还跟着几个妖里妖气的小女巫，此外，就是廷掾、三老等一些地方恶势力成员，他们都来了。

西门豹问：小媳妇呢，我要看看！那位准备给河伯的小媳妇，坐在绫罗绸缎的帐子里，等死。女孩子是从贫家找来的，给仨瓜俩枣的钱就拉来了。所以，邺这个地方的老百姓，一旦女儿长大了以后，一看有点姿色，赶紧跑掉，或者赶紧嫁人。这都是河伯娶妻害的！西门豹撩开帘看见女孩子满脸泪痕，就说这小媳妇长得这样丑，你们是怎么搞的？别说河伯了，我都看不上！闷骚的劲儿上来了。然后他又说，这样吧，咱们先缓缓今天的事儿。河伯打光棍儿这么长时间了，也不着急这一两天，咱们再给他找个好的吧！当然，也不能让河伯在那儿干等着，得有人去报个信啊！谁去报信呢？说着，把脸转向老巫婆，说烦劳师太，您去通个信，让河伯容我们几天，说我新官来了，要把这个事办圆满，给他找个更漂亮的，包他老人家满意！

还没等巫婆反应过来，西门豹示意手下人，抬起老巫婆就把她嗵的一声扔到水里去了。然后，西门豹就瞅着，很恭敬地弯腰盯着水面。左等也不来，右等也不来。过了一阵子，西门豹又说：坏了，报信的人怎么还不回来？咱们再派人去催一催吧。派谁呢？他

河伯

把眼光转向那几个年纪较小的女巫，说：还是你们几个来吧！不容她们分说，拉出一位，又扔进了河里。之后，又扔下去两个。

扔女巫，三老们还沉得住气。他们原以为西门豹不了解他们也是操弄这件事的黑手，可是，西门豹又说话了：还不来消息，看来单扔女的不管用，还是派个男的去吧，这样河伯就该信了。他又把犀利的眼光投向了三老。你们不是也起劲操办这个事儿吗？好，那就再请三老下去！实际上，扔巫婆子和她女弟子时，人群就开始骚动了，观看的人有的高兴，有的丧胆。把三老也扔进去后，西门豹对廷掾等地方头面说，现在还没有消息，谁还去？他这一问，这帮本来想着事后分钱的恶棍，对着“腹黑”的西门豹全都跪下了，说这事儿我们办错了，饶命吧！西门豹一听，说：好办，敛人家的钱，还给大家！以后谁要再干这种事，就接着办。我还来观看！

西门豹真是很有意思的人！他不是见了这种事以后，义愤填膺，发告示，大喊移风易俗。这么做，恶俗就搞成地下的了，弱小的百姓还是受苦。他来个以毒攻毒。你们坏，我就用更坏的办法对付你们！这样做，是以“善霸”的手段，对待“恶霸”的行径。西门豹的请君入瓮，就是用的“善霸”手段。褚少孙为什么把这个故事写到《滑稽列传》里？因为事情的戏剧性强，以喜剧的方式结束了一个悲剧事件，轻描淡写，引人发笑。

制止了河伯娶妻的恶俗之后，西门豹就说，咱们这个地方为什么要给河伯娶妻？是因为闹水。那咱们就治理水道，兴修水利。记载说西门豹治邺时一共修了十二条水渠。这些水渠到汉代还在。据说汉代地方官想改建水渠，老百姓就站出来了，说不行，这是当年西门豹修的渠，谁也不许动！一个好官员留给民众的是几百年的恩泽，也是几百年的感激。

所以说，在魏文侯的开明治理下，魏国的局势蒸蒸日上，强起来了，霸业展开了。那么，魏国霸业是如何兴、又如何衰的呢？请看下一讲：魏霸中衰。

李山脱口秀

西门豹真是很有意思的人！他来个以毒攻毒。你们坏，我就用更坏的办法对付你们！这样做，是以“善霸”的手段，对待“恶霸”的行径。

一个好官员留给民众的是几百年的恩泽，也是几百年的感激。

第三讲　魏霸中衰

魏国在魏文侯的领导下，率先在战国各诸侯中强盛起来。但好景不长，魏国的强盛在延续了一段时间之后，又迅速衰落下去。那么，魏国的强盛之路为什么会中途而废呢？请看《战国七雄》之《魏霸中衰》。

三家分晋以后，魏文侯励精图治，尊贤任贤，在很短的时间内就使魏国强盛起来，从而拉开了战国各诸侯国竞争的序幕。但魏国的崛起没有维持太长的时间，只经过三代人，就逐渐衰落下去。魏国的强盛之路，有一个良好的开局，但为什么没能继续发展下去呢？

魏文侯

魏文侯之后是魏武侯，魏武侯之后是梁惠王，三代人，霸业一共延续了七十余年。在这七十余年中，应该说取得了很显著的文治武功。

文治呢，主要是魏文侯尊重贤人，招揽贤人。要讲中国学术、中国文化，大家知道有所谓“百家争鸣”，实际上，一进入战国时期，最早形成的文化中心，就在魏文侯的国家。一大批儒生来了，还有一批法家人物也在这儿孕育。在学术史上有一种说法，中国古代那部很著名的《左传》又称《春秋左传》，就编撰于这个时期。这批贤人，不是书呆子，他们中有理论家，更多的是实干家。这是在文治方面。

在武功方面呢？七雄像七匹马，奔跑竞赛。魏国这匹马率先冲上前了！它究竟取得了什么样的武功呢？首先，就是向西打，向西扩张领土。西边的邻国是谁？秦国。这个时候，秦国被打得没办法，一退再退。

在魏文侯上台的前一年，也就是在他上一辈，就取得了武城（今陕西大荔县南）。武城在哪儿？就在渭水河边，是向东通向函谷关的咽喉之地，这个要害处被魏国占了。魏文侯时期，在向西拓展上更是多有斩获。首先，魏文侯二十七年（公元前419年），魏占少梁（今陕西韩城县南偏西十公里），建立军事据点。到了他在位三十三年，又大举伐秦，让他的太子占领了繁庞（今陕西韩城县东南）。三十七年，命吴起攻秦，拔取临晋（今陕西大荔县东南），又占领元里（今陕西澄县南七八公里）、洛阴（今陕西大荔县南）、合阳（今陕西合阳县东南）等地。

魏国占领了这些地方以后，就修筑长城。在古代小到盖房子，大到守疆土，都喜欢垒墙，这是中国文化的一个特点。修长城，就是给国家垒一个院墙。不过，万里长城是后来才修的，现在看到的万里长城是明代的。万里长城的前身是战国时期燕、赵和秦分别修的，秦统一以后才把燕国、秦国、赵国的长城连成一气。而且，那时不仅是北方与草原人群相连的国家修长城，内地的一些国家，为防止其他诸侯的进攻，也修起了长城。像魏国，就沿着它新占领的上述地区修长城。今陕西洛水以东大部分地区，全被魏国占了，这就是所谓河西地区，也是比较肥沃的地区。魏国向西的势头非常猛，逼得秦国退守洛水以西这一线。没办法，弱就要挨打，这个时代弱肉强食。这就是魏文侯时期的武功。接着，魏武侯继位，父子之间克绍箕裘，这一点魏武侯做得不错，接了他父亲的班以后，接着拓展土地。

李山脱口秀

在古代小到盖房子，大到守疆土，都喜欢垒墙，这是中国文化的一个特点。修长城，就是给国家垒一个院墙。

向西拓展到一定程度后，就向东拓展。这要跨越太行山。太行山像一堵高大的墙，阻隔着东西。可是，东方平原地区土地肥沃，在农耕时代那是宝地。现在到河南、河北一带去看，许多地方的平原平得像镜子一样，小麦等作物黑黑实实地长啊，土地非常肥沃！这个地区，还有一个老牌国家尸居余气地存在着，就是卫国。所以，向东部平原发展，是魏武侯时期的大事，一直到魏惠王，也就是梁惠王时期，都是这样一个态势。向东发展，魏国有时候还联合着赵向东拓展，土地就和齐国接壤了。最远的时候，魏国的军队曾打到博陵，就是今天山东省茌平县以西地界。然后向南，像今天河南延津这一带，也被魏国人占了。再向南，一直发展到今天河南鲁山，当时叫鲁阳这一带，与楚国接壤。

看一下中国地图，魏国领土的中心地带在今山西西南部，并向东延伸，跨越太行山向东，在今天的河南北部、中部地区形成一个枫树叶子似的开阔地带，东南是宋，东面临齐，北面是赵，南面是楚。与韩国的接壤十分奇特，强盛时期的魏国领土大体可以把韩国包围起来，只在南面留了较大的缺口。这一大片枫树叶子形状的领土，是从魏文侯到梁惠王时魏积极向东扩张的成果。它的明显的特征是两头大，中间小，东西之间大部分地区隔着一个韩国，连接东西的是一个夹在韩、赵两国之间的弯曲状的狭长地带。国土面积很大，但在东西之间的连接上，颇让人有上气不接下气的感觉。西边一大块，东边一大块，中间韩、赵、魏三国接壤一带，就是太行山脉的上党地区。太行山绵延高耸，崎岖不平，通向东方有所谓“太行八陉”，其中上党地区就有天井、壶口、井陉三大关口。这三大关口如果被敌人占了，那就麻烦大了！

为什么魏国一开始就有赫赫的文治武功，尤其在武功方面，为什么能取得如此突出的成就呢？大概有如下几方面原因：

首先，是军制好。魏国军制较好，荀子讲过。《荀子》里有一篇《议兵》，讲到了魏国的军队，“魏氏之武卒，以度取之”，说魏国的士卒是选拔过的，是择优的，优者从军，就有荣誉感。打仗，战士的精神状况很重要。一个国家，健全的军事精神永远需要。军队的精神，军队由什么样的子弟构成，这太重要了。要是当兵的都是被拉了夫、抓了壮丁去打仗，就容易成豆腐渣兵。这是第一点。

其次，是武器好。《荀子》也讲过。荀子说魏国的军队“衣三属之甲，操十二石之弩，负服矢五十个，置戈其上，冠胄带剑，赢三日之粮，日中而趋百里”。穿三层铠甲，操十二石之弩。十二石，分量很重。战国时期打仗，有一种新式武器发明出来了，这就是“强弓硬弩”的弩。一般弓箭是用手搭弓，至于弩，需要用脚踩着才可以开弓。脚踩，射程远，有记载说可以射600步，大约相当于我们今天500米左右，合今天公共汽车一站地吧。一个人老远在那儿站着，就可以把你射中了。另外每人还带着五十支箭，还有一把戈，都戴着盔挎着剑，装备很好。士兵可带三日之粮，后勤充备，一天能赶一百里路，速度很快。看来魏文侯改革的时候，在军队的打造上是下了一番硬功夫的。这是军制好。

另外，是用人得当。所谓用人不疑，疑人不用。用人不疑，将帅就努力。战国有位很出名的将军乐毅，他的祖先为魏文侯做事，名叫乐羊。乐羊为魏文侯去打中山国，打了三年，才取胜。乐羊回来了，高高兴兴对君主说：您看怎么样，仗打得不错吧？不想魏文侯却对手下说：去，把那个大筐抬来！怎么回事？乐羊一看，大筐里面装的全是三年来针对自己的谤书，提反对意见或批评的。由此可以看出，魏文侯用人不疑，谤书这样多，君主顶得住才行。将帅在前方打仗，君主或其他大臣，其中一定有别有用心的，合起伙来在后方猜疑他，要不就瞎指

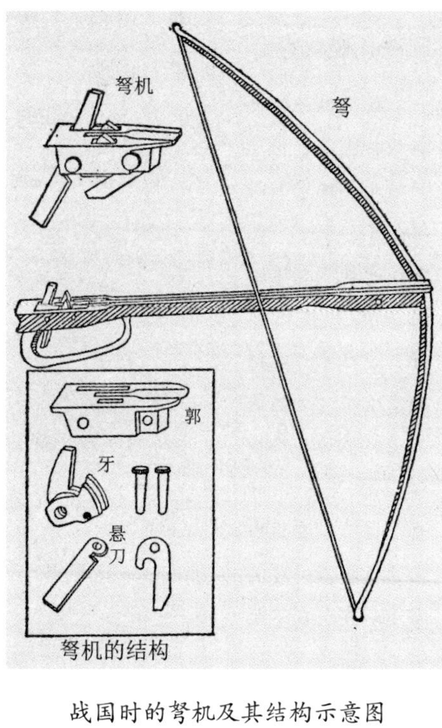

战国时的弩机及其结构示意图

挥，甚至把他调回来，老是不放心弄些动作，前方的仗还怎么打？将在外，君命有所不受，这一点不能遵循，就是“不知三军之事而同三军之政”（《孙子兵法·谋攻》），就犯了军事上的大忌。魏文侯不这样。

还有这样的传说，说乐羊打中山国打得很惨烈，他的儿子被中山国抓住了，中山人恨透了乐羊，就把他儿子烹了，还装了一杯肉羹送给乐羊。乐羊反应如何？我们知道刘邦也遇到类似的事，项羽要烹他老爸，刘邦就对项羽说：“吾翁即若翁，必欲烹而翁，则幸分我一杯羹。”（《史记·项羽本纪》）刘邦耍赖，说我老爹就是你老爹，你项羽一定要烹你老爸，那好，就分我一杯羹尝尝吧！因为他俩都在楚王那里称臣，曾“约为兄弟”，所以刘邦那样说。项羽居然被邪乎住了，没有烹刘邦的父亲。乐羊可没这样滑头和幸运，他的儿子真被烹了。据说乐羊接过杯子，坐在地上就把肉羹吃了。这就是战国时期的人格特征，很有点极端性。也可以看出乐羊为了祖国，可以奋不顾身，奋不顾家。这就是魏文侯在位时将帅的尽力表现。

李山脱口秀

传说乐羊打中山国打得很惨烈，他的儿子被中山国抓住了，烹了，还装了一杯肉羹送给他。乐羊接过杯子，坐在地上就把肉羹吃了。这就是战国时期的人格特征，很有点极端性。也可以看出乐羊为了祖国，可以奋不顾身，奋不顾家。

还有一些其他原因，不多说了。总之，魏文侯时期文治武功都达到高峰，形成了一种极盛情况。盛极而衰，魏文侯之后，衰势就开始出现了。

事情发展往往是盛极而衰，一件事情达到极盛状态，如果不加警惕，往往容易走到它的反面，魏国也是这样。魏文侯之后，魏武侯上台，武侯的心胸格局比他父亲文侯差了很多，虽然魏国还在向外扩张，但已经埋下了衰落的伏笔。那么，魏武侯的心胸格局，比他的父亲差在哪里呢？

魏文侯在位五十年去世了，接着魏武侯上台。魏武侯在武功上不含糊，但是作为一个政治家，战略上就开始输一筹。假如把魏文侯放到古代帝王群体里比较一下，他还算是一二流的君主吧。至于魏武侯，最多也只是三四流的货色了。战国七雄争霸，特别需要君主有大战略。魏文侯就有，怎么说呢？《战国策》有一段记载，一次韩与赵发生了矛盾，韩国向魏文侯借兵，要打赵国。魏文侯一听，哈哈大笑，说赵国是我兄弟，我不能借兵给你。之后，赵国也来借兵，说要打韩国。魏文侯又说，韩国是我兄弟，不能借兵给你。两国一开始都非常恼怒魏文侯，以为他不办事，但是后来发现，魏文侯在私下极力协调两国关系。故事虽小，也可以见出魏文侯的格局来了。看三晋的地域，是今天整个山西兼河北、河南一部分地区，清初大学者顾炎武就说，山西“居天下形势”（《顾亭林文集》），就是说它位置重要，控制这个战略要地，就可以经略中原，大定天下了。尤其是在上古时期。回顾一下历史，当年秦穆公争霸，那样英雄的秦穆公，却始终过不了晋国这一关，他挖空心思，绞尽脑汁，想通过晋而经略东方，就是办不到。为什么？因为那时候晋是统一的。现在晋分了家，一分为三，问题就来了。三晋是一个有缝的蛋，俗话说苍蝇爱叮有缝的蛋。三晋要想生存强盛，必须得把缝子捂得紧紧的。在这一点上魏文侯把握住了，他有大战略。

李山脱口秀

古代的政治，最大的问题是一代明君活着，思想在，政治在；死了，思想还在，但是变成书本知识了，不再是治国的活理念了，好的政治现实，好的大格局也就云散了。

读历史，经常感慨，战国时期这些国家统一不了天下，能保证不亡国行不行？但是，看七国，六个最后都亡了国。为什么？这里就有战略格局上的问题。魏文侯在位的时候，他不跟赵国、韩国生事。而且，可以看到，魏文侯在的时候，三晋始终是联合的，很多行动是联合在一起的。三晋只要联合，西边的秦就没辙，东边的齐也不敢在三晋面前太放肆，包括南边的楚。但是，古代的政治，最大的问题是一代明君活着，思想在，政治在；死了，思想还在，但是变成书本知识了，不再是治国的活理念了，好的政治现实，好的大格局也就云散了。

魏文侯死了，武侯上台。前面说过，魏武侯这个人撑死不过三四流货色，史书中记载他有一次与吴起等大臣在黄河中乘船观山河大势。滔滔黄河，两岸高耸，真是天险啊！魏武侯看得高兴，难免得意，他说，这么险的地势，实在是可以凭借。有这样的天险，谁还奈何得了我！君主这样说话，总会有那么一些人，生下来就是要溜须拍马的。当时武侯身边坐着一位王钟（亦作王错），就说是啊是啊，王说的对啊！同船的吴起听了君主和应声虫的话，冷冷地说了一句：王先生，君主说的是亡国之言，你怎么还叫好呢！吴起指责拍马屁的，魏武侯一听，好家伙，你这不是在说王先生，你是朝我下家伙啊！武侯就问吴起：你说我说的是亡国之道，我倒想听听，我的话怎么就是亡国之言了？

吴起就说，历史的经验值得注意。当年尧舜禹的时候，有个三苗人群，左边靠的是彭蠡之水，右边靠的是洞庭之波，后边有文山，前边有衡山，地理地形非常有利。结果怎么样呢？仗恃着山河之险，不修德，不修内政，结果被禹灭了。还有夏朝的夏桀，也是那样，左边有高山，右边有高山，前边有河，后边也依着险要，最后还不是被商汤灭掉了？到了商代，商纣王不也是如此吗？这样一说，魏武侯算是明白了。有记载说，当时魏武侯说了一声“善！”就把魏的西河之地交给了吴起管理。不过，也有历史记载，吴起管西河是在魏文侯时期任命的。

从这段记载，就可以看出一些魏武侯的水准了。他有点英雄气概，到黄河中去浪遏飞舟，中流击水，看山河形势，颇有些气概，就是缺点历史意识，对历史不熟悉。国家当局者也好，普通人也好，懂点历史啊，读史可以使人明智。可是魏武侯呢？他与吴起的这番对话，表明他只知道地利的利害，只认识地理地形。孟子说过：“天时不如地利，地利不如人和”（《孟子·公孙丑下》），天时地利人和，最重要的是人和。孟子还说过：“域民不以封疆之界，固国不以山溪之险”（《孟子·公孙丑下》），你要拢得住民

李山脱口秀

你这儿政治不好，人家跑，你就拉铁丝网，这不是办法。国家的稳固，也不是单靠山川险要。

众，不能靠封疆界限，你这儿政治不好，人家跑，你就拉铁丝网，这不是办法。国家的稳固，也不是单靠山川险要。魏霸的衰落，首先体现在治国理念、战略格局上，魏文侯死后，沦于次等了。一叶知秋，尽管魏国在从魏武侯到惠王时期还在扩张，维持着表面的强大，但是，一种相反的倾向也在潜滋暗长。上面所说，就是魏霸中衰第一方面的原因。

魏武侯在心胸格局上，比起他的父亲魏文侯，已经是棋差一着，而他在处理列国关系，特别是和韩、赵的关系上，又走了一步并不高明的棋，这使魏国的强盛之路受到了一定的牵制。那么魏武侯走错了哪步棋呢？

还有第二点，就是恰恰在维持韩、赵、魏三国大格局上出了问题，在韩赵魏关系上，魏国处置失当。魏、赵与齐国交界处，有一个小地方，叫刚平（今河南濮阳市正北三十公里左右）。刚平本是卫国土地，赵国看上了这个土地肥沃的地方，就先下了手，占了刚平。这时正是魏武侯在位，若是魏文侯在位，我们想他可能有别的处置方式，但是魏武侯处理事情的手法就简单了。怎么办？你先下手，我就把你的手斩断。武侯的办法是硬碰硬，没商量。他联合了齐国伐赵。赵国一看，你魏联合齐国伐我，我也可以联合南方的楚国来帮忙，让楚从魏的背后下家伙。这就发生了战国早期的刚平之战。这场战争并不大，在历史上也不那么显眼，远不如后来的马陵之战、长平之战等那样令人关注。可是，这是进入战国以来三晋矛盾表面化的一次战争。而且，为一个小小的刚平，把几个大国都卷进来，是一场台风似的战争。这场台风刮过后，季节开始变了，三晋之间的裂缝，可以通过车马了。另外魏与韩之间也出现领土纠纷，三晋之国渐行渐远。

李山脱口秀

为一个小小的刚平，把几个大国都卷进来，是一场台风似的战争。这场台风刮过后，季节开始变了，三晋之间的裂缝，可以通过车马了。

魏武侯在位二十多年死去。武侯一死，魏国内部就出现了争夺王位的糟糕情况。魏武侯晚年有点事没做好，就是没有稳固住合法太子的地位。结果他一死，太子罃、就是后来的梁惠王，与另外一位公子缓（也叫公仲缓）争起大位来。不怕有坏事，就怕有坏人。结果韩和赵两国都掺和进来。韩国君主韩懿侯一看魏国现在是牛蹄儿两瓣子，正是下手的机会，马上联合赵国，打进了魏国，控制了局面。还好，天不亡魏，韩和赵在如何处置魏国上发生分歧。按照韩国的意思，魏国现在不是有两位公子争大位吗？干脆，立一个公子罃，再立一个公子缓，把魏国一分为二，让它的势力减半，比当时的一些小国还弱，韩、赵两国分头控制。这是韩国的主意。

赵国的主意是什么？赵国的主意是杀掉太子罃，立公子缓，然后赵与韩各自割去魏国一块土地。韩懿侯说，这不好，割人家土地，有点贪，影响不好。俩人说不到一起，赵成侯一生气，带人走了。这样，魏国差点儿没亡，局势又稳定下来了。武侯死去，太子罃也就是梁惠王上台。当然，今天看，韩、赵两国当时不会把魏国一分为二，各自拿一块，当时列国局势不允许。可是，假如韩和赵不发生分歧的话，那么魏国的损失还要大，这是可以肯定的。这是第二个方面，韩、赵、魏之间发生了矛盾，原来是一棵菜，现在变成有缝的蛋。这样的局面延续下去，就是给秦朝统一打稿子，铺路基。由此可以看到，战国争雄要最终获胜，需要跨越二百多年的视野，需要高度的政治智慧，当时的诸侯大多缺乏这点东西。

李山脱口秀

韩、赵、魏之间发生了矛盾，原来是一棵菜，现在变成有缝的蛋。这样的局面延续下去，就是给秦朝统一打稿子，铺路基。

魏国的强盛之路，只经历了魏文侯、魏武侯两代君主，就开始盛极而衰，走上了下坡路。到了第三代君主梁惠王上台以后，魏国又在迁都这样一件关系国本的大事上出现了失误，直接导致魏国成为众矢之的，变成各诸侯国的眼中钉。魏国迁都本来是内政，为什么却给它带来了如此不利的影响呢？

第三个方面，大概在梁惠王上台后第九年的时候，有一个重大举措，魏国把都城由原来的安邑（今山西夏县附近），迁到大梁，就是今天河南省开封市一带，此地当时叫大梁，所以魏国从此以后又称梁。读《孟子》头一篇就是《梁惠王》，其实梁惠王就是魏惠王。迁都到东方，目的很好，就是要经略东方土地。向西发展不易，魏对秦国就像压弹簧，压到一定程度就不好压了。可是在当时东方，齐国还不强盛，在东方广大的平原上，有像卫国、宋国这些“刀俎鱼肉”一般的国家，都是可占取大便宜的。另外在更远的东边，淮水、泗水一带，还有泗上各小诸侯，也都是一些将来可以顺手牵羊的小国，东方有兼并的广阔前景，所以，梁惠王就把都城迁到了今天的开封一带。如果治国理念对头，方法得当，广招人才，战略正确，迁都东方的确是个先机。可问题是，《老子》说过一句话，“天下皆知美之为美，斯恶已”（《老子·第二章》），就是说办事若是只想着好，不知道往坏处想想，事情就要坏了。

魏文侯时期，魏是一个文化中心、学术中心，也是一个人才中心、实干家的中心。但是，到了魏武侯，早期吴起还在，不久，吴起就跑到楚国去了。还有商鞅，也跑到秦国去了。这俩人，留住一个，好好任用，历史走向都会因他们发生改变。可是，魏武侯容不下这俩人。到梁惠王上台，这些人都走干净了。梁惠王手底下是庞涓这样的人当将军，心眼儿比针鼻儿还小，小辣椒，独头蒜，将来还会讲他的故事。人才全跑了。古代体制下，有人斯有土，贤人在位，军事也强，政治也强，经济也强。可是魏文侯一死，贤人都走了，强大的局面就要烟消云散了。

李山脱口秀

古代体制下，有人斯有土，贤人在位，军事也强，政治也强，经济也强。可是魏文侯一死，贤人都走了，强大的局面就要烟消云散了。

在这样的情况下，梁惠王俩眼只看到东方金子一样美好，只看到迁移都城有利于兼并。没有考虑一下迁过来，自己的国力是否顶得住，一旦东方齐国崛起，南边楚国崛起，如果秦国抄你的后院，怎么办？看与魏国相关的史料，似乎从来没人想过，他们只看到现在齐国还不行，秦国还不行，楚国呢，半行半不行，就把都城迁过来了。梁惠王这一举措，等于往平静的水里扔了一块大石头，等于把自己带到了一个柴火堆上，只要火一起，就被烤焦了。这就是典型的智小而谋大。迁都东方以后，梁惠王也兴修水利，也千方百计与韩国、赵国搞好关系、换点土地什么的，但是长远一点看，以二百年为单元看历史大势，梁惠王实际上是把自己带到了一个四战之地。迁都以后，魏国就开始倒霉了。没有金刚钻，却揽了一个大瓷器活，变成天下的矛盾焦点，开始陷入被动。所以这些问题，实际上是梁惠王要经略中原，问题是，他没有好的内政，怎么行得通？

这就要涉及齐国的崛起了。现在回过头看，魏国的崛起，两头开花地向外拓展，直接导致了两个结果：

一、使齐国人感觉受到威胁，齐国也开始改革内政。穷则变，变则通，所以齐国也要崛起。这是一个结果。

二、在魏国的西边，就是在那个被打得只有招架之功、没有还手之力的秦国，同样在魏国强大的刺激下，也开始了深刻的商鞅变法。商鞅变法起大作用，见大效果，还要稍微晚点儿。就是说，魏国的霸业，不是倒在秦国手下，而是倒在了齐国的手下。

这就转到了齐国崛起的话题。齐是怎么兴起的呢？它又怎样在马陵之战中，把一个强大了七十年的魏国撂倒的呢？请看下一讲：邹忌相齐。

第四讲　邹忌相齐

战国七雄中，齐国是老牌大国，虽然资格老，一开始势力并不强大，内部，矛盾重重；外部，又受到其他诸侯的威胁。在内忧外患中，齐国也开始走强国之路，招揽天下人才。那么，齐国招揽了什么样的人才？这些人才又给齐国带来了怎样的变化？请看《战国七雄》之《邹忌相齐》。

田陈篡齐后，虽然齐国还叫齐国，但在政权层面，实际上已经更换了君主，这也导致了齐国内部面临诸多矛盾，在外部方面，其他诸侯国的强盛，又压缩了齐国的生存空间，威胁到齐国的安全。在内外交困中，齐国也开始办学建馆，招揽天下人才。那么，齐国先后任用了什么样的人才？这些人才，又给齐国带来了怎样的变化呢？

从春秋进入战国，齐国有一段时间很不顺。为什么呢？田氏篡了姜太公后代的权，内部有矛盾。有一次一位名叫公孙会的在廪丘率众举事，史书记载这件事一带而过，可现代有史家很敏锐地注意到，这件事显示的是齐国内部所存在的矛盾。公孙会在廪丘举兵，赵国和魏国、韩国都帮着举事者。齐国就与这些国打仗，结果失败，撂在战场上的尸首有三万具。谁把齐国打得这样惨呢？就是以魏国为首的三晋。由此可知，齐国田氏篡了权，内部有矛盾，外部有强敌，却不服输，初生牛犊不怕虎，跟三晋打，一两个回合下来，发现不行。好汉不吃眼前亏，能篡权的人脑子都不笨，于是齐国的君主田和向三晋服软，主动巴结魏武侯。与魏武侯见了面以后呢，魏武侯反正上一两辈也是篡权上来的，都是一路人，气味相投，俩人见面一吃饭喝酒，尽释前嫌。然后魏武侯就帮齐国的忙，齐现在是名不正言不顺，篡了权，大权在握，可是还没有经过周王认定，就等于营业了却没有“营业执照”。怎么办呢？魏武侯就说，我带着你去朝见周天子吧。于是齐国的新君主就去朝见周天子。周天子这么多年“失业”了，在家里闲待着，现在来了两个诸侯朝见自己，一高兴，行了，管你篡不篡的，就承认了齐国的诸侯地位。所以齐国人篡权略比三家分晋早点，可是被周王承认，还得要魏武侯帮忙。可以想见，魏国当时势力有多大。

可是，领了“营业执照”，只不过面子上好看一点而已，三晋的威胁依然在，不仅在，而且是越来越严重，尤其是梁惠王把国家的重心由西向东移，迁都到了大梁以后，不用多高的智商，就能悟到这对齐国意味着什么，整个魏国势力已到齐国鼻子底下了！威胁已经迫在眉睫。田和死后，田午上台，田午也叫齐桓公，从他开始，齐国就进行了一系列富国强兵的改革举措。

第一个举措，办学，招揽人才。大家知道春秋战国有所谓“百家争鸣”，“百家争鸣”有广义、狭义之分，狭义上的“百家争鸣”可以说就发生在齐国。齐国有个西门——稷门，就在这个门附近，齐国兴建馆舍，招揽天下的学者智者，给以大夫之职，让他们讨论学问。稷下兴学是从田午开始的，这就是齐国的风范。魏文侯兴霸，学术中心在他那里，但是一转，学术中心转到了齐国，就是所谓稷下学宫。在这里，诸多的思想流派，儒家、道家、墨家、法家，还有刑名家等，都在这儿议论学问，互相讨论，互相激发。那时候，举目望去，全世界没有如此规模宏大的大学。所以，战国出现思想的高峰，有它深厚的历史基础，稷下有学问的称稷下先生，在学宫自由讲学，不让你干具体事，就坐而论道。像荀子、孟子都到过这个地方。办大学，大批的人才就聚集在这里了。

其次是招纳贤人。田午死了以后，齐威王继位。齐威王在位

李山脱口秀

魏文侯兴霸，学术中心在他那里，但是一转，学术中心转到了齐国，就是所谓稷下学宫。在这里，诸多的思想流派，儒家、道家、墨家、法家，还有刑名家等，都在这儿议论学问，互相讨论，互相激发。稷下有学问的称稷下先生，在学宫自由讲学，坐而论道。那时候，举目望去，全世界没有如此规模宏大的大学。办大学，大批的人才就聚集在这里了。

三十多年，是个英雄之主，使齐国强盛到极点。齐威王开始招贤，想招贤一定就有。当年有人问孔子：您老是说招贤，我知道谁是贤人啊？我哪儿找去？孔子说，你总知道一个半个的贤人吧，“举尔所知，尔所不知，人其舍诸？”（《论语·子路》）你把你知道的贤人荐举上来，你不知道的贤人，别人也舍不得丢弃，就帮着你荐举了。关键是，你要有这样的姿态。这样的姿态，齐威王有。

那么，齐威王招来的贤人有谁呢？比较著名的是邹忌。这位邹忌很懂音乐，就来找齐威王，对他说，我擅长音乐，来找您给我点事做。齐威王也好音乐，而且正好在弹琴，他就让邹忌在旁边听。听了一段，邹忌就开始评论，说“善哉鼓琴”！你的琴鼓得真好！王就反问：我怎么好了？瞎捧场，王不一定接受，要给你来个下马威，问怎么好。《史记》写这一段时还说，王按着腰里的剑问邹忌怎么好。邹忌没有心慌意乱，说：“夫大弦浊以春温”，“小弦廉折以清”。你的大弦发音很厚，小弦棱角分明，音色很清冷。然后接着说，王弹奏音乐，“攫之深”，而“醳（释）之愉（舒）”。弹琴，拨弦的时候你用的力气很沉，可是放开的一刻却很舒展。另外，各种声响“钧谐以鸣，大小相益”，各种音响都很和谐，大声音、小声音相得益彰。“回邪而不相害”，偶尔有那么点杂音点缀，显得表现力更丰富。

李山脱口秀

音乐的道理通于政治之道。大弦温和厚重，这是君道。一国之君，要稳重、深厚，深谋远虑，坐得住。小弦呢，廉折清冷，就好比大臣。大臣不廉洁清楚，办事糊里糊涂，怎么行呢？

邹忌说完，齐威王说，还真是这么回事，起码不是个门外汉！见君主这样说，邹忌又说了：我不但懂音乐，而且还懂得音乐的道理通于政治之道，我还懂政治。齐威王一看，蹬鼻子上脸，给你二两染料，你就要开染坊。那我倒要听听，你说这个音乐的道理怎么就通了政理？邹忌说，大弦温和厚重，这是君道。一国之君，要稳重、深厚，深谋远虑，坐得住。小弦呢，廉折清冷，就好比大臣，大臣不廉洁清楚，办事糊里糊涂，怎么行呢？“攫之深”而“醳（释）之愉（舒）”，用手勾弦时很沉稳，放开弦的时候很舒缓，这代表你思考政令思考得深入，制定的政策却是简便易行。邹忌这样说，用儒家的话说就是“居敬而行简”。《论语》记载孔子与学生谈政治，说政治家在想一个决策的时候，一定要反复考虑，认认真真地考虑，通盘彻底地考虑，这叫“居敬”，这就像邹忌所说的弹琴“攫之深”，勾弦要沉稳，不能朝令夕改。“醳（释）之愉（舒）”呢？“居敬”了，政策是深谋远虑的，有短期目标，有长期目标，都是经过深入思考的，但是，制定的政策条文公布出来，却简便易行，官员好执行，老百姓也一看就懂。这就是要“行简”，也就是邹忌所说的“醳（释）之愉（舒）”。政策要深思熟虑，条文要简便易行，邹忌是在拿弹琴比喻行政。

另外，邹忌说，大小弦，就是君和大臣及其他大小官员，外加民众，都得本着一个调门唱，有人故意跑调，就不和谐了。大体上如此，有一点半点的杂音，也不碍事，反倒可以起修饰作用。有不和谐音也不要紧，哪个国家没有一点不和谐音呢？邹忌这样一说，齐威王那张绷着的脸放下来，还露出了笑容：噢？你邹忌还有两下子！这就是齐国的君臣，谈政治用文学的手法打比喻。

这段话很有哲理。什么哲理？古典的和谐辩证法。古代人讲和谐，西周文献有了一点眉目，到春秋时期的文献，说法就很清晰了。据文献记载，这时期的古人讲和谐，常用音乐来比喻。涉及中国式的和谐观，古人常说的一句话叫作“声一无听”，你弹琴就一个调子，就一个音符，把人听得要得神经病了。“声成文谓之音”，大音小音，高音低音交错成文，甚至来点噪音点缀，配合起来，成为音调，这就是和谐，大弦有大弦的作用，小弦有小弦的作用，互相合作，谁也别瞧不起谁，相得益彰，取得均衡，就是美妙的音乐。这样的说法，骨子里是一个中国式的和谐观念。换句话说，古代的辩证法强调多种事物的合作，从而产生新的积极的效果，却不强调斗争，而是讲均衡。应该说这是一个很深刻的哲学观念。另外，邹忌的说话方式是一种文学，这就是齐国，文化发达，人们内心丰富，感情丰富，深奥的哲学道理，通过打比喻的方式阐

李山脱口秀

有不和谐音也不要紧，哪个国家没有一点不和谐音呢？古人讲和谐，常用音乐来比喻，“声成文谓之音”，大音小音，高音低音交错成文，甚至来点噪音点缀，配合起来，成为音调，这就是和谐。

释出来，既是很好的哲学，也是很雅致的文学。这就是邹忌以声音的道理干谒齐威王的故事。

邹忌以声音为喻，向齐威王讲述了治国之道。齐威王信服邹忌的能力，于是任用他，拜他为相，让他治理齐国。但这引起了齐国另一位著名人物的不满，他要用自己的方式对邹忌进行考验。考验的结果，他和邹忌却成了莫逆之交。那么，这位著名人物是谁？他又是怎样考验邹忌的呢？

齐威王觉得邹忌这个人深通治国道理，就任用他，这样，邹忌就上了台，拿了齐国的相印。据说邹忌上台三个月之后，有一群人不服气，谁呢？稷下那些学者们，他们要来找邹忌，摸一摸他的底。其中有一个人，古代很有名，经常以开玩笑的方式说事，很有点“突梯滑稽”，就是淳于髡。淳于髡和一大群他的同道，来找新的齐国宰相。当老师的毛病就是好考人。淳于髡等找到了邹忌，用隐语考验他，对他说：有这样一句话，叫作“得全全昌，失全全亡”（《史记·田敬仲完世家》），你知道什么意思吗？邹忌稍加思索后回答：我知道，您是在告诉我，作为一个大臣，应该和王处好关系。这叫作“得全”。与君主关系融洽，什么事都好办，这叫作“得全全昌”。否则与君主有矛盾分歧，事情还怎么做呢？这就叫作“失全全亡”。是这个意思吧？您是在说做宰相的，要得大体，有全局观念，最后的结果也会是全局性的。失去全局性，齐国的事业就要受损失。是这个意思吗？淳于髡等听了，点头：不错。

> **李山脱口秀**
>
> 当老师的毛病就是好考人。

接着，淳于髡又说了一句隐语：“豨膏棘轴，所以为滑也，然而不能运方穿。”（《史记·田敬仲完世家》）棘轴就是枣木做的车轴，枣木结实、坚硬；“豨膏”就是往车轴上膏油，车就运转滑溜。老话说，车轴膏点油，胜似打黄牛。但是，如果你的轴和轮子方凿圆枘，那怎么膏油都不行。“方穿”指方孔，方形的轴或者方孔的轮框。邹忌当时听完就笑了，说：淳于先生，我知道，您是在告诫我，要跟同僚、左右搞好关系。其实这也是政治家必备的品质。跟左右关系处不好，像王安石似的，熙宁变法的时候，只要同意他的，他就和颜悦色，不同意他的，他就脸红脖子粗，这样的人怎么跟人共事呢？宰相肚里能撑船，这是品质，是能控制好自己情绪的人才有的品质。

接着淳于髡说了第三点：“弓胶昔干，所以为合也，然而不能傅合疏罅。”（《史记·田敬仲完世家》）说木匠做活粘东西，可以用干胶把东西粘在一起，但这是有条件的，真正出现了大裂缝的东西，是粘不拢的，就是说，不是所有的东西都可以粘的。淳于髡又拿胶粘东西打了个比喻，邹忌一听，又笑了，说：谢谢先生，您这是让我“谨自附于万民”啊！让我跟万民搞好关系。政府要获得万民的信赖和拥护，这也是好政治的条件。当年周武王就说过，纣虽然有千万民众，可是有千万颗心。人虽多，却一人一个心思，不团结。我人少，但是我万众一心，众志成城。邹忌听明白了，淳于髡这是在告诉他，要把民众协调起来，一旦民众与政府不一心，就再难黏合了。所以邹忌回答道，作为政府首长，他要跟万民搞好关系。

淳于髡说：“狐裘虽弊，不可补以黄狗之皮。”（《史记·田敬仲完世家》）说裘皮大衣再破，也不能买块黄狗皮补上。邹忌又笑了，说：您这是在提醒我，选拔下级官员要慎重，宁缺毋滥，不要狗尾续貂！

淳于髡最后说：“大车不较，不能载其常任；琴瑟不较，不能成其五音。”大车，就是载重的车，古代的车大致可分两种，一种是讲究速度的车，如战车、轺车等，另一种则是载货负重的车，叫大车。邹忌一听就明白了，回答：“谨受令，请谨修法律而督奸吏。”说我领教了，您是让我设立法条，对官员的不法要严加预防和督察！

几问几答之后，两人相对大笑，莫逆于心。淳于髡出来后，说：好厉害的邹忌，我一说，他就明白，这个人能封侯。这是淳于髡的赞美之辞了。这段对话，也有强烈的齐国特点。古代有一句固定语，叫“微言相感”，就是说用含蓄的语言交谈，点到为止，其中幽微的意思需要一点聪明来领会。邹忌就很有这方面的智慧。

邹忌在齐国为相，开始推行自己的政治理想，在他的治理下，死气沉沉的齐国出现了勃勃生机。邹忌辅佐齐威王治理齐国，还给中国历史留下了一个著名典故：邹忌讽齐王纳谏。那么，这个故事说的又是什么呢？

邹忌这个人长得不错，有一天起来照镜子，他看了看自己，就问老婆：“我孰与城北徐公美？”（《战国策·齐策》）我跟城北的徐公比，谁更美？齐国文化发达，化妆品大概也发达吧，人们讲究身形面目的美好，没准还有选美什么的，女的选美，男的也选，所以才有城北徐公最美的公论。邹忌照镜子，突然想起徐公，镜子里的自己这么好看，跟他比又如何呢？他先问自己的老婆，老婆回答：当然是你美，城北徐公哪能比得上你！那如果邹忌相信了，他就是个大笨蛋，也就做不了什么大事了。他又问妾，妾的话跟妻一样。邹忌还是不放心，过了一天，来了一个客人，请邹忌帮忙的。邹忌又问他同样的问题。客人说：还是你美。第二天，城北徐公来家了，面对面见了——大概徐公也是因为哪一次选美获冠军才有

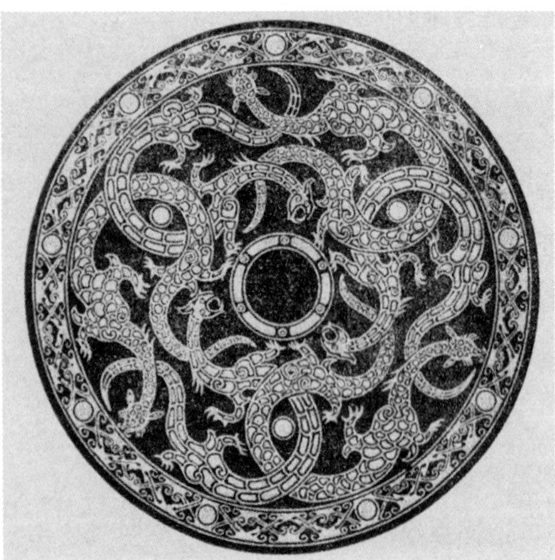

战国时期金银错龙纹铜镜

资格来邹忌家走走吧，不然邹忌原先怎么没有见过他呢——看了人家徐公的长相，邹忌再照镜子看自己，心想：这也叫鼻子？这也叫脸？我算什么？整个一个里外不是人！当然了，他的长相当在《西游记》沙僧和唐僧之间，总不至于到大师兄、二师兄那份儿上吧！

这本来是一件小事，但是，总是萦绕心头，让邹忌想了许多。后来邹忌找到齐威王，对齐王说了这件事之后又说：您看，在家里，我妻子和我那个小妾都说我美，这有原因。妻说我美是"私我也"。"私"就是爱，爱得越深，就越难客观公正看事物，情人眼里出西施嘛！妾说我美，是因为怕我。来的客人说我美，是因为他有求于我，得说点好听的。您看，这几位，比我地位低的，或者有求于我的，都说违心话，您想想，您是国君，手底下有大臣，有奴仆，还有各级官吏，多少人！后宫要"私"您，大臣怕您，万民有求于您，他们跟您说话，有多少不客观公正的内容啊！您听了多少不切实际的话啊！看来，我们都需要照镜子，看看自己的真容，好好给自己打个分数！

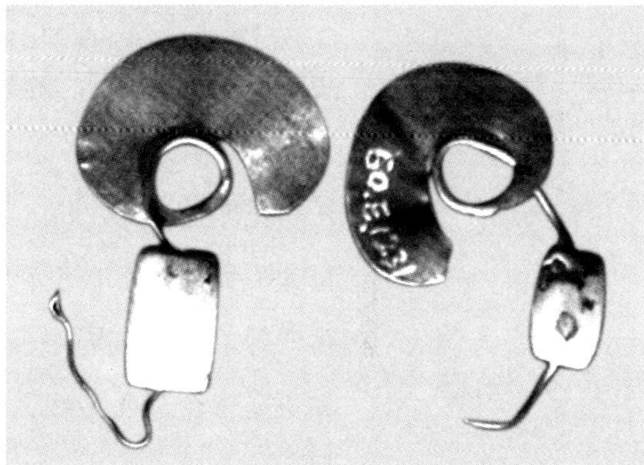

商朝妇好墓中发掘出土的金耳饰

齐威王听了以后，也很受启发，说：对！我也照镜子吧！于是威王发布政令："有面刺寡人之过错者，受上赏。"当面批评我，受上等赏赐；写信、写文章批评我，受中赏；不敢当面批评，私下议论我的缺点和错误，受下赏。

这个故事可能文学虚构的成分很多，但邹忌鼓励齐王向民众征求批评意见，该是有的。古代一个君主要做到这一点很不容易；能够奖励、赏赐那些批评自己的人，更不容易。这段文字出自《战国策·齐策》。《战国策》又说，头几个月，提意见的人盈门，过了一段时间就没有意见了。实际上，从这个虚构色彩浓郁的故事可以看到，齐威王和邹忌掌了权以后，注意疏通民意。人心都是肉长的，过去有各种各样的怨气，沟通沟通，到底有什么意见，百姓到底需要什么，沟通一下，就可以解决大部分问题。这是凝聚民心很重要的举措，所以，这里的照镜子的意象，其中心含义是统治者要懂得反省自己。

《史记》还记载，齐威王也可能是受了这件事情的影响，或者更准确说是受了邹忌的影响，召见了两个大夫，表扬了一个，处分了一个。表扬的是即墨大夫。现在山东还有一个地方叫即墨。齐威王召见即墨大夫，说：自从你到即墨当大夫，管这一方的治理，我每天听到的都是诽谤你的话。可是呢，我走到你的治下，看到田种得很好，民舍修得很好，这表明你不是一个专门向我说好话的人，你不是一个八面玲珑、四面讨巧的人。因此，我赏你！又召见了另外一个地方的大夫，就是阿大夫——我怀疑这里面也有文学虚构，即墨，黑啊；阿呢，让人联想到阿谀奉承的"阿"——齐王对他说：自从你到阿当大夫以后，我听到净是表扬你的话。可是我看你实际的治理情况，你的土地种得不好，民众生活得也不好。看起来你就知道买人情给我吹风，你的心思全用在怎么讨好我上了。因此，要罚你！

把这两个故事的水分捏干，可知表现的是齐威王作为一代有为之王，在疏通上下之外，还注意对官员的奖惩，对不称职的惩，对踏实肯干的赏。

> 齐国在齐威王当国君的时候，招揽贤人，任用贤人，这给齐国带来了强盛的气象。齐威王除了任用邹忌和淳于髡，还任用了哪些贤人？齐威王对这些贤人，又是怎样的态度呢？

齐威王时期贤人在位，是因为他以贤人为宝。《史记·田敬仲完世家》记载，一次，齐威王和梁惠王在狩猎中不期而遇了。梁惠王说，你们齐国那么大，你们是老牌国家，我请问，你们有宝贝吗？齐威王反问梁惠王：你们有宝贝吗？梁惠王说：有啊。寡人的国家不算富，尚有“径寸之珠照车前后各十二乘者十枚”。梁惠王显摆自家的国宝：夜明珠晚上一发光，能够照亮十二辆车，而且个大，直径一寸多，价值连城啊！这样的珠子有十枚。

齐威王说：我们也有宝，但是，我的宝跟你的宝不同，我的宝是贤人。我有这样几个宝，第一是檀子。我们让檀子守南城，他在那里，楚国人就不敢向东北发展，谋取齐国地盘。我们还有一个人叫田肦，让他守高唐（今山东高唐县附近），赵国人就不敢“东渔于河”，跨过黄河到河东来捕鱼。另外，我还有一个宝，这个人叫黔夫。让他守徐州（今河北省大成县附近）。我齐国的边疆，燕国人就祭我国的北门，赵国人就祭我国的西门。为什么祭？他们是在祈福，祈求我齐国不要打他们。我还有一个宝，叫种首。我让他“备盗贼”，就是让他搞国内的治安。结果怎么样？路不拾遗，夜不闭户。我有这样几个宝。你的宝不就照十二辆车那么远吗？我的宝一照一千里的光辉！齐威王这样说，把个梁惠王的脸臊得比关老爷的脸还红！

梁惠王与齐威王相遇，是家鸡碰上凤凰。梁惠王拿自己径寸之珠显摆，结果被人家齐威王用几个贤人一比，把他比得灰溜溜的。

齐威王时期齐国贤人多，当时以为最重要的贤人、历史上著名的军事家，这时也来到了齐国。谁啊？孙膑，古代史上顶级的军事家！说到这个人，又要说到梁惠王。在梁惠王统治下的魏国，他的将军、当红的将军是谁呢？是庞涓。庞涓这个人，据说跟孙膑同学，俩人在一起学习。同窗是好友，同窗也容易出现宿敌，因为互相了解得深，易生嫉妒。据说每一次谈兵论战，庞涓总是输。这没办法，天分不同。庞涓嫉妒得要命。嫉妒有个特点，嫉妒人，从来都是从身边的人嫉妒起——嫉妒身边的朋友、同学。后来庞涓

李山脱口秀

嫉妒有个特点，嫉妒人，从来都是从身边的人嫉妒起——嫉妒身边的朋友、同学。古今很多时候，为了争天下第一，使人格扭曲，庞涓就落了这样的俗套。

得了志，先被梁惠王看中了。这时他就觉得，未来跟我争天下第一的——古今很多时候，为了争天下第一，使人格扭曲，庞涓就落了这样的俗套——没别人，就只有这个孙膑。怎么办？无毒不丈夫！他庞某人就把孙膑招来，孙膑不知防备，结果被庞同学“断其两足，黥其面”，把两脚砍了，脸上刺墨，让你见不得人，等于说把他给废了。战国时期有很多极端性格的人，庞涓就是一个，他是个代表，男人阴暗面的代表。庞涓为人阴暗，很典型，容不下自己的同学。这个时候魏国君主是梁惠王。他只知道径寸之珠是宝贝，孙膑这样的大人才在他的国家遭罪，他不知道，他就看着庞涓不错。后来，从齐国来了使者，孙膑想方设法悄悄见了使者，三言两语，使者就知道他是个人才。自己的君主不是以人才为宝吗？君主爱贤，臣子就乐于举贤。使者把孙膑带到齐国，孙膑对齐国军事上的胜利，真是起了很大作用。

那么，孙膑在后来的战争中，是怎么帮助齐国把魏国撂倒，把魏国的霸业撂倒的呢？请看下一讲：围魏救赵。

第五讲　围魏救赵

这是战国时期几个大国之间的相互角逐，围魏救赵这场战争发生在据说是师出同门的两个将军之间，魏国的将军庞涓和齐国的将军孙膑，是他们两个人之间的斗智斗勇。这场战争使强盛起来的魏国开始由盛转衰。那么，战争是怎样发生的呢？请看《战国七雄》之《围魏救赵》。

魏国从魏文侯图强开始，迅速走上强盛之路，但只经历三代人，短短七十年时间就衰落了下去，而魏国由盛转衰的开始，是因为一场战争。这场战争使战国时期的几个大国，为了各自的利益，相继参与其中。这场战争也是一对据说是同门师兄弟——魏国的将军庞涓和齐国的将军孙膑两个人之间的斗智斗勇。那么，战争因何而起？又是怎样结束的呢？

古代兵书“三十六计”中有一计叫“围魏救赵”，此计所关战例，就发生在战国的魏和齐两国之间，双方的将军一个是魏国的庞涓，一位是齐国的孙膑。

魏国在魏文侯死后，霸业极盛而衰。衰落开始的标志性事件，就是“围魏救赵”的桂陵之战。

战争发生在梁惠王十六年，齐威王三年，也就是公元前353年。

这一年，齐国接到来自赵国的消息，魏国人兴师动众，大举进攻赵国都城邯郸，赵国请求齐国帮助。魏国攻赵，赵国向齐国求助，是不是临时抱佛脚呢？不是。当梁惠王九年把都城迁到大梁

（今河南开封）后不久，赵就与齐建立了联盟关系。为什么？有一句话形容当时魏、齐、赵的关系特别恰当，是：“同欲者相憎，同忧者相亲。”（《战国策·中山策》）本来赵与魏都属于三晋国家，在早期是团结的。现在两个国家有了同一个追求对象，即东方肥沃的土地，两个“同欲者”就要相憎了。相反，“同忧者相亲”，齐国与赵国现在就是“同忧者”关系，它们都面对着强大的魏国。当魏国把国家的政治中心、实际也是战略的中心转移到东方以后，就等于在齐国鼻子底下干起抢夺土地和人民的事。这是人性的缺陷，大家共患难可以，但不能共同追求同一个东西。

那么，到底是怎么回事呢？为什么魏国要伐赵国呢？这还得从赵国说起。

就在齐威王三年之前，赵国人先下手抢了卫国的两个地方。这时尸居余气的卫国依附于魏，赵国这样干，是想先下手为强，结果一下把梁惠王惹恼了。赵国这么多年来跟魏国关系一直疙疙瘩瘩的，俩眼老是虎视眈眈地瞪着东方那块肥沃的属于卫的平原地带，总是在那儿跃跃欲试。在魏国看来，卫这个老牌国家残余的那点土地，是属于魏国的。在梁惠王眼里看卫国，就是自己家锅里的肉。现在它赵国却不管不顾瞎伸手，这等于染指禁脔，魏国当然不答应。所以这一次，梁惠王决计，干脆就直取邯郸，把赵国灭了算了！这时的魏国挟着魏文侯、武侯的余威，就有这样的凶猛之势。魏国有这样的举动，赵国顶不住了，赶紧向齐国求援。

魏国要出兵讨伐赵国，要动用大军，不能单独自己去，光一个魏国多不好看，还得要拉人占场子。拉谁呢？宋国、韩国。这时候，梁惠王满脑子做的是个残梦。什么残梦？霸主的残梦。春秋五霸打仗，没有一个国家单独作战的，总是吆三喝四，把一些小喽啰似的弱小国家带上，以表示自己是代表大多数诸侯利益的。这是春秋霸主习惯，无论是齐桓公跟楚国斗，还是晋文公跟楚国斗，都是这样做的。可那是春秋时期，春秋时霸主的要义，是周天子不能维

李山脱口秀

本来赵与魏都属于三晋国家，在早期是团结的。现在两个国家有了同一个追求对象，即东方肥沃的土地，两个“同欲者”就要相憎了。这是人性的缺陷，大家共患难可以，但不能共同追求同一个东西。

持天下秩序了，霸主代行其职，所以他要努力让自己显得有广泛的代表性、合法性，一定要拉着这个、拽着那个，小国不去也不行。春秋霸主尽管也灭了一些小国，但是霸主干这样的勾当，都得找些借口，堂而皇之地公然抢夺人家土地，掠夺人家人民，虽然势头已现，却还没有成为历史的主流倾向。可是梁惠王呢，还以为自己就是春秋霸主的延续，可他实际做的却是公然抢土地和人民的事情。梁惠王身在战国，却做春秋大梦！

宋国什么反应呢？当然是好好好满口答应，可一转脸，马上派使者去赵国报信。使者哭丧着脸说：赵王，我们现在遇到难题了！魏国要打你们，大家都知道，它那么兵强马壮，我小小的宋国敢说个不字吗？可是我们也清楚，一旦把你们赵国灭了以后，它转过手来就会收拾我们。所以，我们现在两难，您就给出个主意吧！赵王当然明白，他对宋国使者说：你们的难处我理解，但愿你们跟随魏国打我们，别太认真就行了！宋一听，心里有了主意。宋国的做法是，魏国让出兵，就跟着出兵，让打就打。可是，出兵不出力。宋国进攻赵国，打赵国一个城邑，假装卖力气，却怎么打也打不下来，实际是磨洋工。宋国人耍开了滑头政策，两面讨好。春秋时期跟随霸主出兵打仗的那些小国军队，一般也是打仗不卖力气，但还没有糟糕到事先通敌的地步。可是现在的宋国，却事先通敌了。这就是时代不同了。梁惠王还在做春秋霸主之梦，若不及时醒过来，没有不尿床的。

> **李山脱口秀**
>
> 春秋时期跟随霸主出兵打仗的那些小国军队，一般也是打仗不卖力气，但还没有糟糕到事先通敌的地步。可是现在的宋国，却事先通敌了。这就是时代不同了。梁惠王还在做春秋霸主之梦，若不及时醒过来，没有不尿床的。

梁惠王还派人去找韩国，韩国也答应了。这时候韩国的君主是韩昭侯，也是一位颇有为的君主，他恰好在这一年，起用了著名的申不害。

申不害是个早期的法家；早期法家讲究法、术、势，申不害则擅长“术”。有记载申不害对韩昭侯说，现在魏国自以为强大得不得了，我们如果不顺从，它就会收拾我们，离得近啊。怎么办呢？申不害劝韩昭侯执圭去朝拜魏国，对魏君行臣子之礼。他说，我们这样做，魏国就觉得身边的人服了，它就会放心地向其他诸侯用兵了。那样，魏国就会招来天下诸侯的众怒，韩国的祸患就可以避免了。韩对魏既然采取这样的阴险策略，魏国来请他们一起出兵打赵国，自然不会拒绝了。

魏国要攻打赵国，为了壮声势，还联络了韩国、宋国等诸侯国。虽然韩、宋等国也派兵参战，但出工不出力，各自有自己的小算盘。那么，在这种情形下，魏国就没有人看出其中的奥妙吗？魏国的梁惠王心里究竟是怎么想的呢？

在这种情况下，梁惠王的大将军庞涓就带着魏国的主力军队出发了。那么当时魏国就没有明白人站出来劝阻梁惠王？有的。《战国策·魏策》记载曾有一个人劝阻，这个人就是季梁。季梁一看梁惠王要兴兵围攻邯郸，这可是事关国家成败的大动作，他很着急，头不梳脸不洗来找梁惠王，对梁惠王说：大王，您不能这么做！他的劝阻之辞很有意思，古代有一个成语叫“南辕北辙”，就是这次季梁劝阻梁惠王时讲的。季梁说：大王，我从太行山那边刚回来，路上我看到一个人驾马车赶路。他的马和车都非常好，见他向北走，我就问他到哪里去，他说去楚国。我说往楚国去，怎么朝北走？这个人怎么说？他说，我的马特别好，一天能走好多里。我说那也不行啊，方向不对！他又说我带的盘缠多，走到南方没问题。我说那也不行。他又说：我驾车的技术特别好。季梁对梁惠王说，您看他这样做，不是南辕北辙吗？

季梁接着说：大王，您现在的举动，也是南辕北辙啊。您想称霸，霸主的要义是什么？霸主要取信于天下，不论是齐桓公还是晋文公，都需要拿出八两半斤的真诚心意，对诸侯好。就如晋文公，不像齐桓公那样大方地对待诸侯，他也得弄个假想敌，就是把楚国弄成中原诸侯共同的敌人，以便他率领着大伙儿一块干。要取信于诸侯，这也是办法啊！像齐桓公、晋文公那样争霸，才是方向。现在您要争霸，不是取信于诸侯，而是去灭人家的国家，这不是南辕北辙吗？

季梁的这点道理，在梁惠王这里已经不起作用了，他已经有点失心疯，满以为自己能灭赵国，根本就听不进去。《战国策》记这样一个含有南辕北辙寓言的精彩故事，也许是后来人的事后诸葛亮，也许是史书家在写梁惠王的后悔药。古代的史书上常有这样一些“后悔药”似的记载夹杂在一些大事件的叙述中，目的是警示后人从那些当时该服用却没有服用的“后悔药”中吸取些什么。当魏国兴师动众地围攻邯郸时，魏国不是没有人劝阻过梁惠王，可惜他不听。不听，好主意就成了事后没处找的后悔药了。

> **李山脱口秀**
>
> 古代的史书上常有这样一些“后悔药”似的记载夹杂在一些大事件的叙述中，目的是警示后人从那些当时该服用却没有服用的“后悔药”中吸取些什么。当魏国兴师动众地围攻邯郸时，魏国不是没有人劝阻过梁惠王，可惜他不听。不听，好主意就成了事后没处找的后悔药了。

魏国出兵围邯郸，桂陵之战就要爆发了。齐国得到消息，当时齐威王刚继位不久，虽然实行了一系列改革措施，像邹忌等也刚上台，但齐国还不是很强。帮不帮赵国的忙？打不打这一仗？齐威王拿不准，就召开御前会议讨论。

当时与会的大臣有邹忌，还有田忌，两位是主要大臣。会上出现了两种意见，一种以邹忌为代表，主张不要管魏、赵的事，离齐国还远着呢！这大概因为邹忌偏于文职，是国家的相，知道自己的国力还不是很强，打仗要花钱，所以偏于消极。但是，当时有个叫段干朋的站出来了，说不能不救，必须得救。他说赵国的邯郸看上去离我们齐国很远，但是事情的整个态势还看不出来吗？魏国把它的都城往东迁，干什么来了，不是很清楚吗？若现在魏把赵国灭了，国土要双倍增加，那可就是一只虎变成了两只虎，到那时，谁还惹得起它？所以，齐国现在要管这件事。段干朋的意见应该说出了田忌等人的想法。可是，怎么管？段干朋说，要管，还真不能出兵直接去跟魏国人干。齐国的上策是往南打，打魏的重要城邑襄陵。

魏国攻打赵国，和赵国相邻的齐国权衡利弊后，决定出兵救赵。大军出征，首先要选将，齐国最合适的将军人选，当属足智多谋的孙膑。但这时，孙膑仅仅是齐国使者从魏国带回来的一个没有身份的残疾人士，那么，孙膑又是因为什么被齐王信任，而成为率兵的将领呢？

《史记·孙子列传》写到这件事，说，大计决定下来以后，齐威王找到了孙膑，要他做齐国的将军。

我们知道，孙膑从魏国入齐，是作为一个伤残人员被使者带回来的。所以，《孙子列传》的这种说法的可能性有多大，值得考虑。孙膑一开始的地位不会太高，他还没有任何功绩。不过孙膑来齐以后，《史记》记载了这样一个故事，表明他已经深得田忌的信任：孙膑曾帮助田忌赛马大胜。田忌是齐国的亲族，有钱有势，好赛马，却总是输。要说田忌的马有多差，也不是，可就是总失败。孙膑来了以后，看他们赛马，就看出了门道。他把田忌叫过来，说，田大人，您不能这样赛了！这样赛下去，您永远赢不了！我教您，您下边接着赛，而且赌金要下重点，我让您翻盘子，大捞一把！怎么办呢？孙膑说，下一轮赛马，派马的时候，您派最差的马，与对方最好的马赛。您最好的马呢，与他们的中等马赛。您的中等马，与他们的下等马比。这样安排，保准获胜。

孙 膑

孙膑这样安排，实际上是重新做了一个排列组合。请注意，这个写在《史记》中的小故事，可能是真的，也可能是假的，却把一个军事家善谋的特征传神地表现出来了！兵法讲究筹算，自己的长处在哪，短处在哪，都需要算一算，胜算有多大，打仗的把握有多大就算出来了。筹算是军事家的智谋。孙膑打仗，两次打仗，都可以看出，他特别善于巧打。当然田忌的马也不能像驴一样，这样不单孙膑，就是老天爷也帮不了忙。在马差不多的情况下，怎么办？稍微调整一下马的出场顺序，错开马的对手，结果就大不一样。这就是孙膑巧打的功夫。巧打，是中国兵法的精髓。中国古代兵法也谈国力，谈一个国家的综合实力，但这方面只是作为基础来谈，总不能让驴与马去比赛吧？两个国家，实力相差太大，仗就不能打。差不多的时候，弱小的一方也可以打，那就得巧打。看孙膑打仗，就是这样善于巧打，变不利为有利。田忌赢了一大笔钱，也就知道了孙膑的分量。

所以，齐威王召开御前会议讨论决策时，让孙膑担任齐国将领，应该是田忌这样有资格与会的人提议的。但孙膑拒绝做齐国的将军，为什么？他说我“刑余”之人，腿断了，脸上划得花花搭搭的，跟青面兽似的，不能做将军。不过他又说，我可以给齐国军队做参谋。于是《史记》讲，他是坐着辎重车——就是拉东西的车——参战的。从这种记载可以看出孙膑想隐藏自己，这大概也有他的考虑，因为对方的主帅是庞涓。

计策定下来，战争就进入到了要打的阶段了。那么，到底魏国打邯郸是什么情形呢？过去因为史料缺少，比较模糊。现在则有了新的材料，就是20世纪70年代在山东银雀山发现的一批竹简。《史记》说过，孙武子之后多少代，又出了个孙膑，他打完几仗以后，扬名天下。过去对此不大相信，但是随着这批竹简的发现，不仅证明历史上孙膑确有其人，而且他还有自己的兵法，这就是在《孙武子》十三篇之外的《孙膑兵法》。竹简虽然有缺损，但整理成书后，大体还是可读的，其中第一篇就是《禽庞涓》，讲了孙膑与庞涓两位主将之间这场“围魏救赵”的战争。大致情况是，魏国有两支部队，一支是正面部队，直接北上把邯郸围了；另一支是庞涓带领的大概十万左右的军队。这支军队当时是往东走，干什么呢？防

李山脱口秀

筹算是军事家的智谋。孙膑打仗，特别善于巧打。巧打，是中国兵法的精髓。

备齐国，相机而动。如果齐国不出兵救赵，那这支军队就可以从侧翼去支援打邯郸的魏军。但在没有搞清楚齐国的动静前，就在靠近齐国的地方布防，防齐国。

这里，看看战争的示意图，就能明白到庞涓的心思了。庞涓作为魏国将军，按说这着防御的棋，中规中矩，要打邯郸，当时东方最强的国家是齐国，若不加以防范，齐国动了手怎么办？所以，庞涓这样做，遵循的应该是兵书战策的常法。

> 魏国的将军庞涓并非无能之辈，他早已想到了齐国救赵的可能，因此早早就派了一支部队来防备齐军。那么，面对早有准备的魏国军队，齐国的将军孙膑是如何用兵、如何救赵的呢？

问题是，你庞涓这样防齐国，齐国的军师却是孙膑，他未必因为你在这儿防，就跟你在这里动手！往后看齐国军队的动作，就有了一流将军、一流军事家，与一般将军或说二三流将军之间的差别了。这些二三流货色，也是参军多年，靠着努力和军功外加运气当了将军，但是，遇上真正的军事家，他们军事才略上的中规中矩就显得异常庸碌了！这是魏国方面，向北向东两支部队都派出去了。

竹简上还讲，魏国向东的军队还顺手占领了卫国的一些城邑。这时候，齐国的部队出发了。田忌一看魏国军队占领了一些卫地，就对孙膑说，我们是不是要去打这些被魏军占据的地方？孙膑说，不，不这样打。他打他的，他在北边防我们，他防他的。我们奔南去，奔襄陵这一带去。所以，齐国的部队进入到战区后，没有向庞涓的军队正面发起攻击，而是直接奔了襄陵。

途中孙膑又说话了，他问田忌：你手底下有没有比较糟糕的军队？比较糟糕的军事将领？田忌说，此次出征，正规军之外，齐国还调了各地的地方军，其中两个大夫带兵打仗不怎么好。孙膑一

李山脱口秀

这些二三流货色，也是参军多年，靠着努力和军功外加运气当了将军，但是，遇上真正的军事家，他们军事才略上的中规中矩就显得异常庸碌了！

听，说好，就派他们去与魏国的军队接触，告诉他们，千万不要逞英雄，只许失败，只许装熊，不许胜利！《孙子兵法》里有一条叫“能示之不能”。孙膑的意思是向敌人卖破绽，所以就派了两支地方部队与魏国的两支地方部队接触。一接触，齐军丢盔弃甲，跑了。孙膑一看，好，两个大夫不错，挺称职的，打败仗，败得不折不扣！同时，取得胜利的魏国军队，气焰高涨。

接触战之后，庞涓的大部队也开始往回卷了。庞涓也不是傻子，他本来想在茌丘（今山东茌平西）一带防齐国，一看齐国的军队朝着他后院去了——襄陵距离大梁非常近——这是很危险的！庞涓对此很清楚，就带领着手下主力往回赶。就在他往回走的时候，听到捷报传来，说魏国的两支地方武装，把齐国的部队打得丢盔弃甲。庞涓哈哈大笑，说：果然是名不虚传！诸侯都传说，齐国的军队比豆腐渣还稀松，军合力不齐，打仗吊儿郎当。你看，还真是这个样子！于是庞涓和他的大军信心倍增。

田忌一看，不明就里，就问：孙先生，怎么弄的，态势怎么越来越朝对我们不利的方向发展？孙膑说：别着急，现在，第一步我们已经完成了！下一步就是分一支小部队，西驰大梁。记载中孙膑是这样说的：“请遣轻骑，西驰梁郊，以怒其气，分卒而纵之，示之寡。”（《孙膑兵法》）这有两点，一是说齐军要分一支部队快速向大梁移动，作袭击大梁的佯动。干什么？激怒庞涓。庞涓一看本国的地方武装打齐国打得那样好，已经开始骄傲了。这个时候，就得给他加火，攻其所必救，打他的大梁。都城出了问题，任何将军都不敢负这个责任。另外惹他生气，这样熊的齐国兵还敢打大梁！已经开始藐视齐军的庞涓就被激怒了。第二，在“以怒其气”的同时，还要“分卒而纵之”。齐国军队还是不要显得很强大，要分散成小股部队，“示之寡”，告诉庞涓，我们齐国来的部队不单软弱稀松，而且人还少。

这样一来，齐军小股军队“西驰”大梁以后，骄傲的庞涓马上顺着孙膑的意思，弃其辎重，率领主力一路狂奔地朝着大梁方向进发。他这样做，恰恰中了孙膑的计策！庞涓的军队走到桂陵时，埋伏在这里的齐军主力以逸待劳，打了一个漂亮的伏击战，魏国军队溃不成军。桂陵在哪儿？现代学者有不同的看法。有人说靠西，离河南濮阳很近；有人说靠东，在今天山东菏泽以东的某个地点。桂陵的具体地点，今天已经没有办法确定了。但不管怎样，有一点很关键，就是在庞涓把他的主力向大梁方向回撤的时候，半路途中，被齐国军队打了一个伏击战。这是这场战争的要点：你打你的，我打我的。从一开始，就是这样。齐军要把魏军的鼻子牢牢牵在手里。

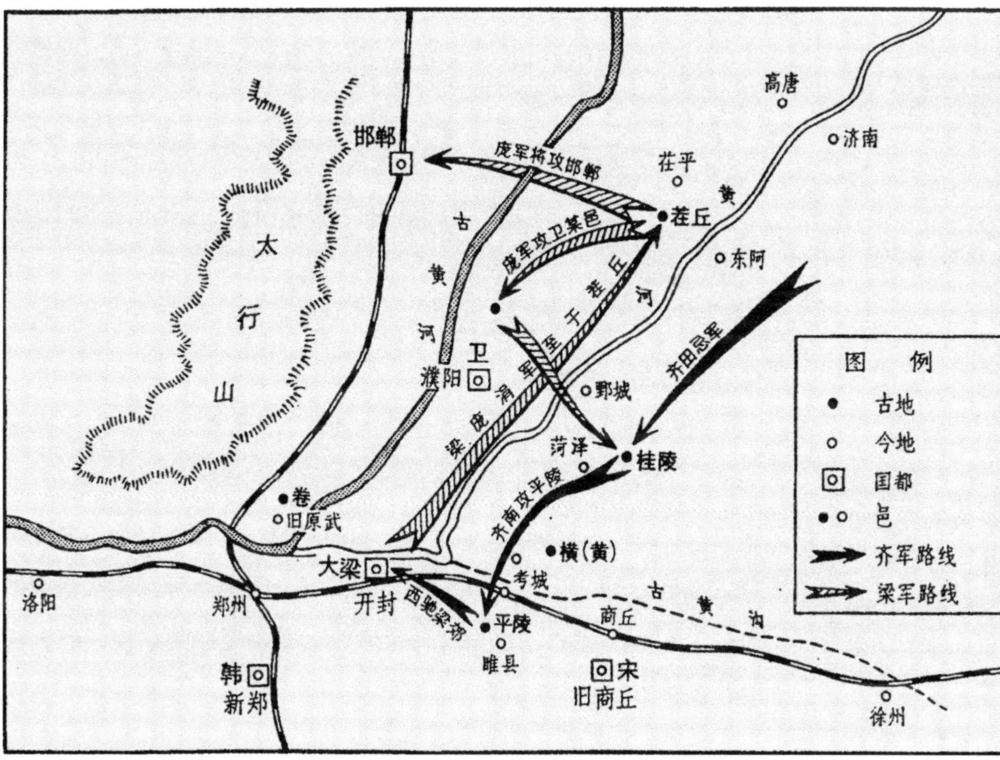

齐魏桂陵之战示意图

另外《史记》里还记载，战争开始定计的时候，按照田忌和一般齐国大臣的想法，既然要救赵国，就该往赵国派兵，帮着赵国打。孙膑却说了几句非常精彩的话，他说："解杂乱纷纠者，不控拳，救斗者不搏撠，批亢捣虚，形格势禁，则自为解耳。"（《史记·孙子列传》）什么意思？俩人在那儿打仗，纷纷扰扰，这个时候你劝架的拎着个老拳去了，想用砸的方式把人弄开，你越砸，架越打得凶。又比如俩人拿着戟在那里斗，你劝架的试图用手拨开戟，那非受伤不可。应该怎么做？"批亢捣虚"。亢，就是空的意思，也就是现代语"糠"的意思，我们说萝卜"糠"了，就是空了。批就是劈，劈和捣是一个意思，都是指打击虚弱之处。批亢捣虚，就是让对方陷于"形格势禁"的境地，犹如被捆住手脚，动不了，所有的能力都发挥不出来，再高的计策也施展不开，只有听他人摆布。一旦如此，纠纷自然就解了。桂陵之战证明孙膑不愧是孙武子的后代！我们知道，《孙子兵法》讲的就是出其不意，攻其不备。在围魏救赵这场战争中，齐军以逸待劳，围点打援，实际上就是发挥、发展了孙子出其不意、攻其不备的思想。我在哪儿打，你想不到，我打你，你必然要随着我的指挥棒转，这就是孙膑的军事智慧。所以说，这场战争显示了一个真正军事家漂亮的手段。这时候，孙膑的军事价值就显示出来了。战争以后，孙膑的地位当然会提高，是没有问题的。

这场战争，刚才说过，竹简中叫"禽庞涓"，"禽"就是"擒"，擒获、抓住的意思。可是，战争中庞涓并没有被擒住，事实也应该是他没被擒住。为什么？如果擒住了，十年以后，马陵之战就没有庞涓的事了。所以这个"禽"字，有些学者讲，在这里是制住、制服的意思。这是解释得通的。就是说桂陵之战，齐国获胜，制服了庞涓的军队。

但是，这场战役只是整体战争的一个局部。刚才讲过，邯郸被魏国军队围着，桂陵的失败，并未使魏国人放弃邯郸。桂陵之战只显示出军事家超人的智慧，但就整个战局来说，齐国的胜利并没有让魏国在邯郸方面罢手。魏既不放弃围困邯郸，齐国于是联合宋、

李山脱口秀

《孙子兵法》讲的就是出其不意，攻其不备。在围魏救赵这场战争中，齐军以逸待劳，围点打援，实际上就是发挥、发展了孙子出其不意、攻其不备的思想。

卫等国攻打襄陵，这次是真打，但魏国也只是一部分军队回防襄陵，最后是楚国人出来居间调停，齐国和魏国讲和，战争打成了平局。邯郸还被围着，魏国对赵国还是不肯罢手。

真正让魏国松了手的，是来自西边的秦国的打击和威胁。秦国见东方的几个诸侯纠缠在一起，就派商鞅率领军队东渡黄河，占领了魏国的旧都安邑。这时候，梁惠王才觉得大势不妙，把邯郸的围撤了。为了稳定大局，魏又和赵盟约，算是把北边的局势安定下来了。但是在西部方面，魏国花了好几年的时间，才与秦国经过利益交换订立盟约，拿回了安邑，使西部的情况得以稳定。大体而言，此次魏国的围攻邯郸，虽然遭受了桂陵之战的失败，但魏国的霸主地位，还没有从根本上被撼动。

但是，秦国已经强起来了，东方的齐国在齐威王的领导下，振作有为，国力也将要上升。东西两强崛起，魏国就要走向衰落。虽然魏这时候还像是一只刚受伤的老虎，还能凶猛地扑杀这个、扑杀那个，没人敢靠前，但是，西有强秦，东有强齐，魏国的气数眼看就要尽了。梁惠王打完这次围攻邯郸的战争后，也还不甘心失败，还要挣扎，还要想办法，但最终还是虎落平阳，被人家撂倒了。这就是桂陵之战十年后的马陵之战。

那么，马陵之战又是怎样打的呢？请看下一讲：计杀庞涓。

第六讲　计杀庞涓

庞涓和孙膑第一次交手，孙膑用围魏救赵的计策，大败庞涓。十年后，魏国和齐国又一次在战场上开战，两人第二次交手，庞涓最终没有逃脱兵败身亡的结局。那么，魏国和齐国为什么开战？庞涓又是如何败给孙膑的呢？请看《战国七雄》之《计杀庞涓》。

桂陵之战，魏国虽被齐国的将军孙膑打得大败，但基本国力还在。十年之后，魏国和齐国又一次在战场上兵戎相见，双方主将还是庞涓和孙膑，这一对冤家兄弟又在战场上狭路相逢了。

桂陵之战后，魏国并没有元气大伤，它的基本国力还在。战后，梁惠王迅速调整布局，北边与赵国盟誓，东边与齐国盟约，西边也与秦国修好。于是，大局又稳定下来。

那么，魏国又是如何处置南边与楚国的关系呢？桂陵之战时，赵国曾请楚国帮忙，抄魏国的后路。当时楚国带兵北进的是楚相昭奚恤，这个人有私心，带兵打仗，出工不出力，抢了一点土地，另外还把抢夺的宝贝揣在自己兜里，实际是耽误了国事。魏国在把东面、北面、西面的局势定下来以后，也与楚国修好，派了一个叫江乙的人来楚国，修好之余还有一个顺手的目的，就是说昭奚恤坏话，挑拨他与楚君的关系。

楚王见了江乙就问：我听说北方人都特别害怕我国的昭奚恤，是真的吗？江乙说：这我可不敢苟同。他就说了一个寓言。战国是中国寓言大发展时期，策士说话要动人，编精巧的寓言段子成了他们的追求。江乙说，从前山里的百兽之王是老虎。老虎在山里边觅食，逮谁咬谁，谁都怕它！有一天老虎碰到一只狐狸，上去就要拿狐狸当点心。小狐狸说：且慢，你不能吃我！老虎说，遇见了我，就是你的末日，还说这话，好大胆子！我倒要问问你，为什么我不能吃你？狐狸说，我是上天派下来做百兽之王的，你不能动我，弄掉我一根毛，就得给我竖旗杆！老虎说，新鲜，我从来没听说过狐狸是百兽之王。聪明的小狐狸说，你不信，咱们俩就去验证验证好不好，看看到底谁是百兽之王？老虎问怎么验证？狐狸回答：我走在前面，你跟在我后面，看一看，是不是任何动物见了我都要躲避！于是老虎，缺心眼儿的老虎，就跟着鬼精的狐狸走。果不其然，大家一看老虎来了，都跑了。狐狸就说，你看，看到我，动物都跑了吧？老虎信以为真。江乙讲完寓言接着说，北方人貌似怕你们的那位昭先生，实际上怕的是您楚王！您才是老虎，他昭奚恤离了楚国，还有什么？不过是那只耍心眼儿的小狐狸罢了！

修好四国，顺手挑拨关系，这在梁惠王还是浅层次的动作，他还有些深度的做法，在国内兴修水利，招揽贤才，措施不少。另外，梁惠王最大的举措是搞了一次逢泽之会。逢泽在哪儿？在大梁城以南不远的地方。在这里，梁惠王召集诸侯来盟会。对这件事情，各种史料都有记载，《战国策·秦策四》就讲："魏伐邯郸，因退为逢泽之遇，乘夏车，称夏王，朝为天子，天下皆从。"说他把局势大抵安定了以后，在逢泽会盟诸侯，坐的是涂有五彩的大车，打出的是中国之王的称号，去朝拜周天子，会盟的各诸侯也都跟着。还有一种记载，见于《战国策·秦策五》："梁君伐楚胜齐，制赵、韩之兵，驱十二诸侯以朝天子于孟津。"孟津在今天河南省孟津县，是黄河的一个渡口，离洛阳很近。这段记载说，梁惠王打完邯郸之战、制服赵国和韩国的军队后，就驱使着十二诸侯——"十二"表示多，就是当时华北、江淮平原一带自古延续下来一些东方小国，数量还不少，其实都是些小催巴儿国家，跟着大国跑的——去朝周天子。

可是在《战国策》里面，《齐策》又有一个记载，却告诉了我们这样的实情：梁惠王这次搞逢泽之会，多多少少是上了秦国的当。《战国策·齐策五》说："昔者魏王拥土千里，带甲三十六万，其强而拔邯郸，西围定阳，又从十二诸侯朝天子，以西谋秦。"这段话的意思是，当梁惠王把局势稳定下来以后，就率领诸侯准备与秦国大战，秦国不是打魏的安邑了吗？魏国就想以三十六万之众攻打秦国。秦王听到这个消息，"恐之，寝不安席，食不甘味"。魏国虽然是一只受了伤的老虎，可是如果它以带血之身，奋力跟秦国搏击，折腾一番——请注意，秦国这个时候商鞅变法开始不久，效果还没全显示出来——也是很可怕的。所以，秦国不得已，"令于境内，尽堞中为战具，竟为守备，为死士置将，以待魏氏"。说秦孝公命令国内所有的人，都到城墙上箭垛口后面去准备战斗，并把所有的器械、材料准备好；另外还招了一些死士，安排好将军。一时间，秦国上下很是紧张！

见秦王惶恐不安，有一个人就站出来了。谁呢？商鞅。《战国策》记载："卫鞅谋于秦王曰：'夫魏氏，其功大而令行于天下，又从十二诸侯而朝天子，其与必众，故以一秦而敌大魏，恐不如。王何不使臣见魏王，则臣请必北魏矣。'"商鞅说，魏国这么多年来一直是霸主，号令天下，有那么多的诸侯跟随它，若以我秦国一国之力与如此势力浩大的魏国打，可能我们还真不是个儿。怎么办呢？您让我去见魏王，我给他出点主意。秦王一听，有药了，那赶紧吧！于是就派商鞅去见梁惠王。见到梁惠王，商鞅就说，大王，您的功劳的确很伟大，您可以号令天下。现在您要带着十二诸侯去朝见天子，可是，我看了看跟随您的十二诸侯，不是宋，就是鲁，要不就是邹。这些国家的个头儿啊，比猫大点儿，比狗小点儿，多没劲，净是一帮子小喽啰！带他们朝见周天子，您就跟个孩子王似的，不过瘾，我都替您不过瘾！梁惠王问那怎么办啊？商鞅说，现在您应该去西边找秦国，找我们的君主，南边去给楚国施压，然后胁迫着韩国，搞一次大会，您正儿八经地称王。您像王者那样发号令，要是能号令秦，号令赵，号令韩这些国家，多来劲！魏王这时候听不出好赖话了！本来他就觉着率领十二诸侯，跟这些小的国家在一块儿混，不提气。若真像商鞅说的，把秦、赵、韩，最好再加上齐，把这样的国家号令起来，那多伟大又光荣啊！前面我们讲过，梁惠王生在战国，可还在做春秋霸主的残梦。这时候，有人在旁边给他说几句催眠的话，他的梦就做得越发酣畅，居然想当秦、赵、韩等国的霸主了！他根本就看不出，商鞅其实在给他一个有窟窿的桥走。患了严重梦游症的梁惠王，马上就通告各国，搞起了逢泽之会。

魏国作为战国七雄中第一个强盛起来的国家，虽然开始走向衰落，但基本国力还在，魏国的梁惠王还在做着不合时宜的霸主残梦。那么，在这种情况下，梁惠王除了召开逢泽之会，他还会做什么呢？

搞逢泽之会，赵国人来了，秦国君主没来，但派了大夫参加，很有光彩，梁惠王一时间就觉得自己真是天下的霸主了。实际上，这个时代早已不是春秋时期了。社会在发展，列国关系在变化，七雄并立你死我活，还做霸主的梦，做春秋梦还不醒，这不耽误事吗？可是，在这一点上，往后看大家会发现，这不是梁惠王一个人的缺陷，整个东方诸侯都有这个毛病。国家一强，就开始打这个打那个，打仗的最终目标是什么，大家并不去多想，就是想做霸主，所以一边打仗争夺土地人民，一边还要胁迫其他国家跟着自己走，臣服自己，找当年霸主的感觉。《孙子兵法》有一句话，说战争这种东西，是生死之地，存亡之道。还有一句话，说“不知用兵之害者，则不能尽知用兵之利也”。你要打仗，你得知道打败了，最大

李山脱口秀

整个东方诸侯都有这个毛病。国家一强，就开始打这个打那个，打仗的最终目标是什么，大家并不去多想，就是想做霸主，所以一边打仗争夺土地人民，一边还要胁迫其他国家跟着自己走，臣服自己，找当年霸主的感觉。

的害处是什么？把这点儿搞清楚仗才能打。这就需要清醒地认识这个时代。春秋时期，齐桓公、楚庄王他们有时碍于面子，还能让一些失败了的国家生存下去，可是现在，国家一旦失招，就是被人家灭掉。想称霸，弄不好就会使国家陷入万劫不复的深渊。把这个深渊看清楚了以后，两只脚才能踏实地踩在岸上。为什么最后秦国能统一天下？从观念意识上说，东方各诸侯国，多少都有梁惠王气，都爱做不合时宜的梦。秦国人是不是当时就清楚了自己的时代，不好说，但所幸商鞅变法给他们打造了一个适合兼并天下的体制。就是做做梦，不出大岔子也问题不大。东方诸侯则不然，惯性加惰性，使他们的眼睛，看不透自己的时代和处境。现在，这位梁惠王把梦做大了，商鞅给了他一个危险之局，领他上悬崖，教他骑瞎马，他就照做了。盲人骑瞎马，还走在悬崖边。这个地方，显示的是梁惠王智局的小气。

逢泽之会看上去搞得很成功，梁惠王的傲慢劲儿、感觉良好劲儿无以复加。可是，逢泽之会赵国、秦国都来人了，就是那个老伙计韩国一个人也没来。别人不来还行，你韩国，三晋的小兄弟，韩国在魏国跟前不是小兄弟吗？今天却不来，这是背叛！别人不来梁惠王可能还不生气，韩国不来，梁惠王很生气，后果很严重！那为什么韩国没有参加逢泽之会呢？韩国君主其实也想来，照君主的想法，起码得派人来。但是，有个谋士说不用去了，魏国快走到头了。说称霸这事，那些小国才喜欢有一个霸主呢，因为有霸主维持局面，省得强国打弱国，就像家里老大往那儿一站，二弟就不敢打小三一样，小国家喜欢有霸主，大国家像秦、像赵，不喜欢有霸主，有霸主就妨碍它们兼并。谋士对韩国君主说，您看着吧，梁惠王像秋天的蚂蚱，闹腾一阵，马上就要到头儿了！既然谋臣这样说，韩国君主就打消了与会的念头，韩国缺席了。

李山脱口秀

那些小国才喜欢有一个霸主呢，因为有霸主维持局面，省得强国打弱国，就像家里老大往那儿一站，二弟就不敢打小三一样，小国家喜欢有霸主，大国家像秦、像赵，不喜欢有霸主，有霸主就妨碍它们兼并。

韩国的缺席，可把梁惠王气着了！马上派将军率兵攻打韩国，惩罚韩国。梁惠王这时候已经把自己弄到干柴上坐着，准备把自己烤成乳猪了。这都是梁惠王的残梦、那个春秋大梦闹的。

> 魏国的梁惠王，还在做着春秋时期霸主的梦，不仅搞了逢泽之会，还要以武力去征讨不出席会议的韩国。但这时已经不是春秋时期的形势了，战国七雄互相虎视眈眈，魏国的举动，就给了其他诸侯国可乘之机，齐国首先有了动作。那么，齐国的动作是什么呢？

齐国的国力应该说这几年一直在上升，已经变得很强。那么，魏国打韩国，要不要出手，齐国就开始筹划。决议不难，肯定要干涉这件事，而且在如何干涉、何时干涉的问题上，孙膑的意见占了上风。

这时候齐国主政的，已经不是邹忌，邹忌已经过世了，现在是田婴做将军，孙膑打了桂陵之战以后地位上升，有资格参加御前会议了。他说，我们肯定要管这件事，但是，火候一定要掌握好。我们应该“深结韩之亲，而晚承魏之弊，则可重利而得尊名也”（《史记·田敬仲完世家》）。什么意思呢？是说齐国要暗地里与韩国通声气。魏国不是打韩国吗？齐国就暗地里跟韩国许愿，告诉它跟魏国打，齐国坚决做它的后台，要人给人，要物给物，让韩铁了心向着齐国。但是，齐国不要马上就给，马上给，它胜了，就不听齐国的了。这叫“因深结韩之亲”。那什么叫“晚承魏之弊”呢？实际上与前面所说是接着的，让韩国跟魏国打，打到最后魏国累了，我们再乘机而上，这叫“晚承魏之弊”。这样的话，齐国可以获得最大的利益，可以名扬天下。

这就是孙膑的计策。大家一听，有道理。之后，时机一到，田婴、田肦等就带领齐国约十几万大军出战了。这时魏国部队已经进入韩国，魏国的首都大梁相对空虚，所以齐国就直接奔着大梁而来。办法还是那个老办法：攻其所必救。我要攻你这个地方，你必然要回救。所以齐国军队第一步很简单，直接奔大梁。齐军进军大梁，魏军主帅庞涓知道了，马上回师，援救大梁。齐军一见，马上回撤。

就在齐国回撤后不久，军队还在魏国境内，这时孙膑就发话了，他说："彼三晋之兵素悍勇而轻齐，齐号为怯，善战者因其势而利导之。兵法，百里而趋利者蹶上将，五十里而趋利者军半至。使齐军入魏地为十万灶，明日为五万灶，又明日为三万灶。"（《史记·孙子列传》）孙膑说，三晋的军队，这里单指的是魏国军队，素来瞧不起我齐国的军队，认为我们的军队怯战。我们呢，就要因势利导，顺势而为，迷惑他们，让他们轻敌，麻痹大意，让他们按照我们的意图疯狂追击我们。做法是：我军要减灶。如何减灶？孙膑指示军队，进入魏国境地的头一天，砌做饭的灶膛，要造十万个，给敌人感觉齐国军队人数众多。到了第二天，再砌灶膛时，只造五万个，到第三天，就只砌三万个灶膛。从十万到五万再到三万，这是要给敌人一个清楚的感觉，齐国军队的减员与日俱增。这里有一个细节要注意，孙膑的命令是"入魏地"之后的三天之内要减灶，也就是说，减灶是要告诉敌人，齐军的减员严重，发生在刚入魏地之后。这是有原因的。孙武子的《兵法》十三篇里讲过，带兵出国打仗，最难带的就是在刚刚进入敌境不久之际，这时候，离开祖国了，士卒容易恐惧；离开祖国又不远，士卒容易逃亡。真要是入敌境很深，士卒反而不逃了，因为环境陌生，逃离大部队反而更危险。所以，齐军减灶的行为，可以猜测，应该就在齐魏交界的魏国一带，这时候齐军走了三天，百里左右的路途，齐军营地的灶膛连续三天严重减少。

庞涓所率魏国大军杀过来了，齐军开始向齐国方向退。魏军经过齐军营地，庞涓发现了齐军灶膛三天内连续锐减的情况，心中不免大喜，说：我早就知道齐军是豆腐渣兵，果不其然！大家看，一进入我们魏国境内，头一天还十万人，第二天跑了一半儿，第三天只剩三万人！于是他把行动迟缓的部队留在后面，自己率轻锐之师快速追击。他死也没有想到，这一回自己又中了孙膑的计！而且，这计谋在孙膑其实还是老办法：从心理上让庞涓骄傲起来，让他轻敌。任何将军一旦骄傲轻敌，就会由狮子虎豹变成一头驴，任人牵动，继而是任人宰割。孙膑的这个计策在“三十六计”里叫作“减灶退兵”。其要义，就是《孙子兵法》里所谓的“能示之不能”，“卑而骄之”（《孙子兵法·始计》）。这也是情报战，给你某种信息迷惑你。古代也很懂得打信息战，古人的信息战不是用电脑，而是用灶膛，这就是孙膑的信息战。用减灶的办法，透露个“实情”给你，卖个破绽给你，结果就是庞涓致命地上了当。

眼看庞涓顺从地按照自己的意图在行动，孙膑又开始了新的部署。《史记》记载说：“孙子度其行，暮当至马陵。马陵道狭，而旁多阻隘，可伏兵，乃斫大树白而书之曰‘庞涓死于此树之下’。于是令齐军善射者万弩，夹道而伏，期曰‘暮见火举而俱发’。”孙膑算计好了，他已经为庞涓的死亡找好了一个风水好地方，那就是马陵道。

“道狭，而旁多阻隘”的意思，是马陵道为一条狭长的涧沟，两旁多隆起之处，便于设伏。后人有对孙膑这样的安排怀疑的，说他能算得这样精准吗？这真是疑所不当疑了。以孙膑的军事智慧和经验，要是连这一点都算不准，青史也就不会有他的名了！另外，孙膑还从伏击圈内找了一棵最粗大的树，刮了树皮写上“庞涓死于此树之下”几个大字。这个是专要庞涓命的。因为一旦魏军来到马陵，白花花新刮的树皮会很显眼，上面的字更会把主帅吸引过来，那时孙膑准备的强弓大弩就可以派上用场了！

再说庞涓，被灶膛迷了心，拼命追赶，这就又应了孙膑的话了：“兵法，百里而趋利者蹶上将，五十里而趋利者军半至。”古代行军一天的里程是有规矩的，不讲规矩打胜仗的也有，但绝不是现在的庞涓。现在的庞涓已经顾不得那些清规戒律，他只知道一件

李山脱口秀

古代也很懂得打信息战，古人的信息战不是用电脑，而是用灶膛，这就是孙膑的信息战。用减灶的办法，透露个“实情”给你，卖个破绽给你，结果就是庞涓致命地上了当。

事，那就是前方有一大拨的豆腐渣齐国兵等着他去收拾，等着他去立战功！他不知道前面他的对手静等着他前来送命。这样，庞涓率领他的部分人马，一路狂奔，就追到了马陵。

马陵在哪儿，今天已经很难说清了。因为古代齐和魏交界的这一带，是黄河经常泛滥的地方，称黄泛区。黄河挟泥沙流经这里，古来地形改变严重。战国时期沟壑纵横的马陵，可能早被黄河泥沙填平覆盖了。今天人们研究马陵之战的地点，只有推测，难以实地征验。因此关于马陵所在有不同的说法，一种颇占主流的看法认为，就在今河南山东黄河一段的东侧，靠近齐国处，具体说是今山东范县南若干里之所。

魏国将军庞涓能征善战，魏国军队的战斗力也很强，孙膑虽然实现了诱敌深入的计划，齐军也是以逸待劳，但战场的形势瞬息万变，孙膑能最终打赢马陵之战吗？

与桂陵之战一样，在马陵，齐军现在又是以逸待劳，而且，孙膑还给魏摆了阵。杜甫有一首名为《八阵图》的诗："功盖三分国，名成八阵图。江流石不转，遗恨失吞吴。"歌颂诸葛亮，诗中出现"八阵"一词，实际在出土文献《孙膑兵法》中就有了"八阵"这个术语，还恰好是谈如何杀魏国太子申的战役即马陵之战的。战国的战争与春秋不同，春秋时持久一点的战争多为城邑攻防战；到战国，军队拉出来打，野战多起来了。有城墙，防守就有依靠，那么野战呢，就要人为地制造一些像城墙一样的野战工事作据守，《孙膑兵法》中的《陈忌问垒》篇，就谈到了马陵之战中这方面的事宜。孙膑的精心安排是，用人造的蒺藜当沟池，用战车当墙垒，用某某当墙堞（竹简文字有残缺，就只好用"某某"代了。"堞"就是墙垛口），用盾牌当埤堄（也是墙的垛口，指垛口空缺可以瞭望）。由这篇文献，后人可以恍然而悟，何以庞涓的队伍非要走到孙膑为他布置的口袋中的原因了。孙膑一定是堵塞了其他的通道，使庞涓非走马陵涧道不可。而且，《问垒》篇还透露了这样的消息：整个口袋阵就以那棵大树为中心层层摆开，最靠近阵中心，亦即距敌最近的是手持长兵器的士卒，次之是短兵器的士卒，之后就是弩兵，长短兵加弓弩手，一共三层。

河南辉县琉璃阁战国车马坑图；观此可知古代如何以战车为阵。

庞涓一到马陵之地，不知不觉就陷入了孙膑阵法的泥淖。当时天色已晚，黑沉沉的四野中，就刮了皮的那块树干不怀好意地发亮。魏军士卒马上发现了，并迅速报告主帅，树上有字迹！死神当头、印堂发暗的庞涓来到树下，顺手从士卒手里抄起一支火把往树干上照。树干上的字看清了，他正要发怒，早就等着他的齐国将士杀声震天地现了身，朝他们下了家伙，魏军大乱。被围在大树周边空地上的魏军，离齐军近的，成了刀枪下的鬼，远一点的，受到的是雨点硬弩的射杀。我们说过，战国时期的大弩，射程达600步，杀伤力很强，魏军一排排地倒下。庞涓呢，很有可能当时就被大弩的箭镞咬中，丧了残生。可是，《史记·孙子吴起列传》说他是拔剑自刎的。说自刎不是重点，重点在自刎时还最后从喉咙里冒出一句：“遂使竖子成名！”

这可真是一句狼言，太狂妄了！《史记》这样写他，大概是要突出这个人死不觉悟的品性。骂人家是“竖子”，可真正的“竖子”是谁？当年不就是怕孙膑，才害了人家吗？孙膑“成名”是必然的，你庞涓在魏国成了那么多年名，才是侥幸的。没办法，本是二流、三流人才，非要争天下一流，为争一流不惜害人，最后不导致这样结果才怪！人才分一流二流，是天生的。若自知不如人，就甘做本分事，“不忮不求，何用不臧”？不嫉妒、不贪心，踏踏实实做自己，有什么不好呢？庞涓，也是战国时期极端性格的一种，代表的却是男人的阴暗面：无能而嫉妒，而害人。他的死，死得其所，自己挖坑把自己埋了。

这场战争，还有一个人参加了。谁？魏国的太子。所以这场战争惨败，很让梁惠王受不了。此后不久，孟子到魏国来，梁惠王就对他说，怎么回事呢？寡人对我的民众可好了，结果打仗，我的儿子死在了战场！这是后话了。当时，魏太子带了一支人马参加战役，走到半路，有人站出来对太子说：太子，我有一策，叫百战百胜，您愿意听吗？太子说：百战百胜的招数我当然愿意听了！这个人叫徐子，他说：所谓百战百胜，就是赶紧打道回府。您是国家的太子，您把齐国打胜了，您还是太子。可是要是败了，那可就惨了，您就保不住现在的地位了！所以，所谓百战百胜之道，就是别参战。问题是，去不去打马陵之战，哪是太子做主的事？记载说，他也想回去，可他的车夫就不干。无奈去了，死在了战场上。

这场战争对魏国来说，不仅是嫉妒将军庞涓死了。孙膑的阵法一摆，长枪大弩，一定是死伤无数，家家戴孝。而且，这场战争，还是魏国霸业轰然倒地的标志性大事件，魏国马上陷入到墙倒众人推、破鼓乱人捶的境地，南边的楚国、北边的赵国都趁机夺它的土地，西边秦国就更不用说了。三家分晋以来七十年的魏国霸业，就

李山脱口秀

人才分一流二流，是天生的。若自知不如人，就甘做本分事，不嫉妒、不贪心，踏踏实实做自己，有什么不好呢？庞涓，也是战国时期极端性格的一种，代表的却是男人的阴暗面：无能而嫉妒，而害人。他的死，死得其所，自己挖坑把自己埋了。

这样泡了汤。

梁惠王的事给人很多的思考。魏国一路走来，走上强盛，兴内政，尊儒重贤，一大批能臣在各自位置上奠定了很强的国力。但是，就是再强，也得在自己国家实力和当时历史大势之间找到平衡点。这需要觉悟，觉悟到这个时代列国关系的本质。七雄环立，是七匹狼，统一中国有七种可能。那么，谁的体制最适宜兼并，谁就能把可能变成现实。换句话说，这时候是一个你死我活的时代，梁惠王对此却毫无知觉。尤知觉的并不是他一个人，可问题是，他心目中所追求的魏国在七雄中的地位，太陈旧了。虚头巴脑地追求霸主地位，别人故意引他入歧途也不觉。好死不如赖活，这话说得有点惨，但是，在那个时代，一个国家如何在互相吞噬的环境里生存下去，正是最大的问题。生存，绝不是整天想着打这个打那个，而是应该像道家说的持盈保泰，就是俗话说的“悠着点”。要持盈保泰，也不是一事不为，拖着干耗。梁惠王请孟子来，孟子给他出主意，不外是为民制产，给老百姓一口饭吃。孟子这话，现代学者多认为冬烘不切实际。可是，要想不亡国，好好对待民众，上下一心，不是最好的方式吗？《荀子·议兵》说过，魏国的军队装备很好，当兵是要免除赋税的。荀子说，长期下去，会国力不支。实际孟子到了魏，不是已看到民众生活的艰难，甚至野有饿殍的残酷现实了吗？这应该就与长期战争、国力不支有关，那么让民众休息一下，给条活路，不是魏国长久之道的必由之途吗？但是，梁惠王却桂陵、马陵，一战接着一战，直至国家整体衰败。

还有，梁惠王时期，周边的国家在干什么，似乎他也是浑然不知、不顾。像商鞅、吴起这些人，都是从魏国走的。商鞅在秦国干什么？你梁惠王就一点也不知道？邹忌他们在齐国干什么，你也不知道？吴起在楚国的所为，你也不知道？没有迹象显示他正视了周边国家的动向，相反，我们看到的只是他的白日春秋梦。一个人一旦陷入一己的主观世界，就会变得熟视无睹，俩眼瞪着周围，就是

李山脱口秀

七雄环立，是七匹狼，统一中国有七种可能。那么，谁的体制最适宜兼并，谁就能把可能变成现实。

什么都看不见，整天照镜子，我与我周旋，觉得自己比城北徐公还美。这就是梁惠王！

不过，魏国霸主的倒地，是一次预演，将来的齐国倒地，燕国倒地，都会看到梁惠王的某些影子。都倒了，秦国就可以收拾天下了。秦国统一，真有点瓜熟蒂落的意思。当然，这样说，不是讲秦国只是拣便宜，秦国的统一的根本就是商鞅变法给它造就了一个特别适合统一的机制。但是，若说东方几个国家的自取灭亡就没有作用，或作用不大，也是不客观的。

这就说到了秦国的大变法，这就要谈商鞅变法了。不过，与商鞅变法相先后，还有一次不成功的变法，那就是吴起变法。看吴起变法，能够更好地理解商鞅变法。那么，吴起变法究竟如何呢？请看下一讲：尚功名的吴起。

李山脱口秀

魏国霸主的倒地，是一次预演，将来还有齐国的倒地，燕国的倒地，都倒了，秦国就可以收拾天下了。秦国统一，真有点瓜熟蒂落的意思。

第七讲 尚功名的吴起

吴起是战国时期著名的军事家和改革家，据史料记载，他能够做出杀妻求将、母丧不归的事，同时又能爱兵如子，与部下同甘共苦。在这些看起来相互矛盾的行为中，究竟包含了怎样的真实？吴起到底是一个什么样的人呢？请看《战国七雄》之《尚功名的吴起》。

战国是一个大裂变的时代，社会巨大而深刻的变化，使吴起这样平民出身的人，也登上了历史的舞台。吴起身上充满了矛盾，今人从中能读出怎样的真实呢？

吴起是哪国人呢？《史记·吴起列传》说他是卫国人，好用兵，也就是说，他天生喜欢军事。成年了，先是“事鲁君”。卫国在今天的河南北部一带，往东一直走就是鲁国。鲁国是春秋后期的一个学术中心，卫人到这里来学儒术的不少。吴起年轻时，孔子已经死了，当时的儒家大贤是孔子高足曾子。吴起师从曾子，后来事鲁君。《史记》说他好用兵，是自学的。孔子当年周游列国到卫，一次卫君问孔子战阵的事，孔子说，俎豆之事（即祭祀典礼之事）我学过，军事上的事我不会。说完，就离开卫国走了。可是，在孔子的学生中，像冉有，就很会打仗。曾子呢，在孔门当中属于严守儒家修身立场、对修身特别严谨的人，可是，他教的吴起这个学生也会打仗。世道真是变了！

当时，齐国人打鲁国，鲁国人就想起用善战的吴起。可发现吴起的夫人是齐国人，鲁国人因此而犹豫。吴起也很想做鲁国将军，可任命就是不下。不久他知道了，原来是因为自己妻子是齐国人，所以鲁国当局在犹豫。史书记载，吴起知道这情况后，心一横，大丈夫何患无妻，回家就把妻子杀了！鲁国人一看，吴起是铁杆向着我们的，老婆都不要了，所以就任命他做了鲁国的将军。这件事，后来有很多人不相信。可是在古代的一些男人眼里，老婆是衣服，为了自己的功名杀老婆，这样的事不是做不出来。《史记》记载了这个说法，里面包含的一个基本内涵，就是吴起这个人，为了功名可以把绊脚石一脚踢开，不管你是谁。这也是战国时出现的特有的一批人。史书记载历史人物，都有时代性，春秋时出一些像管仲、召忽、重耳这样的人；到秦汉之际，就出三头六臂的项羽了。那么战国时期呢，出了好多带有强烈功名心的人，吴起、商鞅都是这样的人。吴起到底杀没杀妻，可以表示怀疑，今天的人既然找不到肯定或否定的硬证，就应该去努力捉住传说的实质性内核，即极端尚功名这一点。

吴起因为杀妻，在鲁国当了将军，接下来，要说大小都可以做点建功立业的事了，不想杀妻的副作用很大，因为功名心太重，引来社会对他的反弹。司马迁接着记载，说有人在鲁君面前说吴起的坏话。说吴起这个人，是一个心机很深又很残忍的人。家里曾经有很多钱财，结果他到处游说诸侯，追功名，最后把家里的钱都折腾光了，也没个结果，成了破落户。乡里人耻笑他，吴起发了怒，就杀人，杀了三十多个人。这样在家里待不下去了，就离家出走，走到卫国的东门，与母亲诀别，说做不到卿相，绝不回卫国！发完毒誓，还咔哧一家伙咬了一口自己的胳膊，咬出血印子来。于是吴起就去曾子那里学习，后来他母亲去世，他连家都不回！曾子因此跟这位学生断了交，吴起这才来了鲁国。我们鲁国这样一个小国家，用这样的人，打了胜仗，诸侯就会算计我们，不是很危险吗？

《史记》这段关于吴起的说法，有的地方很邪乎，如说吴起一生气杀了三十余人，太夸张了，吴起大概得有“降龙十八掌”那样的功夫才行！至于母亲去世不回家奔丧，到底是不是真的，司马迁

李山脱口秀

吴起这个人，为了功名可以把绊脚石一脚踢开，不管你是谁。这也是战国时出现的特有的一批人。战国时期，出了好多带有强烈功名心的人，吴起、商鞅都是这样的人。

《史记》的处理很妙，他把这一条与杀人三十余一起，放到“鲁人或恶吴起曰”之下，是否可信，史家不置可否。无论如何，在鲁君面前说这样的事情，一定起作用。鲁国是个很重视礼法的国度，按照儒家的孝道原则，爹妈死了，如同天塌地陷一般，做多大的官，干多大的事，也得要奔丧，回家给父母披麻戴孝，后来这叫作“丁忧”。吴起却没有回家，弄得曾子跟他断绝了师生关系。有关吴起这两件事，杀人和不孝，带有强烈的传说色彩，但也有另外一层的真实，那就是体现了功名之人的处境。功名心特别重的人，周围的人都防着他，甚至忌恨他，大家都乐于拆他的台。

有人这样说吴起，吴起在鲁国也就待不下去了。这个时候正是魏文侯兴霸业的时期，多方延揽人才，吴起有了新去处。

吴起来到魏国，正是魏文侯励精图治的时候。吴起帮助鲁国打败齐国，显示了自己的军事才干，但他也有杀妻求将、母丧不归的恶名。这样一个人，魏文侯会任用他吗？

吴起来到了魏国。魏文侯问李克，吴起是什么人？李克说，吴起这个人“贪而好色”（《史记·吴起列传》），这是他的特点。可是，如果你要用他打仗，就是过去著名的军事家司马穰苴也比不过他。齐国的军事家司马穰苴，《史记》有记载，可能比孙子还要早些，留下来一部兵书叫《司马法》。不过今天我们看到的《司马法》是不是他写的，学术界有不同说法，这里不去管它。魏文侯用人用其所长，所以，就接纳了吴起。

李山脱口秀

说吴起“贪而好色”，连自己老婆都舍得杀，“色”对他来说无足轻重。说他“贪”，可他“贪”的不是财，而是功名。

刚才讲到李克说吴起“贪而好色”，吴起好“色”吗？不，连自己老婆都舍得杀，“色”对他来说无足轻重。说他“贪”，贪不贪？贪。可他“贪”的不是财，而是功名。其实“好色”只是个陪衬语，突出的是“贪”，即贪心功名。贪心归贪心，李克说，他也真有本事。这样，魏文侯就接纳了他。这样吴起的壮年时代，应该是在魏国度过的，他对魏国的霸业有特殊贡献，那就是帮助魏国建立了新的兵制。

魏国从魏文侯到魏武侯，一直到梁惠王前期，几十年维持一个霸业，其中有一个重要的原因，就是魏国的兵制比较好。兵制好表现在多方面，其中一点就是，在魏国当兵打仗，要选一选，选出家庭出身好的，为人正派的。古代也好、现代也好、未来也好，一个国家要强盛，必须得有健全健康的军事精神。什么意思？过去，有一句老话："好汉不当兵，好铁不捻钉。"如果一个国家当兵的全是一帮子抽大烟的落魄户，那这个国家绝对是一个弱国。所谓健康、健全的国家的军事精神，首先就表现在战士这个层面上。当兵的是择优的，被选出的战士有荣誉感，人人自爱，人人奋发，打起仗来讲究荣誉，再加上好的装备，好的策略，就能无往而不胜。魏文侯时期的军制建设，即选择优秀子弟入军队，选中的免除赋税，这样的体制是吴起帮着魏文侯设的，其中有一点就是在魏国当兵，是一件荣耀的事。吴起不但好用兵，而且还有军事著作，就是《吴子兵法》。看《吴子兵法》，与《孙子兵法》不一样。孙子完全是一个军事哲学家，讲的多是战略战术层面的事，吴起的兵法里却充满了儒家的东西，如怎么爱护兵、怎么给军队打气、照顾军队的精神等方面，说得比较多。

那么吴起打仗，《史记》又是怎么讲的呢？《吴起列传》说："起之为将，与士卒最下者同衣食。"说吴起打仗的时候，与队伍中最低级的战士衣服是一样的，吃的是一样的，身先士卒。另外，"卧不设席，行不骑乘，亲裹赢粮，与士卒分劳苦"。什么意思？睡觉的时候不多铺席子，走路的时候不是骑在马上，摇摇摆摆一副大官样，他是自己背粮食，与战士一样吃苦受累。这就是吴起的另外的特点，是他有个性的地方，也是他可爱的一面。尚功名的人中也有好多类型，吴起尚功名的特点是：埋头苦干，能干，

李山脱口秀

尚功名的人中也有好多类型，吴起尚功名的特点是：埋头苦干，能干，吃得了苦，弯得下腰，泥里水里都敢蹚！功名心人人都有，成就功名靠苦干。他有他的长处。他不可恶，他可敬，他也可悲。

吃得了苦，弯得下腰，泥里水里都敢蹚！功名心人人都有，成就功名靠苦干。尽管记载中记了不少关于吴起的恶心事，可是仔细看，他有他的长处。他不可恶，他可敬，他也可悲。《史记》还写道：“卒有病疽者，起为吮之。”说有的战士长期行军打仗，旧伤复发或者长了脓疮了，吴起亲自动手治。他治脓疮的办法很特别，对伤口大搞人工呼吸，把脓吸出来！这与前面说的苦干是一致的，肯干、苦干的精神是一以贯之的。这就是吴起。

吴　起

吴起亲自给士卒吸脓疮，结果吸出事来了。《史记》记载说，那位战士的老妈听说自己的儿子让吴起给吸过疮，当时就哭了！在别人，都觉得吴将军对你儿子多好啊，将来你儿子是不是也要升将军啊？老妈却自有看法，她有她当妈的独特立场。在她看来，儿子不死才是最大的幸福；别说当将军了，当什么，都是次要的！所以她一听说吴起给儿子吸脓疮，就哭了！说坏了，他这一吸，我儿子打仗就卖死力气，不知道护着自己，非死不可，回不来啦！她说儿子的爸爸就是这样死的，也是被哪位将军爱护了一下，结果在战场上不顾命，战死了。一将功成万骨枯。《史记》写吴起给士卒吸脓疮，却加了老妈妈哭泣的一段，将人情世故的东西点缀其间，煞是好看！吴起在那儿吸，当妈的心就颤。那样的杀人如麻的战争年代，吴起给士卒吸脓疮，这是他功名心的一部分。他弯得下腰，吸得了疮，可以让战士与他同生共死，成就功业。他成就了功业了，

李山脱口秀

吴起在那儿吸，当妈的心就颤。那样的杀人如麻的战争年代，吴起给士卒吸脓疮，这是他功名心的一部分。让战士与他同生共死，成就功业。他成就了功业了，然而，多少人，多少妈妈的儿子，要白骨森森！

然而，多少人，多少妈妈的儿子，要白骨森森！所以，司马迁把老妈害怕的事和吴起吸脓疮的事一起写出来，正是史学家人道精神的表现！

另外《史记》记载，魏文侯时的吴起还“廉平”。前面李克说他贪而好色，但是《史记》接着说，“文侯以吴起善用兵，廉平，尽能得士心，乃以为西河守”，可见魏文侯对吴起有廉洁、平正的评价。这还是得放到他的功名心方面来考虑，为了功名，他也可以做到廉洁公正，因此，吴起“尽能得士心”。于是吴起做了西河太守，防御齐国与韩国。这就是吴起；这就是魏文侯的善用人。

魏文侯看中了吴起的长处，所以他任用吴起，让他带兵打仗，吴起的军事才能有了施展的空间，在魏国，他干得有声有色。魏文侯去世、魏武侯继位后，吴起作为前朝老臣，会得到武侯的赏识吗？吴起和魏武侯之间是怎样的关系呢？

魏文侯去世，魏武侯继位。吴起与武侯的关系就不像与魏文侯那样好了。前面曾经讲过魏武侯上了台以后，有一次在黄河里泛舟，也是一时兴起，他说你看我们魏国，有黄河，有山有水，有这些天险，谁能奈我何！吴起当时就给予批评，举了一些例子，说凡是靠着险要的地形沾沾自喜的，没有不灭亡的。史书记载魏武侯还当众表扬了吴起。但是，如果老是这样给武侯提意见，那可就要瞎子摸刀——快了！

魏武侯时期要任命新的宰相，没有用吴起。这对一个功名心强的人来说，无异于挨了一闷棍。吴起未必想当个帝王，但做一个人臣之首，才是功业高峰的表现。但是，魏武侯没有用他。用的是谁呢？史书上记这个人的名字不一样，《史记》说是田文，《吕氏春秋》说是商文。

吴起着急，不服气，就去找商文理论。《史记》记载了这事，说找到商文（或田文）后，吴起说，我要跟你论一论功。你想当魏国的宰相，我不反对，但是我们俩比一比。于是吴起就说："将三军，使士卒乐死，敌国不敢谋，子孰与起？"（《史记·吴起列传》）他说率领三军，使士卒乐于献出生命打仗，使得敌国不敢对我们魏国图谋不轨，你跟我相比，你认为谁好？商文说，我不如你。这是头一条。接着吴起又问："治百官，亲万民，实府库，子孰与起？"治理百官，亲抚万民，让我们的国库充实，我跟你相比谁强？商文说，我不如你。又是一个不如。"守西河，而秦兵不敢东下，韩赵宾从，子孰与起？"吴起又问，说守西河，秦国不敢往东进兵，赵国、韩国始终服服帖帖，这个事情上相比，我们两个谁更强？商文说，我也不如你。三方面的作为，商文都不如吴起。吴起就问了：那你凭什么做魏国的相呢？商文说，的确，这三方面我都不如你，但是我也有一条，请你也想想，我们两个谁比谁强。哪一条呢？商文说，"主少国疑，大臣未附，百姓不信，方是之时，属之于子乎？属之于我乎？"说现在的国家，君主年轻，国家对新君主的能力国策等还都心存疑问，百官对新君主还没有心悦诚服，老百姓对政府的信心也没有树立起来。在这样的情形下，我请你吴起想一想，用宰相是用你这样的人，还是用我这样的人？《史记》这样记载，令人不容易对商文的说法做判断，因为商文这个人只是在这儿闪了一下，就没有更有价值的记载了。他到底是个什么样的人，似乎平平，不然《史记》等文献不会不再提他的。就他的这几句话而论，《史记》告诉我们像吴起这样功名心很重的人，只适合做地方长官，不适合做掌管全局的国家最高执政，就是相。功名心重，有才干，强势，这样的人不善于和其他大臣搞政治平衡，容易让大家闹散了局。相反，看似平庸、能包容的人做最高执政，让大家都能接受地维持一段局面，对平稳过渡可能更好。所以，吴起听了这个话以后，也就不再说什么了。

李山脱口秀

功名心重，有才干，强势，这样的人不善于和其他大臣搞政治平衡，容易让大家闹散了局。相反，看似平庸、能包容的人做最高执政，大家都能接受。

吴起当时是赞同了商文的说法，以他的功名之心，大概心里早就凉透了，跟吃了多少块冰一样凉。这就给吴起到楚国去找机会提供了因缘。但是《史记》记载，吴起去楚国，还不是他主动的，而是因为有人害他。老一辈君主死了，新一辈君主上了台，一朝天子一朝臣，吴起离开魏国的时候谁在做宰相呢？是公叔，他不喜欢吴起，因为吴起功劳大、功名心重。于是，有人就给公叔出主意，说现在新君（武侯）刚上台，你可以用手段把吴起逼走。公叔就采用了这个人的计。那么，公叔采取的计是什么呢？是先到魏武侯那里说，咱们终究留不住吴起，他早晚得走，像秦国、楚国，都会召他，他一定是要去的。刚上台的魏武侯对这种事很敏感。老王在的时候，你吴起在魏国干得很好，我这刚上台，你就要走，是不是瞧不起我？故说吴起要走，魏武侯容易相信。这是计的一个方面。另一个方面呢？是从吴起这边下手。吴起没有走的心思，怎么办呢？激他，让他走。怎么激呢？公叔先去对王说，挑一个魏国宫室的公主，嫁给吴起。吴起不是在鲁国杀了妻吗？让他再结一次婚。然后，他又派人在公主那边下工夫，让公主瞧不起自己的丈夫，要姑奶奶脾气。这样就会给吴起造成一个印象，觉得魏国的君主对他有看法了，他就该走了。果然公叔两头一挑，吴起就离开魏国走了。

对于吴起的离开魏国还有不同说法，说吴起被武侯从河西抓了，把他拘拿到魏国的首都去。还说当吴起来到黄河旁边的岸门（今山西万荣县西北）时，眼望河西潸然泪下，说我这一去，再也回不来了！而且，大片的土地随着我的离开，将会被秦国人夺走！这样的说法很同情吴起。总之说来说去，史书对吴起的记载始终是飘飘忽忽的，各种材料有分歧。但吴起是一个功名心很强的人，又是一个踏踏实实弯得下腰的人，这一特点，各种记载还是很分明的。有时候传说的真实性，需要寻找，拨开迷雾，找到每层传说的真实。好了，吴起在魏国也应该说干得很好，但是始终没满意，宰相没给他做，还受了陷害，于是不在魏国干了，他到了楚国。

李山脱口秀

史书对吴起的记载始终是飘飘忽忽的，各种材料有分歧。但吴起是一个功名心很强的人，又是一个踏踏实实弯得下腰的人，这一特点，各种记载还是很分明的。有时候传说的真实性，需要寻找，拨开迷雾，找到每层传说的真实。

楚国是一个大国，但离春秋时期楚庄王称霸，已经过去了一百多年。进入战国时期的楚国，虽然还在东征西讨，但国力已经明显衰落，内政也比较混乱。吴起在这个时候来到楚国，他能实现自己的政治抱负吗？他最终的命运又是怎样呢？

那么楚国当时是什么情形呢？现在的楚国早已不再是当年楚庄王在世时的春秋南方霸主之国了。尽管这么多年它也东征西讨，但整个国家相对平庸，进入战国后一开始还很乱。在吴起来楚之前不久，就是公元前402年，当时在位的楚声王被“盗杀”了。史官说是盗杀，“盗”有时候不一定指盗贼，说不定就是内部发生乱子，一伙儿人悄悄把君主杀死了。楚声王死于盗杀，表明楚国当时很乱。

声王死后，新王继位。楚国的新王就是悼王。悼王恐怕也死得不正常，所以后人称他为“悼”。楚悼王上台后，楚国面对的是这样一种情形，北方有强大的魏国，还有齐国、秦国，如果不图强大，就很危险。楚悼王要变法，就要请贤人，于是就请了吴起。关于吴起变法，记载上有一个很大的问题，有些史料说，变法“期年”。这个“期”字应该读 jī，“期年”就是一年，也就是说，吴起整个变法就搞了一年。也有学者说，这个“期年”不是一年，是十年。这也有可能，毕竟一年太短了。吴起来到楚国以后，先是在宛做了一段时间的地方官。悼王早就知道他，吴起在魏国的业绩彪炳得很，所以楚悼王就任用他，开始改革。

关于吴起在楚国的改革，记载上没有成本大套的内容，只散见于各种材料，现在就看看各种材料是怎么说的。

据《吕氏春秋》记载，吴起被任用后，对悼王说：“荆所有余者，地也；所不足者，民也。今君王以所不足益所有余，臣不得而为也。”（《吕氏春秋·贵卒》）话说得比较绕口，什么意思？说现在楚国有大片土地，缺的是老百姓。楚国强不起来，是因为楚国的贵人太多，许多老百姓都在他们手里。这就是“以所不足益所有余”。那该怎么办呢？吴起进一步说：应该发布命令，让那些贵人“往实广虚之地”，就是让贵人们往远处去，楚国那么大地方，需要经营开垦，把那些贵人们往远处派，让他们去开边拓土。吴起一上来，就干了一件事，把那些楚国贵族发落到远方去开辟土野，免得他们干预政治。这是在君主与贵族的亲戚关系之间打楔子。从春秋开始，楚国在用人上有一个特点，就是执政多用君主的儿子，多用公子，公子是最亲的人。可问题是一来二去，贵族的势力越发展越大，所拥有的国家特权也就越来越多。吴起变法，就先从这方面下手，所以他首先得罪了这些大小贵族，为变法的失败和自己的惨死埋下了祸根。

接着，《韩非子·和氏》篇还有另外的记载，吴起对楚悼王说楚国之俗是“大臣太重，封君太众”。这一“重”一“众”的结果，就是“上逼主而下虐民”，贵族对上逼迫君主，对下虐待小民，有他们在，“此贫国弱兵之道也”。怎么办？只有一条，那就是抑制他们。如何抑制？《韩非子》记载吴起的办法是“不如使封君子孙，三世而收爵禄”，就是贵族的爵位，三辈就要由国家收回。由此可知，吴起的改革，先从剥夺贵族的特权下的手。

郭沫若在《青铜时代》一书里，对吴起的变法有这样几项总结：一、抑制贵族的势力，充裕民生；二、节省骈枝的浪费，加强国防；三、采取移民政策，疏散贵族；四、屏除纵横的策士说

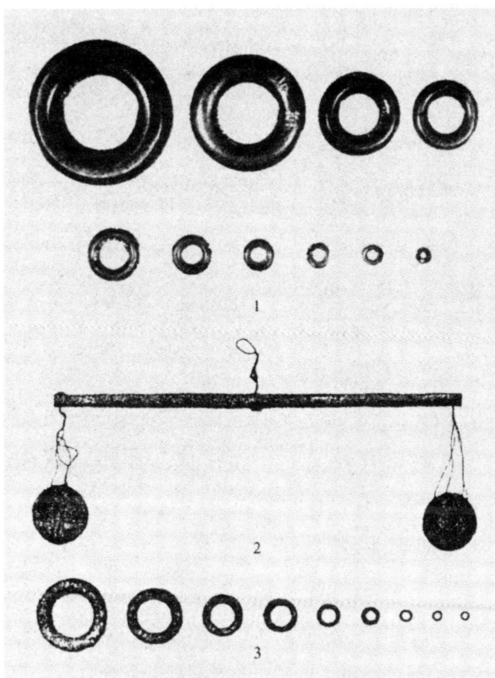

战国时期楚国的衡器

客，统一舆论；五、严厉法律的执行，集权中央。首先第一条，抑制贵族，让民众有好日子过，这个好。第二条，节约浪费，加强国防，把权力、把钱花到刀刃上。第三条，这是一举两得的设想，既把那些贵族移开，同时也加强荒地的开垦。第四条，让那些纵横家闭嘴，不要动不动就搞什么合纵连横。这个是不是真实的，学术界有不同看法，因为吴起在世时，纵横家还不时兴。第五条，就是加强中央集权。因此，吴起被视为法家人物。在那样的时代，不加强中央权力，国家就难以生存。

概括起来，吴起的变法就两句话：一、抑制贵族；二、中央集权。为什么？要兼并、要战争，国家必须要有这两样东西，否则一事无成，万事免谈。

可是，裁制贵族谈何容易？老贵族，几百年的老贵族，盘根错节，吴起变法，就先从这里下手。巨大的反弹没有多久就开始了。先是楚悼王死了，他的死，是正常死亡还是有人往他的饭碗里下了药，或者有刺客来杀了他，不得而知。君主死了，要治丧。那些被吴起排抑的贵族都来了。在治丧的场合，这些贵族就向吴起发了难。是突发事件还是事前的蓄谋，不清楚。反正这些贵族见了吴起，仇人相见分外眼红，一边大声叫骂呼喝，一边用箭向吴起射击。吴起顿时全身中箭，像一只刺猬。吴起知道自己死期已到，但是以他的性格，他不会让这些人白白杀死自己，于是他对着大群的敌人高喊："我要让你们看看我用兵的手段！"然后带着满身的箭扑向楚悼王的灵床，伏在死去君王的尸体上。他要干什么？保护君王尸体？不是。伏在尸体上的吴起，将死未死之际猛地从身上拔出一支箭来，使劲扎在了身下楚悼王的尸体上，还说了句："群臣乱王，吴起死矣！"他这样做，是在利用楚国的法律置自己的敌手于死地。按照楚国法律，"丽兵于王尸者尽加重罪，逮三族"（《吕氏春秋·贵卒》）。"丽"就是附着，是说有谁把兵器碰到王的身体上，要夷灭三族。

李山脱口秀

吴起知道自己死期已到，但是以他的性格，他不会让这些人白白杀死自己，于是他对着大群的敌人高喊："我要让你们看看我用兵的手段！"……到了最后一刻，还不忘利用律条反击对手。

吴起不愧为法家人物，到了最后一刻，还不忘利用律条反击对手。吴起是死了，而且死后的尸体还被那些暴怒的贵族肢解了。但是，这群贵族及其家属的末日也到了。新王也就是楚肃王上了台，他应该是赞成变法的，或者是痛恨那批作乱的老贵族的，上了台之后，就根据楚国那条“丽兵于王尸者尽加重罪”的律条，严惩乱党，据《史记》记载，一共有七十余个贵族家族被当成乱党灭了族。《吕氏春秋》高度赞美了吴起最后的这一招：“吴起之智，可谓捷矣！”指的就是吴起从身上拔箭，插到君主身上的那个小小的“栽赃”举动。临死，他都不忘给对手致命一击。这就是吴起，他能干得出这种事来，他不是那种温厚的窝囊君子，屈死也认了。不是这种人！《吕氏春秋》对这个细节的记载，是符合吴起的性格的。

吴起变法，一上来就知难而上，从剥夺贵族权力着手，也就是人事上动手。根据历史的经验，这样的改革遇到的阻力会很大，甚至会半途而废。吴起的改革也许是十年，也许就只有一年。就是十年，对贵族真正的削弱，他活着的时候的政策效果，也不如他死时扎那一箭来得大！七十余个贵族的家族，可不是一个小数！吴起临死的一举，给老贵族留下了一个祸根，新上台的楚肃王则福至心灵，利用了吴起这一招，对楚国清除贵族势力，吴起以自己的一死，帮了新楚王大忙，一大批王权绊脚石被清除了。所以说，尽管吴起的变法不像商鞅变法那么彻底，但是也给后来的楚国在宣王、威王时期的强盛，打下了一定的基础，尤其在对贵族势力的削弱上，起了大的作用。这就是著名的吴起变法。

说到吴起变法，就会想到商鞅变法。那么商鞅变法又是如何展开的呢？商鞅变法跟吴起变法有什么不同吗？商鞅与吴起比较，又是怎样的人呢？请看下一讲：卫鞅入秦。

李山脱口秀

吴起以自己的一死，帮了新楚王大忙，一大批王权绊脚石被清除了。

第八讲　卫鞅入秦

商鞅在秦国推行变法，促使秦国强盛，最终统一了六国，可以说商鞅在秦国崛起的道路上，起了不可或缺的作用。那么，商鞅是一个什么样的人？他又是在什么情况下来到秦国的呢？请看《战国七雄》之《卫鞅入秦》。

在战国七雄的竞争中，秦国一开始并没有表现出胜人一等的实力，直到商鞅入秦、秦国变法后，战国时期各个诸侯国之间的力量平衡才被打破，秦国最终奠定了统一天下的基础和实力。那么，在秦国推行变法的商鞅究竟是一个怎样的人？他是在什么情况下进入秦国的？他又是怎样被重用的呢？

要了解中国古代史，若不把商鞅变法搞清楚，就找不到根本。商鞅变法，打造了那个时代最适合竞争的国家体制，使秦国在七雄并立的局面下脱颖而出，统一天下。随着秦国统一六国、主宰天下以后，它又把自己的体制推向全国。所以，两千年的很多问题，长处、短处，缺陷、优点，盐从哪儿咸，醋打哪儿酸，都要从商鞅变法说起。

李山脱口秀

要了解中国古代史，若不把商鞅变法搞清楚，就找不到根本。

秦国，我们知道，春秋时期出了个秦穆公，开国十二(一说二十)，遂霸西戎，是春秋五霸中功业显赫又十分明智的一代君主。然而，就是他也始终跨不过三晋这道墙。没办法，只好向西发展，开拓边疆。秦穆公死了以后，秦国作为一个大国，始终与齐、晋、楚并立，一直到春秋后期。可是，国家的发展与做人一样，从来都是逆水行舟，不进则退。到了商鞅变法之前大约五六十年吧，秦国的“不进则退”变得十分明显了，突出的问题是君主换来换去像走马灯。观察古代政治，有一个不成其为标准的标准，就是看朝廷帝王在位的时间，总是换，十几年一换，三五年一换，甚至几个月一换，这个国家肯定是乱套了。秦国有一段时间，就陷入到了这样一种乱局。从秦躁公开始，换了好几位君主。躁公，从这个名字看，就不是好君主。在位十三年之后，是怀公，上台没多久，有人造反，怀公被害。怀公的孙子灵公上台，十几年死去，灵公的小叔叔简公继位。之后是惠公在位，权力却掌握在他的母亲手里。这时候，是魏国人出手，把权力又转移到秦献公手上，自此，秦国政治开始有了一点起色。继而献公去世，孝公上台。

秦躁公在位只有十三年，他死了以后，接下来的几位君主，在位时间都不长，有的君主因为部下叛乱被杀，有的君主因为疾病短命，君主像走马灯一样更换，导致了秦国在很长一段时间处于混乱状态。这种情况直到秦国的一代有为之君秦孝公上台，才有了大的转机。

秦孝公上台后头一件事情，就是下求贤令。俗话说，新官上任三把火，秦孝公的“三把火”是什么？是求贤！古代政治，贤人在位，诸事好办。孝公一上来，就是下诏求贤。他的求贤诏令的内容，《史记·秦世家》记载下来了，是这样的：“昔我缪（穆）公，自岐雍之间，修德行武，东平晋乱，以河为界，西霸戎翟，广地千里，天子致伯，诸侯毕贺，为后世开业，甚光美。”孝公先回顾本国历史。一个国家、一个民族的历史，是一种重要的精神资源，有时候它比地下多储藏几吨煤、几吨石油还重要。任何人都是一定的历史文化塑造的，每一个国家的人民对本国历史的情感都有点像是天生的。比如我们中国人，一说起汉唐之盛，血液就有点加

李山脱口秀

国家的发展与做人一样，从来都是逆水行舟，不进则退。

速，就会出现一点激情的波动。秦孝公很懂得这一点，所以上来就说穆公时期秦国的辉煌。他说，当时我们在西边，在岐山、雍地开始修德，开始实行武功，东边的晋国乱了，它的三位国君都是我们帮着立的。这是秦国很露脸的事情。诏令略过了秦始终跳不过三晋高墙的那一段，接着就说向西发展，霸西戎的事业，说周天子当时都把“霸主”的徽号给我们了，诸侯也都向我们祝贺。穆公的事业好伟大，好壮丽！这是诏令的第一部分。

第二部分话题一转，“会往者厉、躁、简公、出子之不宁”，说我们国家不宁。先说伟大的历史，光辉的历史，再说我们面临的困难，这合乎文章的逻辑。然后就说，“国家内忧，未遑外事”。国家内忧不断，没法向外拓展，结果导致“三晋攻夺我先君河西地”的坏事。现在我们堂堂穆公的子孙，受了三晋的欺负了！想想穆公在的时候，晋国三代君主是我们立的，谁想十年河东十年河西，现在他们居然骑到我们头上来，把黄河以西的大片土地拿走了，这不让人窝火吗？孝公这样说，确实能在秦国人心里点火。接着他又说：“诸侯卑秦，丑莫大焉。”诸侯谁也瞧不起我们，天下还有比这更让人耻辱的吗？孝公好厉害，他要触碰一下秦国人的耻辱感。《中庸》说“知耻近乎勇”。耻辱感是人格底线，也是人格的后坐力，什么时候我们觉着不够了，哪个地方我们觉得不如别人了，耻辱感就会让我们进步了。没有耻辱感，人就没动力，发展就没有动力。接着他又把话头一转：“献公即位，镇抚边境，徙治栎阳，且欲东伐，复缪公之故地，修缪公之政令。”这是赞美自己的老爸，说自从献公上了台以后先安顿边疆，然后做了一件事，就是要向东发展。说这一点，是因为向东的事，是秦国人从秦穆公以来内心里的一个病灶。向西发

李山脱口秀

比如我们中国人，一说起汉唐之盛，血液就有点加速，就会出现一点激情的波动。

陕西宝鸡太公庙出土的乐器秦公镈

展，再怎么也不过瘾，非要向繁荣先进的中原文化区域发展，才过瘾。这也是秦国的大义所在，孝公说“寡人思念先君之意，常痛于心”，我一想到先君的心思，向东发展，可总是不得志，就“常痛于心”。

然后孝公表达求贤的意思：“宾客群臣有能出奇计强秦者”，这个诏令是对本国发的，说你们这些宾客，谁有奇计，能够迅速使秦国强盛的，“吾且尊官，与之分土”，说你们贤人站出来，出了好主意，我就给你大大的官职做，甚至可以割出土地，封你做侯。这是用功名富贵激励大家。封疆裂土是当时有志之士的大愿望，秦孝公就以封官封侯来刺激贤人出奇计。所以，孝公这位新君一上台，就让整个秦国人眼前一亮！他要凝聚秦国全体人民的意志，要强秦，要向东发展，依赖谁？依赖贤人，有德的人，有才干的人。

秦孝公上台以后，为促使秦国发展，下求贤令，招揽人才。在这种情况下，有一个人来到了秦国，他不仅改变了秦国的历史，而且对中国两千多年的封建时代都有深远的影响。这个人是谁呢？

秦孝公下令求贤，有一个人就来了。谁？商鞅。可以想见，当时肯定有不少人到秦国来找机会，但是，只有一个人的到来最重要，这就是商鞅的入秦。

当时，商鞅还不叫商鞅，他本名公孙鞅、卫鞅，与吴起是老乡，都是卫国人。《史记·商君列传》说：“商君者，卫之庶孽公子也。”说他是卫国贵族的旁支子孙。又说：“鞅少好刑名之学。”这一点与吴起不一样，吴起是儒学出身，卫鞅则好刑名之学。“刑”就是刑法的刑，什么叫“刑名之学”？刑名之学就是关于法条、律条、判案子、打官司之类的学问，这就与卫国有关系了。卫国在今天河南黄河南北的大平原地区。西周建国时，这里是大群殷商遗民居住区。西周封建诸侯，周公派“文王十子”中的康叔，也是周公的弟弟，到卫国去做卫国的诸侯。所以封建康叔，是因为他有才干。殷商旧地不好治，所以派有才干的康叔去。《尚书》中有一篇《康诰》，是专门记录周公教导康叔如何治理殷商遗民的，其中就说到了法律问题。周公对康叔说，你到了那个地方，那里有大批的殷商人，过去还是殷商都城，你治理那里的人民，带着我们周家的法律去吗？不行。若是拿我们周家的法律去治理这些殷商遗民，他们不习惯。怎么办呢？你就用殷商的法条治殷商的民众，这样也省得他们说我们欺负他们。殷商文化积累了五百年，在法律、刑罚等方面很发达，有丰富的积累。战国大儒荀子就说，未来要“刑名从商”（《荀子·正名》），说以后建立法律体系，许多条文应该遵循殷商的经验。所以，卫鞅虽是姬姓后裔，但他从小生活在殷商文化区域里，从小受当地文化影响，好刑名之学。这就是法家的一个特点。战国时期的法家，延伸了古代文化中刑名这部分，像打井汲水，法家打井，向历史文化的深处汲取刑法之水；儒家就不取这样的水，而是向历史文化的深处汲取德行的水。古代政治讲德讲刑，儒家偏重于德，法家偏重于刑。

李山脱口秀

战国时期的法家，延伸了古代文化中刑名这部分，像打井汲水，法家打井，向历史文化的深处汲取刑法之水；儒家就不取这样的水，而是向历史文化的深处汲取德行的水。古代政治讲德讲刑，儒家偏重于德，法家偏重于刑。

卫鞅也和当时的不少人一样，往魏国跑。因为魏文侯的国家是当时最开明、最强大的国家，所以，年纪轻轻的卫鞅也来到魏国找机会。他的辈分应比吴起小，吴起那个时候在魏国呼风唤雨，在西河建立了很大功勋，卫鞅还是个小人物，在那儿等机会。他所投奔、依靠的主人名叫公叔痤，公叔痤不久就发现这个人可不得了。但是，卫鞅在魏国却是“吾生也晚”。这时候魏文侯死了，在人才问题上比魏文侯差的魏武侯也没了，谁在台上呢？是梁惠王。我们说过，魏国的霸业就败在梁惠王身上，他对人才就更差了，你看有孙膑他不用，他用庞涓，卫鞅同样不入他的眼。

公叔痤年老多病。一次生病，梁惠王来探望。公叔痤说，我手底下有个人，年纪不大，功劳也没多少，可要把国政交给他，那可是前途无量，他是个王佐之才！梁惠王一听，说：是吗？那我要用啊！嘴上这样说，心里面却老是打问号，不相信。公叔痤看出来了，就又对梁惠王说：您要不用他，也好办，干脆早早把他杀了，免得他以后成为魏国的大患！这位公叔痤，想问题不千岁就万岁，不大于就小于，八字胡——两边撇，或用他或杀掉。结果呢，梁惠王嘴里只说好好好，让我再想想！就走了。

人有多面性，公叔痤刚才是作为国家大臣，公忠体国，为魏国着想；现在君主一走，他的心又恢复到卫鞅这位中庶子的主人的身份上来了，又开始为卫鞅打算。他是又做巫婆又做鬼。见了卫鞅，公叔痤马上把他与梁惠王所说的话跟卫鞅讲了，他劝卫鞅：还是赶紧走吧，因为我给君主出主意，不用你，就杀掉你。你现在跑了，我也就做到了既忠于国家，又忠于朋友！

听他这样说，年轻的卫鞅呵呵一笑，说了句世事洞明的话。他说，君主既不能用我，就是他没瞧上我，他还能杀我吗？所以我安全得很！我要走，那是我的问题，绝对不是因为他要杀我。商鞅明白得很！从这件事也可以看出，梁惠王为什么延续不了祖父的霸业，父亲的霸业，在人才识别上，他实在是肉眼凡胎，是个不入流的货！

公叔痤死后，留在魏国的商鞅虽然没有生命危险，但也不会被魏国君主重用，他的才华缺乏施展的空间。就在这个时候，秦孝公的求贤令传到了商鞅耳中，商鞅决定到秦国去寻找机会。但是作为一个普通人，他怎样才能见到秦孝公呢？

李山脱口秀

这位公叔痤，想问题不千岁就万岁，不大于就小于，八字胡——两边撇。人有多面性，公叔痤是又做巫婆又做鬼。

也就在这个时候，秦孝公求贤令下发，并传到了魏国，商鞅就入秦了。关于商鞅入秦，史书上很认真地写了他所依靠的人叫景监，是个太监。后来很多人说起商鞅，认为他所依靠的人六根不全，是他处事不讲究的地方。那么商鞅为什么要先接近景监呢？因为景监是秦孝公身边的人。商鞅要成事，不讲究出处之道。儒家是很讲这个的，像孔子周游列国，到哪国住在谁家，是很讲究的，儒家爱惜自己的羽毛。商鞅在找机会上，在正统者看来，“吃相”有点难看。

景监很快就把商鞅推荐给了秦孝公。第一次秦孝公与商鞅见面，商鞅在那儿大谈自己的治国主张，秦孝公坐在一边听。开始还听，到后来听着听着，秦孝公的脑袋就碰到了身边的墙——睡着了！商鞅走了以后，秦孝公把景监找来，问，你从哪儿弄这样一个人？说了半天，净说些不着四六的话，我都让他给催眠了！君主有点生气。

景监回来就数落商鞅，说你不是本事挺大吗？你跟我大包大揽，让我推荐你，可你怎么把君主给说睡着了？你倒好，成君主的安眠药了！商鞅笑了，说，这回我与君主谈的是帝道。帝道，就是帝王的道。究竟什么是“帝道”，学术界有不同说法，有人说“帝道”是黄老之道，讲的是黄老之学，因而不符合急于雪耻、急于向东发展、功利心极强的秦孝公，不适合他的口味。还有一种说法是尧舜之道，三皇五帝之道。

李山脱口秀

商鞅兜儿里揣着三套主张：帝道、王道、霸道。见了李逵，就抽出板斧来；见了鲁达，就抽出禅杖来；见了宋江，还可以谈谈江湖义气。这是战国时期士人常有的一副脸面，是战国策士的一种风范，你要什么就拿什么。

商鞅见景监责备自己，就说，帝道的确不行。那好，您再给我找个机会，我换一换谈话内容。结果又谈了一次，还是不行，君主还是不高兴。孝公对景监说：别让他来了！我这儿忙得什么似的，整天找这样的人来跟我起腻！景监就又问商鞅，为什么还是没有打动君主。商鞅说，我这次说的是王道。王道就是“三王”之道，夏、商、周三王之道。商鞅又说，君主说不让我再去找他，是对的。我当时对他说王道时，君主说过这样的话：王道实现起来太难，“久远，吾不能待”！秦孝公的意思是，实现王道得那么多年，我活不了这样长，你找别人吧！商鞅最后对景监说：现在我找到君主的兴趣点了，把到他的脉了！他需要什么？他需要的是霸道，就是迅速使秦国富国强兵、能打胜仗，兼并他国土地人民的道，即霸道。

《史记》说，最后一次孝公听商鞅谈霸道，听着听着，孝公不知不觉把自己屁股底下坐着的席子往商鞅跟前挪。从那儿以后，商鞅这一套霸道的言论，秦孝公全盘接受了。霸道被秦孝公接受了以后，商鞅说了一句话，是《史记·商君列传》记载的：秦国“然亦难以比德于殷周矣”！他说秦孝公只接受我的霸道，帝道、王道都不接受，秦国是会强大起来的，但是到最后，秦国再强大，在历史地位上也难以和商、周这两个王朝比隆盛，比规模伟大！这句话是不是商鞅说的？以我个人的理解，不是商鞅的话，而是司马迁的意思。商鞅在秦国实践的那一套主张，可以使秦国获得政权，统一天下，再往后，得了天下如何治理？遇到这个问题时，秦国就要山穷水尽了。

这个商鞅，看到了吧，兜儿里揣着三套主张：帝道、王道、霸道。见了李逵，就抽出板斧来；见了鲁达，就抽出禅杖来；见了宋江，还可以谈谈江湖义气。这是战国时期士人常有的一副脸面，是战国策士的一种风范，你要什么就拿什么。你很难说商鞅是策士，可他身上确也带了不少策士气。只要能干事，只要你用我，住在太监家里也可以；手里有几套主张，用哪个都行，只要你用就好。《战国策》里边，记载了大量的这样的人物。那个时代读书识字的士，心眼都活泛得很，朝秦暮楚，这就是策士。可以这样简单地概括战国策士：有嘴脸，无面目；有智力，没德行；有办法，无主张。他们办法很多，到底天下未来的政治应该是个什么样子，哪个更合乎理想，策士从来不想这样的事。历史社会的大主张，他们没有。论智力，他们都是一顶一，但是论德行，那就不是他们所思所想的了。于是，他们只有游说的嘴脸，没有政治的面目、德行的立场。说到底，这些人都是实用主义者：用我，建立一份功名，就是人生的最大目的。商鞅固然不是策士，但他身上的实用主义色彩却

李山脱口秀

可以这样简单地概括战国策士：有嘴脸，无面目；有智力，没德行；有办法，无主张。论智力，他们都是一顶一，但是论德行，那就不是他们所思所想的了。于是，他们只有游说的嘴脸，没有政治的面目、德行的立场。说到底，这些人都是实用主义者。

鲜明得很。

商鞅到秦国后，和秦孝公见了三次面，谈了三次话，最后一次终于用霸道之说打动了秦孝公，秦孝公决定任用商鞅，推行变法。但这也招致了一些大臣的不满，他们要在殿廷之上和商鞅公开辩论。那么，他们辩论的内容是什么？辩论的结果又如何呢？

秦孝公决定任用商鞅，大干一场。可是，要变法谈何容易？需要讨论商量凝聚共识。古代政治也有它开明的一面，于是秦孝公召来诸多大臣，让大家谈谈想法，结果就发生了争议。争议主要出现在商鞅和两个人之间，这俩人一个叫甘龙，一个叫杜挚。他们反对变法，是守旧者的代表，《史记》把这次争议记载下来了。

当时，商鞅首先发言，他说："疑行无名，疑事无功。"说要做事，犹犹豫豫，想吃又怕烫，伸手拿又怕咬手，这样什么事也别做了。商鞅这样说很有道理，文学史上有所谓"多余人"的形象，起床时因为犹犹豫豫，连裤子都穿不上，这叫什么？这叫"疑行无名，疑事无功"。接着商鞅又说了一句："有高人之行者，固见非于世；有独知之虑者，必见敖于民。"这是颇有点骄傲的观点，说有高见的人，往往被人误解，将来对国家有大功劳的人，往往被民众反对。这是古往今来做事情的人经常遇到的困境，不做事大家一团和气，一做事儿准有反对。商鞅接着又说："愚者暗于成事，知者见于未萌。"说愚蠢的人，什么也看不清楚，糊里糊涂，只有智者才能在事情未发之前，看到萌芽和方向。这话也对。他又说："民不可与虑始，而可与乐成。"这就是一句歧视民众的话了，说一般众生，不能跟他们讨论事情怎么做，但是你要做成了，让他们享受，让他们去乐得其成，可以。蔑视民众，甚至说敌视民众，是法家思想的一个特点。当然，反过来说，事事都商量，也不一定事事就做得好，真理往往在少数人手里。但是，一个政治家瞧不起大众，变法也这样做，危害还是比较大的。正因为瞧不起民众，商鞅下面的话就更骄傲了：“论至德者不和于俗，成大功者不谋于众。”反正要做大事，有智德的人，跟凡俗是不相同的，能建大功劳的，不用跟民众去讨论。

接着，甘龙就说话了，他说：“圣人不易民而教，知者不变法而治。”他反对变法说什么？说真正的圣人“不易民而教”。所谓“不易民而教”，儒家也是讲这个道理，说尧舜治，是这点民众；桀纣昏君，也是这点民众，这个没错，可是甘龙的整个逻辑和要点并不是在这个层面，而是反对变法。这套话单独看也在理，只是就秦国现在的情形而言，谈这些道理是不负责任。秦国自秦穆公以来，国家走下坡路，越走越快，在这样的情形下，哪是有什么好法可依？另外，进入战国以来，诸侯都瞧不起秦国，“戎翟视之”，把秦视为戎翟（狄）。秦孝公以前，好长时间秦国人都没法参与中原诸侯会盟，各诸侯都不带他玩，等于把秦排除在列国之外，秦国很孤立。所以甘龙这样说话，是站着说话不腰疼。他又说：“因民而教，不劳而成功；缘法而治者，吏习而民安之。”说秦国应该一仍其旧，用老办法治理就成了。

商鞅说话了，他说甘龙所说的，都是“世俗之言也”，貌似有道理，实际上是不关痛痒的废话。然后商鞅又说：“常人安于故俗，学者溺于所闻。”指责甘龙死抱世俗之见不放，说他们只知道过去那点旧观念，而且安于那点旧的知识结构和老调调来糊弄人。“三代不同礼而王，五伯不同法而霸。”真正的王者，这代王与那代王之间肯定有区别，但都是各自按照自己的实际情况去治国，这叫“三代不同礼而王”。夏商周三代，各有特点，不能像古代笑话所说，男的买了点布，叫老婆给做条裤子。老婆问做什么样的？丈夫说按照旧的那条做。结果旧的有个窟窿，老婆也在同一个地方弄了个窟窿。这就是刻舟求剑，一种僵化的思维方式。五霸都有自己的办法，也就是要实事求是。这是符合辩证法的。

杜挚这时又站出来了，说："利不百，不变法；功不十，不易器。法古无过，循礼无邪。"他说什么呢？他说变法要值得做才做，如果是值得的变法，所获的利，就应该高于过去的法百倍、十倍才行。他用这样的话反对商鞅变法，看似老成持重，实际还是主张不作为，是典型的"疑事无功"的言论。现在还没有变法，谁知道利有多大？

几个人这样吵来吵去，秦孝公一直在旁边听着，最后他明白了。甘龙、杜挚，你们不就是想不动，让我们秦国还这么待着吗！这样的态度，首先就与秦孝公——年轻有为、英气勃发的君主性情不合拍。最终秦孝公听了商鞅的意见，决定变法。他马上任命商鞅做左庶长。用人，得给他权力。这样，变法就开始了。

文献记载说，变法启动之际，商鞅做了一件事，叫"移木取信"。说商鞅派人在都城南门口竖了一根大木，然后发令说，谁能把这根木头给我移到北门去，赏十金！老百姓看见这个命令都纳闷儿：这么高的酬劳，够干好几年的了，不就搬个木头吗？从这儿搬到那儿，给这么多钱，蒙谁呀？搬完了你不给怎么办？大家都犹豫。小百姓平日被欺骗得太多，这一回遇见商鞅，过去的经验却让他们犯了经验主义错误！商鞅见没有人动手，又下令：移动木头的赏五十金！最后有胆大的、敢吃螃蟹的豁出去了，想：不就再挨一回骗吗！把木头搬了。没想到，这一回遇到的官员不同，居然把钱给了！

李山脱口秀

小百姓平日被欺骗得太多，这一回遇见商鞅，过去的经验却让他们犯了经验主义错误！

商鞅这样做，体现了法家的特点，即特别强调令行禁止，说到做到。政府发布政令以后，一定要取信于民，这是早期法家的基本精神。这件事记载在《商君书》里，但也有学者早就指出，这件事情早于商鞅的吴起也干过。这是可能的。不过，吴起做过的事，商鞅可以接着做。吴起也是早期的法家，也强调令行禁止，政府要取信于民，说到做到。这很重要，《论语》中子贡问，说一个国家要存在，需要什么条件？孔子说，有饭吃，要足食；第二，要有足够的武器，要足兵；第三，民众信任你。聪明的子贡就问，若是不得已去掉一个，先去哪个？孔子说，武器可以先去掉，国家还可以存在。子贡又问，再去一个呢？再去一个，孔子说，可以去食，可以没饭吃，但是，如果民众对政府失去了信任，那这个国家就没法存在了。法家在这一点上，跟儒家非常相似，强调政令的严肃性，不能失信于民。

记载商鞅变法的不单有《史记》，还有一部书叫《商君书》。《商君书》里就谈到法令如何做到被公正实施、被公正执行的问题。商鞅想了很多办法，其中之一是国家广泛设立一些机构，类似法律事务所，专门向一般民众解释秦国的法律。老百姓人人都懂法，那么，官吏在执法时就不能随意上下其手。《商君书》里有这样的思考，应该说是比较明亮的，体现了早期法家讲究法条要公正、法律面前人人平等的意思。

商鞅入秦被任用了，他想把他的学术、他的理想，贯彻到强盛秦国的实践中去。那么，接下来他又是怎么做的呢？商鞅做了这一切后，秦国取得了怎样的效果呢？最后，商鞅给自己带来的又是什么呢？请看下一讲：变法强秦。

李山脱口秀

如果民众对政府失去了信任，那这个国家就没法存在了。法家在这一点上，跟儒家非常相似，强调政令的严肃性，不能失信于民。

第九讲　变法强秦

商鞅变法，不仅改变了战国的形势，而且对中国历史也有深远的影响。那么，商鞅在秦国推行的变法，为什么会最终成功？商鞅变法的具体内容是什么？商鞅变法又有哪些利和弊呢？请看《战国七雄》之《变法强秦》。

商鞅经过一番游说，终于获得了秦孝公的信任，秦孝公开始任用商鞅，在秦国推行变法。商鞅变法，最终使秦国走上了强盛之路，为秦国统一天下奠定了坚实基础。可以说，商鞅在秦国推行的变法，不仅改变了战国的局势，而且对中国历史也有深远的影响。战国时期，很多诸侯国都在变法图强，为什么只有商鞅变法取得了最终的成功？商鞅变法的具体措施是什么？我们今天，又该如何评价商鞅变法呢？

现代学者研究商鞅变法，认为分两阶段，一共十八年。第一阶段的变法发布“垦令”，号召秦国人开垦土地。“垦草令”原来的文件今天已见不到了，但在《商君书》里保存了一篇《垦令》，与当初的文件应该在内容上有不少相同，能看到当年商鞅发布“垦草令”的一些内容。

变法首先就是开垦土地，发展农业，这是一切富国强兵的基础，也是变法进步的一面，那就是重视发展生产。当然我们再顺此往多里想一想，“垦草令”在秦国的下达，可能显示的是这样的情况，那就是在秦国，农业发展还有很大的空间。换句话说，秦大量荒地存在的事实，应该意味的是农耕发展的初始，农业人口的稀少。考察秦国农业发展史，一部分地区如渭水上游与汧水汇合地带即所谓的“汧渭之间”，有为数不少的“周余民”生活在那里，延续了周代农业。此外更广大地区就不同了，农耕文明生活可能比较粗朴。前边讲到，进入战国时期，秦国被东方诸侯“戎翟视之”，恐怕与秦国民众的半农半牧状态有关。不要忘记，秦人过去长期处在游牧区，曾给周人放马。如此，到战国仍然保留着相当强烈的游牧色彩，也是可以理解的。这样的状态，其实是商鞅变法成功的原因之一。

商鞅变法要发展的农业，是农和战相结合的。在农业垦殖的同时，变法还确定了这样的原则，就是打击工商业。农业生产进步，粮食多了，国家的财富就增加了，百姓也富裕了。然而这只是商鞅变法的一个方面。商鞅变法还有一个重要的指导思想，就是“利出一孔”。什么叫“利出一孔”？就是秦国的人民要想获得富贵，只有一个渠道，那就是，要获得土地，必须为国家去打仗。那么如何保证“利出一孔”而不是“多孔”呢？这就需要另外的国家强制手段，打击压制私人工商业的发展。如何抑制、打击呢？手法也很简单，政治上不给地位，经济上盘剥它，课以重税。这就有问题了。在古代，农业是一切文明的基础，但是随着农业的发展，商业、手工业以及其他各业，势必都要发展，可是我们看商鞅变法，为了保证“利出一孔”，却专门抑制自营的工商业。

秦俑二号坑出土的蹲姿射俑

“利出一孔”还有相应的措施。农民要获得土地，怎么获得土地呢？必须为国家打仗，国家对打仗的功勋给予土地的奖励。为此，秦国设立了二十军功爵制，就是二十个爵位等级。杀一个人头，可以获得什么样的军功爵位，有明确规定。随着杀敌数量的增加，爵位会相应升高。据记载，一个首级就能授一级爵位，获田一顷，也就是百亩。要想做官，有一级的爵位，可以做五十石的官员，两爵的可以为百石之官。到了第五个爵位的时候，就可以享三百户人家的税收了，第六个爵位的待遇跟县令差不多。

这就是所谓“利出一孔”，“利出一孔”的基本思想就是驱农归战。自春秋以来的列国有各种变法，然而像这样把战争、土地、功名结合起来，只有商鞅变法做得最成功。商鞅思维缜密，逻辑严谨。重视农业，就要打击工商业，为什么？可以从生活出发理解这个问题。一个农民，他有十亩地，种十亩玉米或十亩小麦，今年收入多少玉米、多少小麦，稍微有点经验的人，一看庄稼的长势，就心里有数，官员根据收成收你多少税，也容易搞明白。可是，做买卖就不同了，你家在河北，跑买卖可能跑到山东去，跑到北京去，到底赚了多少钱，谁知道？金银细软弄个小包一包，摸黑回家了，今年有多少钱的收入，神不知鬼不觉。另外，人游走的地方多，见多识广，就容易不听话。这都是商鞅打击工商业的理由。打击他，不让他做买卖，他就不能不种地了。不单是经营工商业，还有读书，书读好了可以做官。把这个渠道也塞住堵死。还有靠游说诸侯为生的，也把它堵死。此外如开个旅店赚钱等等，差不多也得经过特许。这就是利出一孔，驱农归战。

李山脱口秀

一个农民，有十亩地，收入多少，稍微有点经验的人，一看庄稼的长势就心里有数，官员根据收成收你多少税，也容易搞明白。可是，做买卖就不同了，你家在河北，跑买卖到北京去，到底赚了多少钱，谁知道？金银细软弄个小包一包，摸黑回家了，今年有多少钱的收入，神不知鬼不觉。另外，人游走的地方多，见多识广，就容易不听话。这都是商鞅打击工商业的理由。

商鞅变法，首先就是重视农业，而且把重视农业和统一天下结合起来。这样一来，秦国不仅大量开垦荒地，粮食产量增加，而且军队的战斗力也大大增强，同时，商鞅在变法的过程中，还在一些实施的细节上有具体的规定。那么，这些规定是什么？商鞅为什么要这样做呢？

农民要去种地，就要有社会组织，商鞅变法，还有一条很重要的精神：重小农。变法中就有一条，兄弟两个，都二三十岁大小伙子了，还不分家怎么办？对不起，双倍收你们家税。这样做的目的是什么？迫使你分门析户，成立小家庭。一个男人配一个女人，生两三个孩子，这样的家庭最好。一般说，五口之家，是政府最喜欢的家庭规模。商鞅变法实际开了一个传统，后来的皇权特别喜欢小农，为什么？好管理。在中国，商鞅变法，我们曾经说过，影响了中国两千多年，后来的古代社会，凡是国家小农众多，五口之家众多，王朝就繁荣富强，为什么？税源丰富。王朝最痛恨的是什么？是土地兼并。一出现土地兼并，一个家庭名义上可能只有五口人或几口人，实际却占有成千上万亩的土地，还隐藏大量的劳动人口，这样的家庭也交五口的税，国家不就吃亏了吗！所以，秦汉以后，为什么到了魏晋南北朝，皇权老是不振呢？很重要的一个原因就是大量大家大户存在，他们隐匿了众多的人口，占领了大量的土地。实际在商鞅变法的时候就确立了一条，一家不能有两个壮年男人在一起过，必须分门析户。这就是商鞅变法的重小农。

另外，变法还把一家一户的小农组织起来。怎么组织起来？实行“什伍制”。《史记·商君列传》讲：“令民为什伍，而相牧司连坐，不告奸者腰斩，告奸者与斩敌首同赏。”这一条很厉害，把民众人家一五一十编制起来。干什么？互相监督，使大家不敢做违法的事，不敢做违背国家精神的事。为此提倡大家互相监视，互相告奸。如果“不告奸”，邻居犯了错误，你没有告发他，被查出来以后，腰斩。告了奸怎么样？与杀了敌一样，给你相应的爵位。提倡民众之间互相揭发。

看历史，管仲在变法的时候，也组织民众，士、农、工、商各个组织起来，几家几户作为一个军事单位，层层叠叠，几家出一兵，也在一定时期内把齐国组织成一个战争机制，但是他没有提倡互相检举、互相揭发。这样的做法，在后来都视为乱政，其实是把

李山脱口秀

五口之家，是政府最喜欢的家庭规模。商鞅变法实际开了一个传统，后来的皇权特别喜欢小农，为什么？好管理。商鞅变法，影响了中国两千多年，后来的古代社会，凡是国家小农众多，五口之家众多，王朝就繁荣富强，为什么？税源丰富。王朝最痛恨的是什么？是土地兼并。

社会搞成人间地狱了。这也是法家变法不讲人情太过分的地方，害处很大。没有这种告奸政策，谁犯了错误就是谁的；现在好，邻里不告发，五家一块儿都受连累。这会造成什么结果？只能是五家一块儿造反。它的实际效果，是出乎设计者意料的。庄子就说过，人们为了防贼，把放金银财宝的箱子捆扎得很结实，想不到的是，这也可以方便贼，贼拎箱子跑的时候，箱子结实更顺手！这是商鞅变法又一点，实行严格的告发制度。

但商鞅变法，前边也讲过，还有一种追求社会公正的精神。商鞅、吴起等法家人物在控制民众之外，也讲究限制贵族的特权。如吴起变法就是先跟贵族干，一上来就跟贵族对着干上了，所以他的变法难以彻底，因为他硬碰硬。你一个外来户，硬碰硬，你一个人的心力，跟整个楚国的贵族对着干，再厉害也得失败。所以吴起变法，来自贵族的反弹也很大。商鞅变法，很大程度从小民入手，如何把国家的基本民众，按照军事的原则，按照秦国统一天下的目标，打造成一个战争机器的整体，让民众成为这一大机器的零件，严丝合缝，丝丝入扣，这是商鞅变法的特点。但是商鞅是早期的法家，特别希望实现社会的公正，这一点我们应该承认。比如说，在控制民众的同时，商鞅就主张“宗室非有军功论，不得为属籍”（《史记·商君列传》）。所谓宗室，就是君主的七大姑八大姨大叔子小叔子之类，商鞅主张，这些人不能一生下来就是秦国贵族。过去是这个样子，夏商周以来都是这个样子，周文王的子孙，周武王的子孙，商汤的子孙，世世代代富贵。但是，这条老规矩在商鞅这儿不行了！没有军功，就不得属籍，就是入贵族籍。在秦国，没有天生的贵人。所以这一点上，商鞅也有针对贵族的一面。这也导致了他跟吴起的下场差不多。

这就是商鞅，讲究社会公正。这也表现在向有土地者征税，有多少田产，就征收多少税。

综合起来说，第一阶段的变法有以下几方面：一、重视农业，

李山脱口秀

提倡互相检举、互相揭发，这样的做法，在后来都视为乱政，其实是把社会搞成人间地狱了。

重视小农。其次，把小民按照什伍制加以组织，用连坐制迫使民众相互监督，以便于政府对民众的控制。第三，打击工商业，把非农业之外所有的达致富贵的途径都堵死，这就叫利出一孔，驱农归战。第四，为了刺激民众建立军功的热情，实行二十军功爵制。

可以想象在商鞅执政期间，由于上述措施的推行，又由于法家特有的讲究办事公正，秦国迅速变成了一个富于战争热情的国家。上上下下，在打仗的事情上生龙活虎。秦国就像一架战争的推土机，凶猛地向东方推进，直至最后统一天下。

> 商鞅在第一次变法中，最重要的就是驱农归战，这一措施很快见到效果，秦国的国力和军事实力迅速增强。商鞅在此基础上，又进行了更深一步的变法。那么，这一次的变法主要内容是什么？它又给秦国带来了什么样的影响呢？

大约过了八九年，商鞅实施了第二阶段的变法。首先，迁都咸阳。秦都城过去在雍（今陕西凤翔）、在栎阳（今陕西咸阳东北，渭水北岸），现在则迁到咸阳。总体方向与秦国历史发展的大势相关，是向东发展。不过栎阳靠近东北一些，当年魏国都城在安邑的时候，秦人出于与魏国斗争的需要，选择在此建都，现在魏国已经不是大问题，所以，秦进一步把都城往更便于东进的方向迁移。咸阳北面是黄土高原，南临渭水，东边直通函谷关，是战略要地。商鞅选择在这儿建都，心思是非常明确的，那就是雄霸天下，召诸侯而朝八方。这种气派在商鞅变法的第二阶段已经表现出来。

第二个措施是什么呢？就是征赋，增加了一种新的财政收入。这在秦国是首次。什么是赋？首先它与税不同。生活在今天的人们对税比较熟悉，对赋就陌生了。赋就是人头税，按人口征收；税则是按照财产收入情况征收。征收赋的目的不同。“赋”字从“贝”

从“武”，与军事有关。理论上，赋也是一种用于国家军事开支的财政收入。国家凭什么按人头征赋？任何人都想要和平生活，可是要想得到和平生活，国家必须有战争准备，要有军费开支。人人享有和平生活，就人人有责任拿出一部分钱给国家，用以养活军队。不过商鞅征赋的目的，可能还有另外的考虑，就是损有余奉不足。比如一些大家族，有那么多人，对不起，我要按人头征赋。另外也有抑制商业的用意，一些大商家，家里也养了不少的奴仆，对不起，也要按人头征赋。所以商鞅变法增加了一个新的税种，一种新的财政收入，在商鞅可能有他诸多的考虑。

商鞅实行征赋，对秦汉以后历史影响非常大。说商鞅变法影响中国后代深远，他在秦国确立的征赋就是其中之一。秦统一后，历史很短，我们就举一个汉代的例子吧。在汉代，一个小农五口之家，种几十亩地，今年收成好，按人头缴纳赋钱问题不大。收成不好，风不调雨不顺，颗粒无收，税可以少交，但赋还是按人头缴纳。这个钱，和其他名目的一个家庭成年男人应该缴纳的钱加起来，是导致很多小农破产的重要原因。可是，你一个五口之家破产了，但你这个人还在，还得交钱，因为地方官是按照在册的人数收缴的，你破产了，可是他的在账数目还得完成。交不起，地方官就要勒索你。那样破产的人家怎么办？逃跑，土地一扔逃跑。往哪儿跑？谁给口饭吃，就往哪里跑。于是，这就给那些有钱有势的大家族制造了机会：第一，农民破产，土地大量被抛荒，地价很便宜，可以大量购置土地；第二，可以获得廉价到不能再廉价的劳动力；第三，既然是有钱有势，地方官员就奈何不得他们。国家以人头为据征赋，实际是一个为渊驱鱼的政策，大约从西汉后期到东汉，这样一个社会势力就逐渐养成了，此后经过魏晋南北朝一直到中唐，这个人头的赋，很大程度上直接导致了大家大户大地产的发育，东汉皇权崩溃后长时期皇权不振的原因可能就在这里。以人丁为本的赋税政策，到唐代中期大体就改了，之后，世家大族也就完了。秦

李山脱口秀

大约从西汉后期到东汉，经过魏晋南北朝一直到中唐，这个人头的赋，很大程度上直接导致了大家大户大地产的发育，东汉皇权崩溃后长时期皇权不振的原因可能就在这里。以人丁为本的赋税政策，到唐代中期大体就改了，之后，世家大族也就完了。

汉以后一个王朝反复出现的顽症，应该就源于商鞅变法。所以我们说，观察商鞅变法，可以观察中国以后的许多问题。

另外，就是行政改革，普遍设县，管理全国。县在秦国的一些地区早就有，商鞅变法将县制推广，就是把很多零散的居民聚集起来，设立县一级的行政机构。这与后来秦汉的郡县制有关系。还有就是统一度量衡。法家为了防止社会欺诈，防止社会不公正，他们有一个基本的想法，就是度量衡要统一。升斗权衡丈尺，都有统一的标准。这也是值得肯定的，因为追求社会公正，理想是好的。

商鞅变法时为统一度量衡制作的铜方升，经测定容积为198.57立方厘米。

第二阶段的变法，还有一个很大的事情，就是开阡陌。人们常说，商鞅变法，废井田、开阡陌。这到底意味着什么？过去认为，废井田、开阡陌，是确立土地私有制，把过去井田的那些界限打破，土地归农民掌握。现在对这个问题有不同的看法，不少学者认为，商鞅所谓“开阡陌”只是田亩制的改革。过去的亩小，100步为一亩，现在搞成240步一亩，所以要重新划分方田，跟土地私有不私有关系不大。这涉及关于商鞅变法一个长期争议的问题：商鞅变法是不是建立或者强化了土地的私有？就个人肤浅的理解，回答是否定的。为什么？商鞅变法的基本精神是强化国家权力，以便与其他强国争雄。土地可以归农民使用，甚至可以转让，可以买卖，可以传子孙，可是在征收税，在征多少、怎么征等问题上，完全是朝廷说了算。这就是马克思说的，他说在东方、在中国，在土地税收上是国家直接和小农对立。什么意思呢？这块土地归我，我可以传给儿子，我可以卖给邻居，我可以扔掉，这好像私有了，可是，在纳税问题上，说土地上打了100斤粮食怎么分割它，朝廷想拿走10斤就拿走10斤，想拿走15斤、20斤，就拿走15斤、20斤，在这个问题上，耕种土地的小农完全没有说话的权

李山脱口秀

法家为了防止社会欺诈，防止社会不公正，他们有一个基本的想法，就是度量衡要统一。追求社会公正，理想是好的。

力，这样的土地私有制，就不叫私有制，这样的私有制是假的，起码是严重残缺的。而商鞅变法的基本精神、根本用心，也不是在如何有利或者提高人民的生存权益上。恰恰相反，商鞅变法全力要做到的，是如何将民众打造成国家的战争机器的一部分。所以，有学者认为，所谓开阡陌封疆其实是搞田亩制的改造。向农民发放土地，怎么丈量，一亩有多大之类的内容，说这是方便耕作和管理是可以的，说这是确立私有制，可能就有问题。

商鞅变法，在秦国打造了一个适合战争的举国体制，这使秦国在战国时期大兼并的残酷现实下，不仅生存了下来，而且最终灭掉六国，统一了天下。我们今天的人们，应该如何评价商鞅变法？商鞅变法对秦国、对中国历史，究竟带来了怎样的影响呢？

李山脱口秀

秦国专门重视小农，把其他产业视为敌对，这样的政策，长期看是不利于社会发展的。尤其到了唐宋以后，大家长期就在农业这一条发展道路上挤着，问题越来越严重。所以说我们中国近几百年被人落下，我看追溯起来，要到商鞅变法找原因才可能挖到根子。

刚才我们讲过，农业发展了，势必要造成工商业等其他各行各业的发展。可是秦国却专门重视小农，歧视其他产业，把其他产业视为敌对，这样的政策，长期看是不利于社会发展的。尤其到了唐宋以后，人口众多，山川土野“锄耕遍满”，大家长期就在农业这一条发展道路上挤着，问题越来越严重。所以说我们中国近几百年被人落下，我看追溯起来，要到商鞅变法找原因才可能挖到根子。

不论是利出一孔，还是驱农归战，刚才我们说过，都从垦令开始，这表明秦国的农业比较原始。可是在齐国，就是从西周算，也好几百年了，很发达，建立在农业之上的工商业也很发达。想一想，“利出一孔”的政策在这儿能实行吗？不能。所以，它能在秦国实施，就是因为这里历史文明的发展相对落后，它的人民从游牧向农耕文明转化，这样的时候可以实施商鞅重小农的这一套。可是，秦国一旦因为商鞅变法胜利，就把商鞅确立的体制推向山东，推向全国，那就难免削足适履了！对商鞅变法，我们也应该妥善看待。它打造体制太功利、太现实，在一定的时候，变法打造的秦国，可以生龙活虎，但这是以杀人可以获得爵位作刺激的。所以当时的诸侯，整天说秦国是虎狼之国、尚首功之国。那里的人民整天嗷嗷叫着要多杀敌人，拿敌人的头颅换土地，换爵位，换尊荣，这样的国家不可怕吗？所以，秦国打长平之战，一晚上可以坑杀四十万降卒，伊阙之战杀二十四万，杀掉这么多人，有必要吗？！所以，变法带来的战争征服的野蛮，这是商鞅变法存在的严重的历史缺陷。

也应该承认，商鞅变法有他追求社会公正的理想，就是太血腥。首先是轻罪重刑，不大点过错就给予重刑。这也有法家的设想。什么设想呢？我们知道，儒家讲究对民众实行仁政，可是法家就攻击儒家这一点，在《商君书》里，可以看到法家对儒家的质疑，说你儒家整天提倡仁，可就是不知道怎样使人仁；整天提倡爱，可就是不知道怎样使人爱。言外之意很清楚，我法家要用法度迫使大家去仁，迫使大家去爱。可问题是，迫使出来的“仁”和“爱”，还是“仁”吗？还是“爱”吗？这法家就不管了。既然是迫使人们去仁爱，那基本的表现就是“以刑去刑”。打个比喻吧，一条马路，漫长的一个坡，升高了30米，这样一个大慢坡，都能爬上去，甚至不知不觉。可是垒一个30米陡峻高墙，就差不多没人能越得过去了。一个人犯点罪没有人收拾他，就接着犯大罪，慢慢累积，相当于慢坡30米。可是，如果马路上倒了点灰，就剁掉手足，法家说，他下次就不敢犯错犯罪了。这就是“以刑去刑”，这是法家的逻辑。

实际这个逻辑更不通。孔子说过一句话，他说我们要用德行教诲大家，我们要用礼法整齐大家，这样的结果是人人自爱，有耻辱感。反过来说，一个人因为一点小事，就揍他一顿，甚至伤害他的肢体，也就伤害了一个人的自尊。人格的底线就是自尊，自尊就是有耻，有耻，有些事就不做。可是，一次小小的惩罚，就足以把一

李山脱口秀

一个人因为一点小事，就揍他一顿，甚至伤害他的肢体，也就伤害了一个人的自尊。人格的底线就是自尊，可是，一次小小的惩罚，就足以把一个人的耻辱线打破。怎么样？很可能给社会树立了一个危险的敌人。这种怨恨之心将导致更大的反弹。

个人的耻辱线打破。怎么样？很可能给社会树立了一个危险的敌人。怨恨导致报复。我偷了点东西，你就把我手剁了，凭什么！这种怨恨之心将导致更大的反弹。所以秦统一后，到处是盗贼、罪犯，这就是法家的书呆子气。法家看上去很现实，很功利，有些设想却是严重的书呆子气，而且是粗野的书呆子气。儒家有时也书呆子，却是软心肠的书呆子气，法家是硬心肠的书呆子气。

正是因为相信以刑去刑这样的逻辑，所以在商鞅变法的时候，我们看到了刘向《新序》说的惨状。《新序》说商鞅，“步过六尺者有罚”。这句话表面上是说不许违背度量衡，其实是说老百姓的动辄得咎，当然是夸张的说法，走路步子大一点也不成！“弃灰于道者被刑”，往马路上倒点灰也要严刑。“一日临渭而论囚七百余人，渭水尽赤，号哭之声动于天地。”商鞅变法反对者很多，囚犯很多，在渭水旁边以法条论杀这些人，一天可以多达七百！渭水为之殷红一片，号哭之声惊动天地。戾气啊！这就是天地之戾气，暴戾恣睢之气！当然刘向的说法也可能夸张了，但对小民残酷，该是可信的。

商鞅以暴力推行法度，反对者不只是百姓，还有那些达官贵人，其中就包括太子的老师公子虔，也有太子在内。《史记·商君列传》记载，太子违反法令，商鞅说，太子是一国之本，将来要当帝王，不能收拾他。那要收拾谁？收拾他的老师，于是“刑其傅公子虔，黥其师公孙贾”。一师一傅，太子的两位老师都被治了罪。这都是大贵族。商鞅的性格脾气，在这样的事情上表现得很突出。老话说的“王子犯法，与庶民同罪”，可以追根到商鞅。他就是这样的尽心国事，他想法很单纯，做事很斩决，从不想后路，不耍滑头。这个地方，倒是应该予以尊重。

李山脱口秀

法家看上去很现实，很功利，有些设想却是严重的书呆子气，而且是粗野的书呆子气，是硬心肠的书呆子气。

还有一件事情，开始变法的时候，一群人骂商鞅，变法实行了一段时间，整个秦国被治理得井井有条，服服帖帖，国家这架战争机器，辕是辕，轮是轮，运转得很好，这时候，那些骂商鞅的又来赞美他。商鞅当时一皱眉头，说，这些人先是骂，现在又赞美，这都属于干扰行政。最后，把这批人远远地发配了。你看，商鞅变法，赞成不行，不赞成也不行，伸头吃一刀，缩头还吃一刀，要的就是小民闭嘴，太专横了！商鞅为什么那样招人恨？与吴起比，商鞅杀过妻吗？爹妈死他不回家吗？他没有这样的缺德事儿，但是上上下下都反对他，为什么？看上面的事就明白了。商鞅完全忠于自己的理想，完全执行自己的理想，可是他太残酷不入情了。这种人活得好热烈，活的时候五鼎食，死的时候也惨烈，五马分尸，如吞热汤面加辣椒，痛快淋漓！他有极令人尊重的地方，也有极令人鄙夷的地方。他代表的是战国时期一种极端性的人格存在，春秋时没这样的人，秦汉以后这样的也少，唯有战国时出这样的人。

商鞅变法搞了十八年，他本人完全是奋不顾身的，取得了很大成就。但因为商鞅的人格特征，导致他落了一个“五马分尸”的悲惨下场。究竟商鞅“五马分尸”是怎么发生的？请看下一讲：商鞅的悲剧。

李山脱口秀

商鞅完全忠于自己的理想，完全执行自己的理想，可是他太残酷不入情了。他有极令人尊重的地方，也有极令人鄙夷的地方。

第十讲　商鞅的悲剧

经过商鞅变法，秦国在政治军事上取得了翻天覆地的变化，并在与诸雄的竞争中抢占先机，强秦的局面业已形成。然而，秦孝公的突然离世却给商鞅本人带来了巨大的灾难。公元前338年，商鞅被秦孝公的继任者秦惠王车裂。他的死给后人留下了太多的议论空间，有人指责他刻薄少恩、行事武断、荒谬至极，也有人赞赏他是一个堪称典范的高尚之人。究竟该如何看待这位饱受争议的历史人物呢？请看《战国七雄》之《商鞅的悲剧》。

公元前338年，商鞅被秦惠王以谋反罪判处车裂之刑。商鞅变法前，秦国是一个被动挨打的弱国；变法后，驱农归战，秦帝国军力大增，迅速强大，国富兵强。可是，对秦的强大立下汗马功劳的商鞅为何最终会有如此悲剧性的下场？后人对商鞅和他的变法也有各种不同的评价和议论。那么，对于这个重量级的历史人物，今天又该如何认识和评价呢？

商鞅变法打造了一个强盛的国家。战国这一天下大乱的时代，考验的是列国体制适合与否，体制适合这个时代就能战胜天下。商鞅变法，在国家体制上打造了一个适合兼并的机制，同时还确立了一种对中国后来影响深远的经国理念：中国式的重农主义。它的基本特点就是重小农，同时抑制工商业，这样国家可以有一个广泛的税源。重农主义的治国观念，秦汉以后基本上继承下来，两千年王朝政治基本没有大的变化。

从短期看，商鞅变法的确是给秦国带来了强盛，而且立竿见影。我们在前面讲到，魏文侯建立魏国霸业的时候，魏国的势力就跨过黄河，一直到了西洛水一带，整个河西一个郡的地区，全都成魏国的了。这在秦国看来是心腹大患，又是奇耻大辱。

商鞅变法十几年，立竿见影的效果是收回河西之地。其间经过几次战役，有元里之战、安邑之战、固阳之战三次战役。三次战役，三次胜利。经过变法的国家，完全以一种新的理念经营，在战争中马上显出它的锐利。新式推土机投放到大兼并的工地上，非常锋利好使！

三次战役都是趁着魏国梁惠王把都城迁到东方去，亦即魏国政治重心东移之际打的。因为魏国一东迁，就跟齐国发生了冲突，十年之内魏、齐之间就打了桂陵之战和马陵之战。还算强大的魏国东进，给秦国制造了机会，秦人收复失地三战三捷。例如其中的安邑之战，发生在公元前341年。秦军主帅是商鞅，魏国的主帅是谁呢？是公子卬。这个人跟商鞅原是好朋友，商鞅不是在魏国干过吗？战争打起来了以后，商鞅得知对方主帅是公子卬，就心生一计，想利用他和公子卬的关系。他给公子卬写信说，我们是好朋友，无奈我俩各为其主，咱们见面谈一谈吧，不要让众多将士受刀兵之苦了。公子卬觉得行，老朋友有信，于是他就来谈了。不想这是一场鸿门宴，比鸿门宴还鸿门宴！项羽摆鸿门宴是失败的，商鞅这次跟老友见面，却是成功的鸿门宴：公子卬一到，三下五除二就被商鞅的手下拿了。商鞅不是项羽，非常不讲信义。不过他也因为这事把魏国人得罪得好苦！两国打仗，不斩来使，你商鞅利用朋友关系，把我们的主帅骗过去拿了，不可原谅啊！

李山脱口秀

这是一场鸿门宴，比鸿门宴还鸿门宴！项羽摆鸿门宴是失败的，商鞅跟老友见面，却是成功的鸿门宴，三下五除二就把人杀了。

经过数年的变革和积累，秦国国富兵强的局面业已呈现。但要想真正检验国家的实力，鼓舞秦人的信心，战争的成败成了关键中的关键。通过元里、安邑、固阳三场战役，秦国重创了强大的魏国，打出了威风。与此同时，秦国国内国外的局势都在悄然改变。那么，这些变化都包括哪些方面呢？

三次战役以后，秦国一下子改变了自己在当时列国中的地位。秦国的成功还使得“天子致伯”。秦孝公十二年，住在洛阳的“聋子耳朵摆设”一样的周王，也来给秦国人锦上添花，他来“致伯”，就是“致霸”，就是封秦为霸主。这个“霸”的徽号虽然此时和周天子的身价一样廉价，可毕竟此时周王还是余威震于殊俗，他的封赏，虽是放屁增风，作用有限，可在好多人心里，毕竟还算是个荣誉！这也是商鞅变法的效果。

内政方面变法的效果尤其显著。《史记·商君列传》说，商鞅变法“行之十年，秦民大说，道不拾遗，山无盗贼，家给人足。民勇于公战，怯于私斗，乡邑大治”。商鞅主持改革十几年，确使秦国变得井井有条，他的法家主张实践得确实很好。论才干论办法，商鞅绝对不缺，一个小小的秦国，在他手下真是治大国若烹小鲜。过了一些年，荀子有一次到秦国来访问，当时是秦昭王在位，荀子见到的是宰相范雎。范雎问荀子，我们秦国怎么样？荀子说，你们的官场风气非常正，没人敢搞结党营私之类的关系，你们的官场不错；你们的政府办事效率高，什么事也不耽搁，是勤于政事的政府；你们的老百姓很质朴，衣着打扮很简朴，民间流行的歌乐也不轻飘，他们很怕官员因而也很顺从。最后荀子说，各方面都好，就是有一点不足，你们秦国无儒，有儒就可以让秦国更好。荀子这样说，因为是当着秦国宰相说的，有些话不好直言。但他的意思还是清楚的，虽然他也肯定秦国的政治秩序，但还是认为秦国施行的是“霸道”，国家的井井有条靠的是强力控制，荀子话里话外批评的意思还是颇明显的。而且，荀子虽然是与应侯范雎谈话，其实评价的是商鞅留给秦国的政治。从《史记》的说法和荀子的说法可以看到，在商鞅治理下，一个将要统一天下的诸侯国是井井有条的，也可以说是向上的。因为遵行法家方针的秦国，还没有走到尽头。相反，就大兼并的时代而言，商鞅的法家政治正在大放异彩呢！

打完三次战役后，商鞅作为一个军事指挥官的才干也显示出来，他的最显眼的功劳是把黄河以西的大片土地收回来了。于是秦孝公就封给他於商之地，商鞅做了商君。卫鞅封侯了！於商在哪儿呢？今天的陕西省沿汉水向东南走到与河南交界的一带，在这个地区孝公分封了商鞅几个县。这时候，商鞅如日中天。有史料说秦孝公曾一度想死后把位子传给商鞅，似乎不太可信。也可以说，秦孝公对商鞅是非常信任和宠爱的，秦孝公与商鞅，在历史上是让人羡慕的一对君臣。秦国君主放开手脚让臣子干事业，这样的君主，历史上有过一些，秦孝公应该算 个。

卫鞅成了商君以后，难免有点志得意满。物极必反，道家说得好。《史记·商君列传》说："商君相秦十年，宗室贵戚多怨望者。""怨"跟"望"是恨他、抱怨他的意思。商鞅相秦十几年，秦国的宗室贵戚大多数都恨他，只是一时拿他没辙，因为君主支持他。这时候有个叫赵良的来见商鞅，商鞅就问他：赵先生，我可以跟你交朋友吗，你跟我能不能亲近一点？赵良说：我很愿意，但是我不敢。这就话里有话了。商鞅问：怎么不敢呢？赵良说：一个人，不是他的位子他去占，这叫贪位；不是他的名声他去占，这叫贪名。有这"两贪"就危险了。你的位子占得不对，你的名声获得的也不对，所以我不愿意跟你交朋友，我只是来跟你说一下，说完这次就完，不会劝你第二次的。商鞅听赵良说自己有"两贪"，觉得奇怪，就问：你既然这样讲，那么，"子不说（悦）吾治秦与"？难道你不喜欢我对秦国的治理吗？赵良说：话不是这么说的，我所谈的，不是你的业绩，而是你的为人。道家说过，"反听之谓聪，内视之谓明，自胜之谓强"。赵良的意思是与商鞅谈人生哲学。他谈到了三点：聪、明、强。什么叫"聪"，能"反听"，能听到自己良心的声音的叫"聪"；什么叫"明"，能自我省察的叫"明"；什么叫"强"，能战胜自我的叫"强"。说起来就是一句话：人贵有自知之明。赵良说这些，是要点醒商鞅。可见当时商鞅的处境实际上已经很危险了，所以赵良用道家的人生智慧给他撤

李山脱口秀

秦孝公与商鞅，在历史上是让人羡慕的一对君臣。秦国君主放开手脚让臣子干事业，这样的君主，历史上有过一些，秦孝公应该算一个。

撤火、提提醒。

但是，现在的商鞅就是听不进去，他的脑子就是不往赵良指的那条思路上走，只一味沉溺在自己的功绩里不能自拔。商鞅接着又问，既然你这么说，那我问你“子观我治秦也，孰与五羖大夫贤”？你看我治秦国，与秦穆公时治秦的五羖大夫相比，哪个更贤明？这时候的商鞅真有点愚顽不灵，人家点他，他就是不接茬儿，老是不往正处说，大言不入于内耳，居然还问人家自己与百里奚比怎么样！“五羖大夫”就是百里奚。商鞅既然这样说，赵良也顺势而为，接过话茬儿来回答：过去有一句话叫作“千羊之皮，不如一狐之腋；千人之诺诺，不如一士之谔谔”。说一千张羊皮——这与五羖大夫有点联系，百里奚就是五张羊皮换来的——都不如一块狐狸腋下的皮毛好；有成千的人在那儿唯唯诺诺，不如有一个人在那儿“谔谔”，就是刚直不阿，坚持己见。然后赵良接着说，周武王就是因为“一士之谔谔”才取胜的，商纣王就是因为“千人之诺诺”而败的，纣王听不进不同意见，政治就昏暗！五羖大夫当年是怎样上的台呢？五羖大夫一开始身份也很卑贱，是君主发现他的贤才，把他一个喂牛的提拔到宰相的位置上。百里奚做了宰相以后，东边平晋，南边制楚，西边招来八方戎人朝见秦国。这个人，功劳越大越谦卑，人家上班从来不坐车，再热的天也不打伞。百里奚对老百姓好，所以他功劳在民心。他死时，老百姓都流泪，说我们的大夫走了，我们的领导走了，以后我们可怎么办啊？你看，这是五羖大夫，可再看你自己，你首先进身的路就不正。你靠谁进身的，不是一个太监吗？赵良这样讲，与其说是揭商鞅的老疮痂，不如说是提醒他：有多少人因为你的进身不正恨你呢！关于商鞅靠太监进身，古人多不以为然，其实太监群里也不是没好的。但是就商鞅而言，选择亲近太监以进身，未尝不是饥不择食的表现。赵良又说，你看你，封了商君以后，一出门前呼后拥，十几辆车陪着你，车上都是全副武装的人，而且你还称孤道寡。你封君了，封侯了，说话就“孤怎么怎么着”，如此志得意满，太招摇了。赵良最后说，我劝你现在赶紧把权力交出去，让君主另请高明。这样做，将来还能落一个好下场！

司马迁在《史记》中写赵良劝商鞅这件事用了大段的文字，甚至比对变法内容的描述还详细。这件事到底是不是真的，是应该打问号的。更可能这段文字寄予的是司马迁对商鞅的看法：他太贪图功名，太不注意积德，太不知进退了。

司马迁的这种理解到底对不对，我们一会儿再说。现在要说的是商鞅马上面临的一个严重的变故，秦孝公在位二十几年死了，新的君主上台了。这位新君还是一个很讨厌商鞅的人，谁？秦惠王。

> 一朝天子一朝臣，秦惠王的上台使商鞅的处境发生了冰火两重天的剧变，秦孝公对商鞅的恩宠已成过去，新君主秦惠王很讨厌商鞅。同时，因为变法触及了很多贵族阶层的利益，这批人也开始向商鞅发难。那么，最终等待商鞅的会是怎样的一个结局呢？

秦惠王上台了，他的老师就是被商鞅整得很惨的那个公子虔。孝公一死，新王登基。孔子说过：“三年无改于父之道，可谓孝矣。”（《论语·学而第一》）三年无改于父之道，新的秦王哪里管这一套。而且太子身边的那些人早憋好主意，只要新王一登基，马上就告发商君谋反，不整死他绝不罢手！新王本人，从商鞅收拾他的老师起就很不待见他了。惠王这个人可不是窝囊主儿！我们将来会看到，在秦国统一天下的过程中，他很有作为。但是他自己在感情上受过商鞅的气，所以他一上台，商鞅就要倒大霉了。

惠王上台不久，公子虔就告发商鞅——没准儿这事背后主使者就是惠王——惠王一丁点儿也不犹豫，马上发兵，缉拿商鞅！商鞅一看不行了，就跑。往哪儿跑？这时他想到了魏国，就跑到那里。

李山脱口秀

更可能这段文字寄予的是司马迁对商鞅的看法：他太贪图功名，太不注意积德，太不知进退了。

魏国人一见商鞅，气不打一处来：你小子还敢来？还有脸来？秦国人我们都可以接受，唯独你不行，因为你太缺德了！这就是当年胜之不武地收拾公子卬的结果，他早成魏国人的公敌了！

商鞅没办法，又折返秦国。就在逃亡的路途中，有天晚上住店，落魄的商鞅怎么也不会想到自己有一天要黑灯瞎火找店住。世事弄人，当初变法的时候，商鞅为秦国立了一条规矩，要求办客店必须严格登记，严格检查，必须申报才能留客。若是谁家收留陌生人，没有向上级汇报，查出来就是抄家的罪，是要杀头的！结果这次商鞅晚上要住店，没想到店主不敢收他，店家说："商君之法，舍人无验者坐之！"意思是按商君给秦国百姓立的规矩，没有经过政府勘验，客店留人住店，客人若是罪犯，他什么罪，店家也什么罪，我们可不敢收您呀。这就是商君的连坐法！商鞅这才想起，当时确实有这么个法条，万万没有想到的是，自己给百姓立的"商君之法"，竟会像木匠戴枷一样落到自己头上来！这让他大为感慨："嗟乎，为法之敝一至此哉！"（《史记·商君列传》）哎呀，法条害人竟然可以到这样的地步呀！史书记载了这件事，大家读了反响不一，不喜欢商鞅的人觉得挺痛快：终于落到你自己身上了！实际上，这表明商鞅全心全意、殚精竭虑打造的国家法律，对所有民众都是同样的态度。商鞅打造的秦国政治，对任何受法律约束的个人权益都是蔑视和抹杀的，他是因为自己走到了今天这一步，尝到了个中滋味，让他自己把这个话说出来，这样才能将他打造的政权的本质揭露得淋漓尽致、入木三分。

李山脱口秀

商鞅万万没有想到的是，自己给百姓立的"商君之法"，竟会像木匠戴枷一样落到自己头上来！这让他大为感慨。不喜欢商鞅的人觉得挺痛快：终于落到你自己身上了！

商鞅想外逃，没处去；想隐藏到某个社会角落，法律不容。没办法，只有回到自己的封地。他明白自己的最后结果，一不做二不休，干脆组织起自己封地的武装，来跟国家干一下了。这位法家人物，一手缔造了这个强盛国家的人，竟然不顾自己的理论和主张，要跟这个强大的国家搞鱼死网破！可是，在商鞅，说千道万，还是命要紧，其他更崇高的想法，他没有！穷途末路中商鞅选择了拿鸡蛋往石头上撞，结果可想而知，马上就被抓住了。《史记·商君列传》说："秦惠王车裂商君以徇。"秦惠王把商鞅抓住了以后，把他的四肢分别拴在几辆马车上，然后打马向四外拽，商鞅的身体就裂了。五马分尸，是当时秦惠王能想到的最酷、最爽的刑罚，给商君使上了。要注意，车裂还不算完，还要"以徇"，就是拖着商鞅分裂的尸首到处展示给老百姓看，同时还要将君主的批示讲给民众："莫如商鞅反者！"谁也不要学商鞅反抗国家！商鞅变成了反对国家的反面典型，太讽刺了！在商鞅，这也可以说是死而不朽。何以这样说？他死了，且死得这么惨，但是他的法的冷酷精神，却被讨厌他的秦惠王不折不扣、不知不觉地继承了。这不是商鞅的死而不朽吗！

之后，《史记》还记载说秦王"遂灭商君之家"，把他的家族灭了。商鞅这么多年，肯定有万贯家财，还养育了一大群人，都完了。商君之死，是一件很让人唏嘘的事，这与他的人格有关，与他的理想有关。

商鞅在秦国推行变法，二十余年打造出了一个雄心勃勃、强大富有的秦帝国。然而，使国家强大的变革必然触及各方的利益和矛盾，因此对于这个人物，有人指责有人赞赏，关于对他的评价，几千年来就没有停止过。那么，后人究竟是如何评价商鞅的呢？

可以这么说，就为人而言，据文献中颇含夸张的记载看，商鞅与吴起比起来，并不是那么缺德冒烟的人。但是，他的理念、他的主张，与吴起相比，确实有另外一种毒害。商鞅死了，留下了许多议论。一直到今天，人们对商鞅的评价也是纷纭复杂，有人赞成，有人反对。那么究竟应该如何理解商鞅本人、他的事业以及他的死呢？先看看古人怎么说。

李山脱口秀

五马分尸，是当时秦惠王能想到的最酷、最爽的刑罚，给商君使上了。商鞅变法的冷酷精神，被讨厌他的秦惠王不折不扣、不知不觉地继承了。这不是商鞅的死而不朽吗！

首先看司马迁的说法。在写完《史记·商君列传》的正文后，司马迁照例写了一段“太史公曰”。怎么评论商鞅的呢？他说：“商君，其天资刻薄人也。”说商鞅天生的刻薄之人，这是史家评商鞅的基调，后来许多人论商鞅都是这个基调。司马迁又说：“迹其欲干孝公以帝王术，挟持浮说，非其质矣。”说回想当初他游说秦孝公，他兜儿里装着不同的办法，有帝王之道，王道，还有霸道，这个不行拿那个。司马迁看得很准，说这不是商鞅为人的本质，商鞅是个标准的法家人物，但他要接近君主实现自己的主张，没有其他办法，只好像一般的策士那样做，这不能代表他的本质，也可以说商鞅终究不是个策士。我们曾经说过，战国策士有嘴脸，没面目；有办法，没主张；有智术，没德行。但商鞅不是这样的人，他有理想，且能把理想落到实处，是一个大实干家。他能代表先秦时期文化人、就是那时候的士所特有的一种实践精神。先秦各家在理想、理论及实践上都有不同的表现。像儒家讲究孝道，身体发肤受之父母，孝道的重要表现就是守身如玉，不伤害自己的身体。比如曾子，临死了，抬头纹都开了，还忽然间挣扎着对学生们说，把我的手打开，把我的脚打开，看看我受过刑吗？所谓受刑，像戴镣铐之类，手脚是要留下疤痕的。学生说没有，曾子满意了，说自己一辈子修身守身甚严，没有受任何刑罚，可以完整地见祖宗了，孝道不亏了。这就是儒家孝道的实践精神，是一直坚持到最后的。法家的实践精神，就是商鞅的实干造就了一个大体接近法家理想的社会政治现实。

李山脱口秀

商鞅有理想，且能把理想落到实处，是一个大实干家。他能代表先秦时期文化人、就是那时候的士所特有的一种实践精神。

司马迁接着又说：“且所因由嬖臣，及得用，刑公子虔，欺魏将卯，不师赵良之言，亦足发明商君之少恩矣。”司马迁说，你看看他进身，路数不正。另外，有了权力以后就收拾太子的老师，还欺负人家敌将。另外，赵良跟他讲道家的人生哲学，商鞅是大言不入于内耳，这都是他为人少恩的表现。到这里，司马迁还没有离开商君刻薄的意思，强调他做事的不顾德性，不注意积德。下面又说："余尝读商君《开塞》、《耕战》书，与其人行事相类。卒受恶名于秦，有以也夫！"他说我又读保存在《商君书》中的《开塞》、《耕战》等篇，发现他的为人与他的主张是一样的。所以这个人最终在秦国获得恶名，倒是理论与实践相统一的。这段文字说来说去，其实就两个字，一个是"刻薄"的"薄"，一个是"少恩"的"恩"，刻薄少恩，这是司马迁的看法，对商鞅是不喜欢的。

司马迁是西汉早期到中期的人，到汉代后期有一位刘向，是汉室宗亲，也是一位大学问家，生活在王莽等外戚抬头的时候。对汉室忠心耿耿的刘向，对商鞅有了另外的看法。他说："夫商君极身无二虑，尽公不顾私。"（《新序》）说商君事君从来没有第二个考虑，只是一门心思，所有的事都为国家想，从不考虑个人生死。他还说："使民内急耕织之业以富国，外重战伐之赏以劝戎士，法令必行。内不阿贵宠，外不偏疏远，是以令行而禁止，法出而奸息。"（《新序》）他赞美商鞅三点：第一，重视生产，政府首先发展耕织业，使国家富强；其次，对外战争重视赏罚，实行二十军功爵制，激发国民的战争热情；第三，做到法令必行，"内不阿贵宠，外不偏疏远，是以令行而禁止，法出而奸息"。对权贵不阿谀不奉承，所以能够令行禁止。刘向又引《尚书·洪范》篇的话说商鞅是"无偏无党"，评价商鞅做事无偏颇，不结党，他还以《诗经》里的句子"周道如砥，其直如矢"来形容商鞅的正派。诗句大意是西周的大道像箭杆一样直。商鞅在司马迁看来是不积德的，在刘向眼里则是正直不阿。不过刘向也有批评，他批评商鞅"内刻刀锯之刑，外深铁钺之诛"（《新序》），就是太重视

李山脱口秀

刻薄少恩，这是司马迁的看法，对商鞅是不喜欢的。

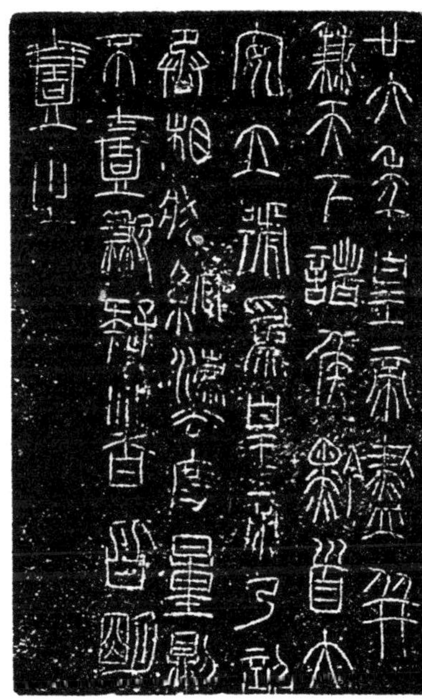

商鞅虽然死了，但变法仍在继续，这是秦始皇时期颁布的统一度量衡的诏文。

用刑法、用斧钺杀人了，这样的政治太残酷了。前面我们讲过，商鞅变法时，最多一天杀七百号人，就是刘向的爆料。刘向认为，如果商鞅为人再宽谨点，为人再讲究点德行，该多么好啊！所以，较之司马迁的评价，刘向对商鞅的评价是两分法，一方面说他的功绩，另一方面说他为人的局限。

纵观战国，无论是雄霸一方的一代雄主，还是出将入相的豪杰之士，可谓比比皆是，然而像商鞅这样受到后人两种极端评价的人还不多。无论是刻薄寡恩的说法，还是“极身无二虑，尽公不顾私”的评价，都代表了不同时代不同人的看法。对于这个两千多年前的历史人物，今人又该如何看待呢？

那么，今天应该怎么评价商鞅呢？商鞅这个人，我们前面讲过，是战国时期一种极典范的人格。他与吴起相同的一面，就是都坚信只要把国家权力维持好，天下就太平了、就变好了。所以他们都有一种强烈的权力理想主义色彩，强调用政治法条和刑罚，就可以使天下的罪恶、天下的不公平断绝。这个地方，我们说他是一个理想主义者。什么叫理想主义者？就是坚持“应当”之理，解决社会问题喜欢单从逻辑的推演入手。例如，商鞅之法中为什么“弃灰于道”就要受重刑呢？那是因为照法家的逻辑，小错大罚，就没有人敢以身试法了，就可以指望社会弊绝风清了。可是，社会生活是复杂的，逻辑上的事情，与现实之间往往是千差万别。重视法的法家人物不会想到的是，逻辑上虽然通畅了，可一旦将这样的逻辑放在纷纭复杂的社会中去实践时，取得的结果可能与主观推演完全相反。这在《史记》里面有表现。《史记》有一篇很著名的传记是《项羽本纪》。《项羽本纪》一开始写的是项羽的叔叔项梁。他是楚国贵族后裔，隐藏在民间处心积虑要造秦国的反。项梁有一次在秦的栎阳犯了点错，被政府抓了。项梁家的人要救他，就跑到现在安徽的一个县里找了一个什么关系，再由这个关系开始，把关系一步步疏通到栎阳，七缠八绕，关山重隔，小小人情一桩，居然把项梁给救出来了！事不大，却被目光如炬的王夫之看了个正着！王夫之在他的《读通鉴论》中就此事议论说，看到了吗，秦帝国貌似法律森严，以杀去杀， 以刑去刑，可是他们不知道一个社会的真谛：法条越重，地方官权力越大，猫儿腻也越多，社会的积怨也就越多！最后就是大家一起起来“诛暴秦”。用土话讲，王朝就像一只锅，用它炒豆大家吃，可是锅炸了，这只锅是你秦王朝的，炸锅的后果王朝来承担。大量的地方官操着国家的重法去营私舞弊，欺负人民，老百姓造反，造谁的反？造的是秦王朝的反。实际上王夫之就是在总结这个教训。商鞅这些人以为严刑峻法可以杜绝犯罪，可以保持政治公平，殊不知，法越重，犯罪现象越重，民众动辄得咎，官员弄法，犯罪现象更加严重。他们欺压百姓，结仇积怨最后都要算在王朝身上。所以，秦朝体制的问题，就出在用严刑峻法对待民众上。

现实社会生活的逻辑，要比思想家头脑里想出来的逻辑复杂得多。可以说，法家人物有强烈的书呆子气。不要以为只有儒生有书呆子气，法家像商鞅、吴起这样的人，同样难免书呆子气！而且，这种法家的“书呆子气”，还表现在他们的法家理论上。商鞅、吴起、慎到和申不害，都属于早期法家。不论是在早期法家著作《商君书》还是在《慎子》，都有一点这样的主张，那就是“尚公义”。什么意思？在早期法家的理想中，法律不仅约束小民，也要约束君主和权贵，这就是“尚公义”，其精神就是老话说的“王子犯法，与庶民同罪”。这是早期法家思想值得肯定的内涵，法律人人要遵行。商鞅之死，真实的原因不是变法杀了那么多小民，而是他得罪了太子的老师。人们初看觉得奇怪，司马迁怎么会觉得处置公子虔这样的人不好呢？那是破坏法度的人的代表啊！再细一想，

李山脱口秀

秦帝国貌似法律森严，以杀去杀，以刑去刑，可是他们不知道一个社会的真谛：法条越重，地方官权力越大，猫儿腻也越多，社会的积怨也就越多！老百姓造反，造的是秦王朝的反。

司马迁未必就不赞成，他其实是觉得这样做不智，你商鞅变法并无意也无力消除社会的特权阶层，既如此，还使劲得罪他们，结果还好的了吗？

早期法家讲究“尚公义”。检讨商鞅变法，哪部分成功了？毫无疑问是“下约民”的部分成了，“上约君”的部分呢？商鞅之死就是明证，这个理想在现实面前撞得粉碎。商鞅首先撞了南墙，头破血流，乃至“五马分尸”！商鞅之死昭示了法家理论中好的那部分的破产。法家收拾老百姓、镇压老百姓的那部分理论百分之一百二地被执行着。他们想收拾一下社会不公正的那一部分，结果只换来一句话——办不到！不仅办不到，还导致商鞅自己的悲惨灭亡。所以商鞅，从个人角度来讲，我们对他没有太多的恶感，他不是吴起，他个人没有那么多的瑕疵，但是他的法家理论有很大一部分是糟粕，而且，恰是这糟粕的一部分得到实施。这是我个人对商鞅的一点肤浅的理解。

李山脱口秀

商鞅之死昭示了法家理论中好的那部分的破产。法家收拾老百姓、镇压老百姓的那部分理论百分之一百二地被执行着。他们想收拾一下社会不公正的那一部分，结果只换来一句话——办不到！

总之，商鞅变法打造了一个强盛的秦国。而且，秦国在商鞅在世的时候，就已经像推土机似的往东拓展了，战国历史又出现了新的变化。那么未来的变化还有什么呢？请看下一讲：合纵连横。

第十一讲　合纵连横

战国中期，秦、齐、楚三国日渐强大，各国之间的博弈愈演愈烈。在这群雄并起、矛盾纷争日渐深剧之际，各国之间开始活跃起一群特殊人物，他们凭借自己的智慧和口才，游走于各国之间，陈述利弊、晓以利害，在国与国之间掀起了一场场惊天巨变。他们就是曾经风靡一时的战国纵横家，也叫策士。那么，我们究竟该如何评价这些战国策士的历史地位和作用呢？请看《战国七雄》之《合纵连横》。

商鞅变法之后，魏国一枝独秀的局面已经不复存在，取而代之的是秦、齐、楚群雄并起的局面，各诸侯国之间的关系变得更加复杂，国家之间，今天是朋友，明天可能就是敌人，敌与友之间唯一衡量的标准就是自己的利益。怎样和周围国家相处？怎样才能维护自己的利益？成了每一个诸侯国首先要考虑的问题。于是，在这一历史节点上，出现了一批特殊的人物，他们凭借着自己的三寸不烂之舌，游走于各国之间，陈述利弊、晓以利害，这其中最有名的就是苏秦、张仪。那么，除了苏、张二人，战国时期的著名策士还有哪些？他们对整个战国时期的国家关系和历史走向又产生了怎样的影响呢？

马陵之战的失败，使魏国霸业轰然倒地。此后，战国的历史进入到了中期阶段。中期阶段有什么特点呢？是群雄逐鹿。这时候已经不再是魏国一头独大，它已经不行了，天上不是一个太阳。西边秦国在大变法之后崛起了；东边的齐国经过马陵之战后势力也顶上了天；南面的楚国，在吴起变法后，经过楚宣王、威王的图治，势力达到了极盛状态。此时的历史大势，西边有强秦，南边有雄楚，东边有战功赫赫的齐国。还好，北边赵国、燕国，则是要发威还没发威。

这里有一个地理上的问题。你看，这些强国，都是从周边起来的。他们打仗没有后顾之忧，是得地利的。西秦、东齐和南楚，三强中间夹的就是三晋韩、赵、魏，还有一个中山国。战国历史进入中期，先就是这几个被夹在中间的国家，与东齐、西秦外加南楚之间的纠缠。首先，这是一种多头并存的胶着状态，形势错综复杂。其次，七雄大体维持着一种短暂的平衡。中间的几个国家相对弱小，他们清楚地意识到，要生存，必须联合，并且最好是联合齐、楚，以防御威胁最大的秦。但是，各国都有各自利益的盘算，联合起来也是貌合神离。因此，短暂的平衡就是一种吹一口气即可以打破的恐怖平衡。也就是在这样的历史大势下，战国中期偏早的时候，出现了一种新现象：合纵连横。

什么叫作“合纵连横”？这得从“纵”、“横”说起。中国人一般说东西为横，南北为纵。前面说过，秦国在西，齐国居东，燕国居北方，楚国处南方，中原则是赵、魏、韩三国加中山等。如果秦国和任何一个东方国家联合起来打击其他国家，这就叫连横，就是东西勾连；如果韩、赵、魏加中山东连齐国抗击西秦，这也叫连横。如果韩、赵、魏三晋之国凝聚起来联合对付西边的秦国或者东边的齐国，这就叫合纵，就是南北合作。不论是西秦还是东齐，都不愿意看到三晋等几个国家合纵，所以，他们都会想办法拆台。拆台的办法，一般多是从三晋中挑一个拉拢，诱以势力。所以，有合纵，就有连横，如同一对夫妻怨偶，不合，还不能离。《韩非子·五蠹》对合纵连横有一个很好的概括：“从（纵）者，合众弱以攻一强；而衡（横）者，事一强以攻众弱也。”不过，合纵连横是先从合纵起的，具体说就是三晋的韩、赵、魏联合宋、中山等国对付秦国。

李山脱口秀

战国的历史进入到了中期阶段，是群雄逐鹿。西边有强秦，南边有雄楚，东边有战功赫赫的齐国。还好，北边赵国、燕国，则是要发威还没发威。

有合纵，就有连横，如同一对夫妻怨偶，不合，还不能离。

那么，搞合纵连横的都有谁呢？这个队伍还挺庞大的。这一时期出现了大大小小一群搞外交、搞纵横之术的人，后世称这群人为纵横家。战国时期是学术的高峰期，有所谓“百家争鸣”之说，其中有一家就是纵横家。他们又被称作策士或术士，这批人当中最著名的就是苏秦、张仪。但合纵连横并不是从他们俩开始的，特别是苏秦，活动的年代更晚一些。较早提倡合纵的人，应当是惠施和公孙衍。我们先从最早的惠施说起。

湖北荆门包山战国楚墓出土的漆画《出行图》

惠施是谁？有句老话叫“才高八斗，学富五车”，说了两个才子，上一句“才高八斗”指的是曹植。南朝谢灵运说天下之才如果有十斗，那么曹植就占了八斗，另外那两斗大家分；下一句“学富五车”，就是我们要谈的这个惠施。他又叫惠子，是个哲学家和学者。惠施开始搞合纵的时候，就有人问过他：你不在家好好做学问，出来搞什么合纵？惠施回答，现在不合纵，无以救百姓。他还打了个比喻，说有个人要打你儿子的头，但可以用打石头来代替，当然得让他打石头，而不是打自己儿子的头啦！言外之意是我作为一个学者，甘愿下海搞政治，为的是换取更多人的平安，这就等于是拿石头换儿子的头。不做学问搞合纵，在惠施看来，是要有所牺牲而换取平安。

说起惠施，不能不提到另外一位大哲学家，与惠施同时，两人既是好友，又是论敌，这个人就是庄子。他们两人交往的故事《庄子》中许多，其中最有名的是《庄子·秋水》中惠施与庄子一起在濠梁观鱼的故事。庄子和惠施一起站在濠水的桥上观看水里的鱼，看到鱼儿游，庄子就冒出一句："儵鱼出游从容，是鱼之乐也。"你看水里的鱼多么欢乐啊！惠施是个哲学家，马上意识到庄子这样说有缺陷，就反问："子非鱼，安知鱼之乐？"你不是鱼，怎么知道鱼乐不乐呢？我们同为人类，可以同类相感，你高兴我能看出来，可是鱼高兴不高兴，人怎么看出来呢？惠施确实抓住了庄子说话的漏洞，奈何庄子头脑更快，马上机敏地狡辩："子非我，安知我不知鱼之乐？"你又不是我，你怎么知道我不知道鱼之乐呢？这是第一个关于惠施和庄子的故事。

惠施还有一则故事，既与庄子、也与他的合纵之术有关，也记载在《庄子·秋水》中。前面讲惠施为了用石头代替人头，就到魏国从政，被委以重任，很快做了相。不久，庄子想找老朋友聊天，也从宋国来到魏国。据说惠施因为这事很紧张，派手下人在魏国搜了整整三天三夜，想把庄子搜出来，可能是怕庄子在魏国搞阴谋，夺自己的权吧。结果还没找到庄子，庄子就神出鬼没地出现在他眼前了。惠施疑惑，说我派人找了你三天找不着，你怎么就能跑到我跟前呢？庄子说，这你不要管，我先给你讲一件事情。他说："南方有鸟，其名为鹓鸰，子知之乎？夫鹓鸰，发于南海而飞于北海，非梧桐不止，非练实不食，非醴泉不饮。于是鸱得腐鼠，鹓鸰过之，仰而视之曰：'吓！'今子欲以子之梁国而吓我邪？"说南方的凤凰从南海飞到北海，一路上，非梧桐树不栖，非竹了结的果不吃，非甜美的泉水不喝。可笑的是，一只猫头鹰好不容易弄到一只要腐烂的死老鼠，抬头一看凤凰从天上飞过，以为要

庄　子

来夺他的老鼠，抱着老鼠朝天上发出“吓”的叫声。老朋友，惠施先生，今天你得了个相位，是不是也想像那只抱着腐鼠的猫头鹰似的“吓”我呀！这也是关于惠施的掌故。

看这些故事，其实都是老朋友之间开玩笑。庄子是纯粹的高蹈派，任你列国打得死去活来，全不干我的事。惠子跟庄子相比，是有救世之心的。合纵即自惠子始，是由他提出来的。为什么？因为他为魏国服务。

惠子本是宋国人，与庄子是老乡。那他为什么到了魏国呢？这事要从马陵之战说起。马陵之战魏国大败于齐国，国力由盛转衰，梁惠王心有不甘，广请贤人，就把惠子请来了。惠王对惠子说：你看，马陵之战我儿子死了，我的国力削弱了不少，齐国是我的死敌，我总想把国内的军力组织起来，跟齐国决一雌雄！惠子说，您这是逞匹夫之勇！这样做划不来，这样想问题更不可取，我给您出个主意，“王若欲报齐乎，则不如因变服折节而朝齐，楚王必怒矣。王游人而合其斗，则楚必伐齐。以休楚而伐疲齐，则必为楚禽矣。是王以楚毁齐也”（《战国策·魏策二》）。什么意思呢？说惠王您要是想报仇，干脆转换一下态度与齐交好，让他称王，这样一来，齐国一定会得罪楚国，楚王受不得挑衅，一定会伐齐国。您想想，楚国这么多年蹲在南方没动过，它是吃饱喝足了的；可是齐国就不一样了，它刚跟咱们打完马陵之战，国力消耗严重呀！齐、楚真要是打起来的话，谁胜谁败呢？很明显是楚国该赢啊！这样我们不就利用楚国为自己报仇了吗？惠子出此计策，是想既算计魏国的死敌齐国，也捎上当时楚威王治下的楚国。惠施知道，楚威王这个人，爱名声，没有那么多算计，所以就给楚威王下圈套，想利用他把齐国撂倒。这里就是惠子计策的要点了，这就是纵横家的治术，就是要利用各国间一触即破的恐怖平衡来借力打力。

> **李山脱口秀**
>
> 纵横家的治术，就是要利用各国间一触即破的恐怖平衡来借力打力。

梁惠王采纳了惠子的计策，在徐州搞了一次两国的盟会。徐州也可以读成舒州，在今天山东省微山湖附近。会上魏国给齐国送上了王的徽号，齐国很高兴地就把这个空头王号接受了。果然，楚国知道此事，吃醋，动了大蒜劲儿，就发兵攻打齐国。齐、楚两国军队在徐州一带打了一仗，结果齐国惨败。这是我们看到的早期的合纵，魏国南联楚国搞南北合作，以报齐国之仇。但这一次的合纵，是就其客观情况说的，楚国没有想与魏国合作，不过是入了魏国的圈套而已。惠施也的确是巧妙地运用了列国之间微妙的关系和心理，从此，合纵连横运动就起来了。

作为一名策士，仅仅凭借一席话，惠施就挑起了楚、齐两国之间的战争，而令处在危机边缘的魏国出了口恶气。由此可见，在战国时期，一个谋略得当的策士对于国家的重要意义。那么，除此之外，还出现了哪些不同凡响的策士？他们又有哪些流传至今的故事呢？

惠施之后，活跃在魏国政坛的合纵派人物是公孙衍，《战国策》中又叫他犀首。犀首就是犀牛的脑袋。犀牛脑袋上长了两只角，是一上一下长着的。这里的犀首是官职称谓，有学者认为可能相当于后来的虎牙将军。总之，公孙衍就伴着“犀首”这一称呼横空出世了。同时他还有个很出名的对手，那就是张仪。在早期的合纵派和连横派里，数他们两个最出名了。

孟子与这两位纵横家生活在同一时期。孟子有一个学生叫景春，一次师生谈话，说到了这两位纵横家，景春问孟子：“公孙衍、张仪，岂不诚大丈夫哉！一怒而诸侯惧，安居而天下息。”（《孟子·滕文公下》）说老师您看，公孙衍、张仪岂不是大丈夫吗？他们一怒诸侯就恐惧，他们安生了，天下也就太平、安宁了！孟子的回答很不客气：他们俩算哪门子大丈夫！他俩的行径是“妾妇之道也”。说这俩人专门伺候有权的，有权的人怎么想，他们就怎么做，这就跟要嫁人做大小婆子的女人是一样的，要听婆婆的、听丈夫的，要以顺为正。公孙衍和张仪专门为权贵服务，就是以“妾妇之道”事人。孟子这样骂对不对我们先不管，景春的话，倒是很能说明这两个人在当时的影响确实很大，他俩一跺脚，天下就乱颤。这就是公孙衍和张仪，在属于他们的时代里，俩人一个忙着合纵，一个忙着连横，共同干起了合纵连横的大事。

司马迁《史记》写到这些纵横家，写成了苏秦和张仪斗法，其实，合纵连横是公孙衍和张仪较劲，我们就来看看他们俩之间的较量吧。

公孙衍是魏国人，他在秦惠王五年的时候来到秦国，做了秦国的大良造。大良造是个品级不低的官职，公孙衍帮着秦国向东扩张，收拾母邦魏国，打自己的祖国打得很猛，帮着秦国得了不少地盘。干了几年以后，不想张仪来到了秦国，三说两说就搞定了秦惠王。说起来，君主喜爱谁这件事，多数时候都是非理性的。在公孙衍眼里，张仪怎么看都贼头贼脑的，可在秦惠王看，就是喜欢，他跟张仪很投脾气。总而言之，同为魏国人的张仪，虽然后来，却如积薪，后来居上，来秦不久，就把公孙衍的位子给撬了。

被撬了位子的公孙衍不甘心，一赌气就回到了魏国，态度一转就跟张仪杠上了。你张仪讲连横，我就合纵；反过来说也可以，如果张仪在这儿合纵，他一定要连横。请注意，这就是策士。策士的功名心很重，想问题都是从自己的功名心一点上来。既可以是个连横派，也可以是个合纵派，合纵还是连横，那就要看哪个对自己的功名更有利了。所以，他们的口袋里从来都不只留着一张牌，这是他们的特点。孟子骂他们是妾妇，司马迁说他们是专门败坏人家国家的“倾危”之士。后来的人，包括史学家、老百姓，都不喜欢这些人，与他们太功利有很大关系。

> **李山脱口秀**
>
> 策士的功名心很重，想问题都是从自己的功名心一点上来。既可以是个连横派，也可以是个合纵派，合纵还是连横，那就要看哪个对自己的功名更有利了。

公孙衍回到魏国后大搞“五国相王”，秦国方面就开始了连横。这是张仪的计策，而且，张仪还给秦惠王出主意说：您现在就向天下宣布，免了我的相位，咱们来一个苦肉计，然后我到魏国去。什么意思？公孙衍不是已经回了魏国吗？我也去！我去替您说动魏国，跟秦国联合！《史记》讲到这里，说张仪这是要给天下诸侯做个榜样，让诸侯都效法魏国侍奉秦国。这样“五国相王”不就泡汤了吗？可公孙衍也不是个吃素的，你张仪把我在秦国的位子撬了，我都跑回魏国来了，你居然还敢跟过来！公孙衍就想办法要把这个张仪给剋出去。

他决定找韩国。公孙衍派人跟韩国当政者韩公叔说：张仪来魏国就是要秦、魏联合，秦、魏联合干什么？就是打你韩国，夺你韩国的地盘！而且说，依这种情形看，秦、魏要是联合起来打你，你韩国肯定打不过！韩公叔一听，对呀，可怎么办呢？公孙衍就说：魏国的君主说了，他之所以看重张仪，就是想得点土地，打你不就是为了得你韩国一点土地和人民吗？那你们韩国现在干脆献出一块小点的地方来，不就得了吗？不过，这块土地，不能给秦国，得给魏国。这样，魏国得了便宜，就不会再和秦国合作打仗了。韩公叔一听，好吧，那就给点地吧，要是打败了再给人家土地，不是鸡飞蛋打吗？趁现在鸡飞、蛋打两者还可选择，我们就选一样吧！韩国果然就献了一块土地给魏国，魏国也果然放弃了与秦国的联盟。张仪一看，没办法，只能打道回府了，公孙衍也就如愿做了魏国的相。这次公孙衍与张仪之间的较力，以前者的胜利告终。

那么，“五国相王”又是怎么回事呢？

说起来这个“五国相王”也跟张仪有关系。话说张仪到了秦国以后，就撺掇着秦国君主称王，于是秦惠公就不叫惠公了，改叫惠王，就是秦惠文王。商鞅变法以后秦国变成一个强国，现在秦国君主又称了王，称王的意思就是要统治天下诸侯，东方其他几位诸侯当然就非常警觉，也非常紧张，毛都奓起来了！这样，公孙衍就有了机会，开始策动五个东方国家联合行动，一起称王。你秦国都张牙舞爪地称王了，我们手里难道就托着豆腐吗？我们也可以称王，而且约好了一起称，互相承认，还不像你秦国那样，称王是自封的！这些约好了要一起称王的国家有韩、赵、魏、燕，还加一个中山国，这就是公孙衍发起的所谓“五国相王”。公孙衍给各国抛出的馅儿饼，是五国之间一旦互相称王，就可以共抗西秦。这点很有诱惑力。

秦国强大起来并自称王天下，立即引起各诸侯国的强烈反应。面对强大的秦、齐、楚三国的势力扩张，实力相对较弱的魏、韩、赵、燕、中山五国联合起来相互称王，形成了初步的政治联盟，这就是历史上的“五国相王”事件。然而，弱国之间的这次联盟却一波三折，强国与弱国之间的博弈再次成为策士们关注的焦点。那么，“五国相王”究竟出了什么问题？策士们在这次事件中又起了什么作用呢？

事实上，“五国相王”进行得并不那么顺利，中间出了点事。什么事呢？这五个要联盟的国家中有一个另类，就是中山国。说它另类，是因为这个国家实在太小了。人家韩、赵、魏好歹是三晋之国，领土广大；燕国也占着北方一大片地方。可一个小小的中山国，土地那么大一点，凭什么称王呢？史书上讲，“犀首立五王，而中山后持”（**《战国策·中山策》**），这个“持”字是后称王的意思。这倒不是中山国不想早点称王，而是韩、赵、魏等国在犹豫，觉得你这样的小国家，怎能和我们平起平坐呢！四国老是觉得不得劲儿，一直犹豫。一犹豫，“五国相王”的消息就让齐国知道了。

齐国知道后当然不高兴了。齐国假惺惺地提出来，说你们几个国家称王，我齐国没意见，可那个屁大点儿的中山国也要称王，我齐国就不能苟同了，它有什么资格称王！实际上，这时候齐国的如意算盘是要联合赵国，把中山国灭了，两家分肥。可如果五国一起称王，结成了同盟，齐国就没法下手了，所以它不同意中山国称王。它很想把中山国从联盟里扒拉出来，这跟非洲大草原上的狮子、豹子的计谋是一样的，面对一大群野牛，要把其中的一只孤立出来，才好下爪子。这样的心术决定了齐国当时酸不溜丢的态度。

这样一来，中山国就需要想办法了。《战国策》记载，中山国这时找了一个叫张登的策士，这个人好使“微计”，就是微妙的计策。中山国国君找到张登，说：你看现在这个情形，我们想称王，齐国不干，这几个国家也犹豫，怎么办呢？张登说：你多给我钱，多给我车马，我去办！要了钱和车马以后，张登就来到齐国，找到了田婴。

田婴这个人不是太出名，但是他儿子很出名，大家都知道，是孟尝君田文。现在，田婴正在齐国主政。张登就跟田婴说：我听说你们齐国的国君不想让中山国称王，而且你们还想跟赵国甚至魏国一块儿伐它？窃以为这样做是失算的。中山国本来跟赵国、魏国接壤，赵国跟魏国都盯着这块肥肉，现在只因为有一个强秦在，没办法，他们必须联合起来。你齐国要是不让中山称王，就等于得罪了中山国，结果可想而知。中山只能投靠赵国和魏国，铁了心地跟赵国、魏国好。这样的话，你齐国又能得着什么呢！相反，现在要是让它称王，它一定会感激你齐国，跟赵、魏的心思也就不会那样密切了。这样，齐国不就容易占便宜了吗？田婴听了这话，觉得有理，就答应了“五国相王”，也就是同意中山国也可以合着伙称王了。

田婴答应后，张登就回中山国了。这时，齐国也有一个谋士叫张丑的，他听到消息后找到田婴说：田大人，你不能答应他！张登这个人非常狡猾，他最善于出微妙之计了。“同欲者相憎，同忧者相亲。”（《战国策·中山策》）就是说有共同欲望、共同目标的人，心理上容易产生距离，容易互相憎恶；但是假如他们有同一个恐惧的对象，那么就容易团结起来。现在五国相王，我齐国一向被称为“负海之国”的大国，却没有参与这件事。说起来呢，五国是

李山脱口秀

齐国的如意算盘是要联合赵国，把中山国灭了，两家分肥。可如果五国一起称王，结成了同盟，齐国就没法下手了，它很想把中山国从联盟里扒拉出来，这跟非洲大草原上的狮子、豹子的计谋是一样的，面对一大群野牛，要把其中的一只孤立出来，才好下爪子。

因为怕秦，也怕我们，所以要互相称王。可现在好了，现在答应了中山国称王，本来是想把中山国拉过来，可是“五国相王”本身就是怕你齐国，就是要西边抗秦、东边抗齐的，你现在拉中山过来，那其他四个国家就都恨你了。得了一个小小的中山，却把那三晋、燕几个大国得罪了，这不是失计吗？张丑这样说，也很有道理，可田婴却没有听他的。这个时候齐国刚刚打完马陵之战，正蒸蒸日上着呢，掌国政的田婴对“五国相王”没有太在意。

可是张登的计策还没使完呢！他一回国，马上利用他刚从齐国回来的这点特殊，给韩、赵、魏送信说，齐国要从黄河东面来伐你们！三国一开始还说，你张登没事儿起波澜，齐国怎么要伐我们呢？张登就说：你们看现在这个情形，齐国正在拉拢买通中山国，答应它称王，是说好了要利用它独特的地理位置伐三晋！我刚从齐国来，我知道这里的详情。说到这里，需要简单地介绍一下中山国的位置。中山国就在今天河北石家庄以北到定州、保定这一带，北边跟燕国相交，东边临着黄河，所以张登说，齐国是要跨过黄河，以中山为依托伐三晋。

韩、赵、魏等几个国家听到张登带来的消息，一合计，他齐国能拉拢中山，我们就不能拉吗？于是也赶紧让中山称王了。这就是前面我们说的“中山后持”。韩、赵、魏本来觉得中山这样一个小国家跟着瞎掺和没意思，现在一听说齐国正在拉拢它，发现还是让这位小兄弟赶紧入伙更安全。于是在策士的努力下，小小的中山国也俨然成了王。这就是策士，他们的一些计策后人还不能够不认真研究。他们成功的手段就是利用列国关系的复杂性，顺着列国心理，从利害关系的角度打动人心。战国时国与国之间都是利害关系，所以策士在这一方面发挥得淋漓尽致，绝不亚于《三国志》里面的那些人。不过，他们的局限也在于只知道智术，却没有更大格局。不过，这次策士智术奏效了，“五国相王”取得初步成功。

李山脱口秀

这就是策士，他们成功的手段就是利用列国关系的复杂性，顺着列国心理，从利害关系的角度打动人心。战国时国与国之间都是利害关系，所以策士在这一方面发挥得淋漓尽致。

“五国相王”虽然在弱国间暂时建立了初步的联盟，但这件事立即引起其他强国的反感和警惕，也成了他们的眼中钉、肉中刺，几大列强显然不愿意失去已经获得的优势地位，于是，一连串针对五国联盟的行动开始了。那么，这场发生在战国中期的弱国联盟最终的结局会是怎样呢？

“五国相王”了，可有一个人不高兴，那就是楚王。楚王想，你们中原五国搞联合，也不通知我一声，也不叫着我们。他吃醋了！醋劲儿大发之下，楚王就出兵去伐魏。结果，楚国这一打，一下子割走了魏国八个城池！不是“五国相王”、联合了吗？怎么魏国挨打，挨得这样痛？由此可以看出，所谓“五国相王”，其实还真没什么实用价值，不过是胆小鬼搭伙夜行，互相壮胆而已！当时，秦惠王就针对“五国相王”说过一句精彩话：“犹连鸡之不能俱止于栖之明矣！”（《战国策·秦策一》）什么叫连鸡？就是把几只鸡的爪子拴在一起——古代的鸡栖在树上。秦惠王的意思是说，把几只连着爪子的鸡一块儿往树上赶，肯定上不去。这就叫“连鸡之不能俱止于栖”，一句话就给五国联盟定性了；而且，这话也同样适用于此后数次的盟军抗秦行动。

说到秦惠王，实际上，吃“五国相王”醋的还有他！而且，秦国对东方六国的醋劲儿最大、最狠，好像是在老醋坛子里泡过的，它老想着哪天灭了它们！眼下醋劲儿大发，秦国怎么办的呢？它相继出了两招，首先是在“五国相王”的同一年（前323年），在啮桑（今江苏沛县西南）与齐、楚相会，做出三个强国联合的姿态，以此与“五国相王”相对抗。第二年，又表面免除了张仪的相位，派他到魏国来任相。这时候，公孙衍站出来反对，惠施也站出来反对，张仪没能得逞。秦国一看来文的不行，还是来武的吧！它攻打魏国，魏国因此又丢了一些地方。

李山脱口秀

所谓“五国相王”，其实还真没什么实用价值，不过是胆小鬼搭伙夜行，互相壮胆而已！

这下又引发了公孙衍的反弹，他马上策动了“五国攻秦”。

五国攻秦发生在公元前318年。面对强大的秦国，头一次，五个国家联合起来一致行动，看上去声势浩大。但是，秦惠王早就说过“连鸡之不能俱止于栖”，这话让他说着了，事实证明五国果然不过是一群“连鸡”，合起来，也不过攒鸡毛凑胆（掸）子。仗还没打呢，魏国就站出来了，想通过楚国跟秦国讲和，是典型的“军合力不齐”，出工不出力，而且藏着私心眼儿！说起来，“五国相王”不是魏国发起的吗？可是，仗还没打，魏国先软了！

真正打仗出力的是谁呢？文献记载的不是很详细，人们猜测真正跟秦国打，并且打到函谷关的应该是韩国，可能还加上赵国，这两国特别是赵，好像还没怎么吃过秦国的亏，就有点犯傻。五对一的战争，本来应该很占优势，可就是人马杂沓，不齐心，结果的糟糕就是必然的了。

公元前318年，五国攻秦打到了函谷关。五国的来势，一开始还像个滔天大浪，可是真到了函谷关，那个大浪的劲头，已经跟拍在沙滩上的水波差不多了！秦国人一看，原来你们就这两下子！于是在次年，也就是公元前317年，就发兵反打过来了，不但出了函谷关，而且追着五国联合军向东跑了老远，一直把战火烧到了修鱼（今河南原阳），在这里，韩国军队一下子就被干掉了好几万。秦国仍不肯罢手，继续追击，又长驱直入到岸门（今河南许昌市北）。联军被追打得落花流水，鸡毛乱飞！五国攻秦就这样丢人地收了场。同时，东边的那个对“五国相王”心怀不满的齐国，也趁机从背后下手，袭击魏国。

第一次五国合纵，就这样不名誉地草草收摊子了。随着军事上的溃散，五国联盟不了了之。秦国方面，经过了五国的一番招惹，雄性大发，要对东方有大动作了。秦先瞄准了一个国家，就是楚，这就引出了“张仪诳楚”的故事。请看下一讲：张仪欺楚。

第十二讲　张仪欺楚

强大的秦国为了挫败东方各国的联合，先从楚国下了手。在对付楚国的过程中，大策士张仪起了很大的作用。巧言如簧的张仪为了解除楚国与东方诸国联合的危险，对楚用了欺骗的手段，将楚国玩弄于股掌之间。那么张仪又是怎样做的呢？请看《战国七雄》之《张仪欺楚》。

对当时的秦国而言，最担心的莫过于实力强大的齐楚两国联合起来，一致对秦。如果出现这种局面，再加上其他国家趁火打劫，刚刚强盛起来的秦国极有可能遭遇灭顶之灾。于是秦国派张仪来到楚国。张仪接连使出了一连串的计谋，不仅使齐楚已经建立起来的联盟瓦解，而且还屡屡从危境中脱身。那么，张仪究竟是一个什么样的人？我们该如何评价这个赫赫有名的历史人物呢？

张仪这个人，《史记》在给他立传的时候，先写了一段故事作为引子。说张仪学完游说之术后，小试锋芒，就和楚国的相打交道。有一次与楚相一起饮酒，楚相丢了一块美玉，大家就把矛头指向张仪，说肯定是那个姓张的家伙偷了。你看他那个穷相，肯定偷了我们的东西！把张仪抓起来就打。张仪被“掠笞数百，不服”，被打得遍体鳞伤，就是不承认。请注意，司马迁这样写，是要突出人物的性格特点。什么特点？俩字：嘴硬！这就是张仪。

结果，被打得七荤八素的张仪回了家。到了家，老婆一看他浑身上下没个好地方，就说，你要是不去学什么游说之术，至于有今天吗？老婆这样说，有潜台词，张仪学游说应该是顶着老婆的压力干的，所以，现在老婆有话说了。张仪却仍是不在意，对老婆说：看问题要全面，别光看我身上没好地方，你得看我另一样东西还在不在？他指了指嘴，对老婆说，你看看，你丈夫我的舌头还在吗？老婆说，还在呀！张仪问，舌头坏了吗？回答：没坏。行了！张仪说，有这个舌头在，而且好好的，就齐了！

这就是司马迁写人的笔法，长于漫画手法，把一个人的灵魂勾勒出来。这样写，也表示司马迁对张仪这个人不喜欢，说他是“倾危”之士。不过，对张仪，还不能完全顺着司马迁的这个漫画提供的线索看。且不说他在秦国统一中是起了作用的，就说他的游说，还是有一个基本立场的，不是一味的朝秦暮楚，他一直与秦惠王关系不错，说得上是属于吃谁向谁、恨谁偷谁的一个人。若司马迁写的那个挨鞭笞的故事是真的，倒也给后来张仪诳楚提前做了铺垫。为什么他对楚国那么恨，老是欺负楚国，或许就与他年轻时在楚相那里无端挨过一顿揍有关。俗话说，宁得罪君子，别得罪小人，楚国是得罪小人了。

实际上，张仪作为一个策士，他能够在统一战争中起作用，起决定因素的还真不是他俩牙之间的那条舌头。张仪的舌头能起作用，根本上有赖于整个秦国发展的态势。

李山脱口秀

且不说张仪在秦国统一中是起了作用的，就说他的游说，还是有一个基本立场的，不是一味的朝秦暮楚，他一直与秦惠王关系不错，说得上是属于吃谁向谁、恨谁偷谁的一个人。

秦国向东进展，结果就弄出了一个“五国相王”，五国伐秦。再硬往东打还会出事儿；东方各国再弱，秦国直接打，都会出问题。天佑秦国，历史给了秦国另外一个机会，让秦国唾手而得了一个战略要地。有的时候，一个时代的兴起，一个国家的强盛，有着某种天意，有老天帮忙的因素。

那么，张仪在欺楚之前，老天到底帮了秦国一个什么忙，使秦国轻而易举地拿下了一个战略要地？就是四川这一带的地方政权乱了。

四川简称蜀，源于古代的称谓。遥远的古代，有一个王叫开明，建立古蜀。开明之前是传说的蚕丛、鱼凫和杜宇，开明王传了十几代就到了战国时期，所以四川成都平原一带有个蜀国。同时在今天的川东重庆一带，还有一个巴国，是春秋巴子之国的后裔。开明一系的蜀王，有一个弟弟，也不知道是哪一代蜀王了，封到今天的汉中，建立了一个叫作苴的国家。这个苴国发展来发展去，到了战国，与蜀国的关系渐行渐远，与巴国的关系反倒越来越密切，这就引起了蜀国的不满，蜀和苴打起来了。两方面的国家都同时向秦国报了信，希望能争取秦国站到自己这一方。这就给了秦国一个大好的机会，要不要四川？这时是秦惠王在台上，围绕着这个问题，秦惠王手下的大臣出现了两派意见：一派以张仪为代表。张仪持什么态度？反对管蜀、苴两国的事。在张仪，这样的态度也许是出于对西南重要性认识不足，也许是别有心思。张仪毕竟是当时的连横派，秦国往西南发展，就找不到“连横”的感觉，他搞连横，往东“连”，他有法子；往西南，怎么“连”呢？所以他反对。他还是觉得往东发展好，说我们现在应该趁着修鱼之战大胜五国的余威，迅速下三川，进宜阳，奔东周，把东周王室周围的边塞全都堵起来，迫使苟延残喘的周王把所有周家的宝器献出来。这样一来，我秦国的威风大长，让诸侯更加害怕我们！往西南发展有什么意思呢？

李山脱口秀

有的时候，一个时代的兴起，一个国家的强盛，有着某种天意，有老天帮忙的因素。

四川成都金沙出土的青铜立人像

另一派的代表人物这时就站出来反对张仪的说法，这个人叫司马错，按《史记》说法，此人是司马迁的远祖，司马迁也很以这位主张伐蜀的祖先为荣。司马错的态度怎样？他说：“臣闻之，欲富国者，务广其地；欲强兵者，务富其民；欲王者，务博其德。三资者备，而王随之矣。”（《战国策·秦策一》）先说了几条基本原理：要想让国家富起来，地盘得大；要想让兵强起来，民众得富；要想称王，就得注意增广自己的德行，让天下人觉得你不错。然后，司马错就开始说自己伐蜀的理由了。他说现在蜀国一带有桀纣之乱，蜀与苴内部乱了，相互打得不可开交。这个时候，秦国去收拾他们，占有蜀地，一可以得利，二这是抑乱行为，可以获得好名声。现在趁乱把四川拿下来，地归你了，另外把这个地方的乱象灭掉了，这是修德的表现。当然这个“德”是站在秦国立场说的，把人政权都拿走了，哪儿还有“德”？司马错这么说，是为了秦王爱听。接着他又说，反过来，我们不管它，乱到一定程度，它要出新的政权，蜀国就永远到不了秦国手里。去打周王，这有前车之鉴啊。前面我秦国刚称了王，引起“五国相王”，五国攻秦，东方诸侯合起伙来要打你。现在居然还想动手灭周王室，虽然周王是聋子的耳朵——摆设，可周天子、周王室毕竟几百年是天下的共主，它的存在，标志着一个时代尚未结束，一种由来已久的列国关系还在延续，一种平衡还在。现在，你把王室结束了以后，就意味着天下要出新王，大家当然不干了。到那个时候，恐怕就不只是“五国攻秦”了，天下的诸侯都要跟你死磕了！那样，我们未必就稳操胜券。最后的结果很可能是没逮到狐狸，却弄了一身的臊味！

司马错这样一说，秦惠王就明白了。这位秦王，虽然杀了商鞅，可他并不笨，他在秦国强盛的历史上地位很重要。他派司马错，还有张仪和另外一个都尉，一起率兵去平定四川的政权。

这又引出来历史上的张若治蜀。四川这个地方不好治，历史上治好四川的都是名臣，像著名的文翁治蜀等等。秦国得了巴蜀之地后，任命张若为地方官，秦国还从中原移民一万多人到这里。张若治蜀期间，采盐、采金、炼铁等各业发展，特别是丝织业，出产的锦，用锦江水濯洗，颜色鲜艳。此外张若还在这里修建城池，操练军队等。

李山脱口秀

这个“德”是站在秦国立场说的，把人政权都拿走了，哪儿还有“德”？

秦国的得蜀，的确是一个战略上的胜利。何以这样说呢？所谓天时地利，占了四川，对统一天下而言，是占了地利。历史上，大凡在陕西一带建都，四川之地就尤其重要。例如在唐代，一个人到四川去做地方最高长官了，大家会很自然地猜想，这人不久就要入阁拜相了。所以四川这个地方，又称“宰相回翔之地”。你要在陕西建都，有了四川，你就有了稳固的后院，为什么？虽然整个秦川渭水流域很肥沃富饶，但是国家的根基所在，单靠这里的经济，还是有所不足，很需要“巴蜀之饶”的补助。从战略上看，晋朝人写的《华阳国志》，记载司马错论伐蜀，有几句话不见《战国策》，但很重要，说：如果控制四川，那就控制了楚国，控制了楚国就等于控制了天下。这话很对。从长江上游四川盆地出来就是楚国，高屋建瓴，拿下四川，就方便拿楚，拿了楚，拿天下就容易。这几句话，不知道是不是司马错说的。不论是当时说的，还是后人加上去的，这几句话，都十分符合兼并战争的地理战略。司马错出了个好主意，结果秦国就占有了四川，于是秦国就可以站在一个高地上窥视楚国了。之后，就有了张仪欺楚的事情发生。

商鞅变法之后，秦国已经渐渐强大起来，然而这个变化却令其他诸侯深感不安，各大诸侯尤其是齐、楚两国开始频频接触，为了打压秦国而酝酿的齐楚联盟已经初露端倪。那么，为了应对这个极其不利的局面，秦国又会想出什么办法来呢？

李山脱口秀

如果控制四川，那就控制了楚国，控制了楚国就等于控制了天下。这话很对，十分符合兼并战争的地理战略。

秦国派张仪去游说楚国，办法跟对付魏国一样，也是宣布，我们不要张仪了！秦国假意轰张仪，于是他就来到了楚国。张仪在魏国遇到的，是公孙衍和惠施两个明白人。他在楚国，遇到的是什么人呢？是楚怀王。楚国也不是没有明白人，可明白人在这里不管用。记载说，张仪与楚怀王交好，楚怀王就把相印给了张仪。后来张仪就说，我可以促成一个交易，就是楚国与秦国交好——这时候张仪的狐狸尾巴已经露出来了——那么，我可以让秦国回报，让秦人把商於之地六百里给楚国。商於之地，就是今天陕西与河南可能还包括湖北西北界一带，是战略要地。楚怀王一听，高兴得不得了，天上掉这么大的馅儿饼，还是肉馅儿的，两面还抹着油！他欢喜得不得了。

张仪把馅儿饼拿给楚怀王看了之后，就提出了一个条件：楚国必须跟齐国断交！前面说过，秦国最怕的是齐和楚联合。这也难怪，齐和楚联起来，再把五国联起来，秦国就又麻烦了。所以秦国要收拾楚，必须要搞掉它与齐国的关系。这就是张仪六百里地大馅儿饼背后的盘算。但是六百里的土地对楚怀王诱惑太大了！孟子说过，战国时期所有诸侯国的大欲，就是土地和人民，对这两样的欲望太强烈了。结果楚怀王一面派使者跟张仪去秦，一面就派人送信跟齐国断交。可是去秦的使者到了秦以后，张仪就狗吃麸子——不见面了，好像人间没了这个人。秦国人对楚使者说，张仪乘车摔坏了，上不了朝了。要地吗？谁答应你们的，就去跟谁说！消息传回楚国，楚怀王这个人，看他的一贯表现，好像是用脊椎神经思考事情的，想事从来不过脑子。事情到了这一步，他还不知道这是骗局。他的脊椎神经反应的结果是，张仪不见面，秦国人不兑现，是因为我楚国与齐国断关系断得不利索，力度还不够。《史记》记载说，楚怀王为了让秦国人相信他与齐国断交，专门派了几个人到齐国朝廷去骂街。《史记》这样记载好像是传说，不大可能，但秦国挑唆楚国与齐国断交却是没有疑问的。

好了，齐国骂完了，楚怀王想，这回该给地了吧！再派人去秦国要地，张仪这一回出来了。楚国使者就说，您看，张大人，我们把与齐国的关系彻底断掉了，是不是该您兑现诺言，把地给我们了吧？张仪装糊涂，说什么地？使者说，商於之地六百里呀！张仪却瞪起眼珠子说：我什么时候说过六百里？你们的王脑子不好，耳朵

李山脱口秀

楚怀王这个人，看他的一贯表现，好像是用脊椎神经思考事情的，想事从来不过脑子。

也坏了吗？我只说过从哪儿到哪儿六里地，从未说过商於六百里！官凭文书私凭印，你们楚国跟我要六百里，有什么凭据？这就是大家都熟悉的张仪欺楚的故事之一。

消息传回楚国，楚怀王大怒，他的条件反射是，秦国欺我，我就打你！楚怀王派了大将军在丹阳准备跟秦国人拼命。丹阳离汉中不远，这时候，秦国虽已经得了巴蜀，但汉中还在楚国手里，楚怀王发躁气的战争就准备在离汉中不远的丹阳打。刚才我们说过，楚国也有明白人。这时一位叫陈轸的策士站了出来，劝楚怀王别打，他给楚王出主意，说现在我们干脆就给秦国几个城邑，它不是骗我们吗？我们给它几个城市，以此提出要求，让秦国把矛头引向齐国，我们帮忙，两家合着去打齐国。真打齐国，必然获得一些土地，我们就让秦国人分我们一块地，不就行了吗？不比跟秦国干一仗划算吗？陈轸的计策也是个办法，可楚怀王这时候已经全然失去了那点可怜的理性，只会闹情绪，陈轸的话根本就是耳旁风。

丹阳之战，接着就是蓝田之战。丹阳离汉中近，打这场战争的时候，楚国有两位将军，一位叫昭睢，是正面战场的将军；一个叫昭鼠，驻扎汉中。秦国人一看楚国有两个将军，就有办法了，他们挑唆两个楚将的关系。奸诈的秦国人找到了昭鼠，说这场战争昭睢正面作战，如果他打了胜仗，接着他就要进而伐秦，那会怎么样？就会从你的汉中调兵，他得了大功劳，你兵还少了，你还没功劳。现在，我们为你昭鼠考虑，怎么办呢？我们秦国放个信儿，说我们要打汉中。这样的话，楚国就不敢从你这儿分兵了，你就可以安稳了。秦国人就这样利用两个将军的利害关系，调动了昭鼠个人的私心，使昭鼠与昭睢打仗时不齐心。结果丹阳之战一打，昭睢在那儿打，昭鼠表面配合，实际却在那儿看热闹，这样一来楚国就败了。《史记》记载说，楚怀王“十七年春，与秦战丹阳，秦大败我军，斩甲士八万，虏我大将军屈匄、裨将军逢侯丑等七十余人”（《史记·楚世家》）。八万士卒，两位政府将军，还有七十个大夫，都被秦国俘虏了，汉中也丢了，真是惨败！楚怀王这时就像输了的赌棍一样，越是输越想翻本。他接着又派军队在蓝田打，昭睢站出来劝阻，不管用！秦国人很乐意奉陪，就又打了一仗。结果，又是惨败！

两次惨败的战争，楚国的元气伤了。楚国自吴起变法以后，经过楚宣王、楚威王的治理，势力达到鼎盛。楚威王曾经在徐州把齐国的军队打败，势力上升到顶点。不久楚怀王接了班，很觉得自己不含糊，北方各国搞合纵攻秦的时候，他还一度做过纵长。这个人，就是太昏聩，让秦国人玩弄于股掌之中还浑然不觉。

两次战争败了，秦国又出了一招儿：拉拢楚怀王。秦国人真是要风得风，要雨得雨，而且是翻手为云，覆手为雨。对楚怀王这块豆腐，他们是吃定了！秦王就提出来，楚怀王你也别生气了，我们打你，汉中是被我们占了，现在，我秦国把汉中的一半劈给你，不就行了吗？我们把汉中的一半还给你！不想楚怀王脖子一梗，对秦国人说：我不愿意得汉中一半的土地，我就要那个张仪的小命！这消息被张仪知道，他不但没害怕，反而主动向秦王请缨，说拿我这条命，换汉中的一半，值！于是就大摇大摆到楚国这里来了。

> 张仪言而无信的欺楚行为不仅斩断了齐楚联盟，而且让楚国的上上下下蒙受了奇耻大辱，而楚国万万没有想到，此时的张仪竟然会自投罗网。面对这个一雪前耻的绝佳机会，楚国人当然不会错过，然而，事情的结局却出人意料。那么，究竟发生了什么蹊跷的事情？张仪入楚的结局又会是怎样呢？

张仪一到，楚国人就把他关起来了。但是，张仪了解楚国的内情，他知道楚国的明白人有谁，也知道楚国可以利用的人有谁，更知道楚怀王最听信谁。《史记》记载，张仪到了楚国，就开始利用一些小人。谁呢？首先是靳尚大夫。靳尚这个人，在迫害屈原的事上有他一份“功劳”，把屈原逼得由一个大夫变成了写《离骚》的大诗人。另外还有一个女人，郑袖，是楚怀王宠爱的夫人。第几房夫人不知道，但是楚怀王很待见她。楚怀王是外面上男人的当，回家上女人的当，里外昏，昏得比较彻底。张仪就看中了这一点，开始花钱买通靳尚，通过靳尚，再疏通郑袖的关系。郑袖是个什么人？欺负屈原也有她一份。当然，她最厉害的手段还不是欺负诗人，而是欺负怀王的新宠。有一个故事记载在《战国策》里，说魏国人为了讨好楚国，弄了个大美人给楚怀王，楚怀王非常宠爱。这对郑袖当然是威胁了。郑袖有办法，她拿出“后妃之德”那种劲头儿，表现得一点儿也不嫉妒，挑最好的衣服给她这位魏国来的妹子穿，挑最好的房子给这位新妹子住，挑最好丫鬟、仆人给她使唤；而且一口一个“妹妹”，亲得不得了。楚怀王一看，郑袖多大气！不嫉妒，多有美德！对郑袖的好感和信任增加了许多。那位魏美人呢，全然不想她和郑袖也是“同欲者相憎”的关系，郑袖说什么，她就信什么，丝毫不加防范。有一天，郑袖对魏美人说，我们大王哪儿都喜欢你，宠着你，爱着你，手掌托着你，用嘴含着你，但是，我了解呀，大王也有一点儿不满意你的地方。当然了，人无完人，金无足赤，美人也不能全美嘛。郑袖卖关子，魏美人就紧张，很想了解自己令大王不满的缺陷是什么。郑袖见鱼儿咬饵，不紧不慢地说，妹妹呀，大王跟我聊天时说过，魏美人哪儿都好，就是鼻子不太好。魏美人对这位郑姐姐的话很当真，以后每次见了楚王都有意无意遮掩自己的缺陷，总是捂鼻子。楚王就纳闷儿，说怎么见了我，老是捂鼻子呢？问郑袖，郑袖就说，大王啊，您不问，我也没法跟您说呀，我忍了好长时间了！魏美人所

屈　原

李山脱口秀

楚怀王是外面上男人的当，回家上女人的当，里外昏，昏得比较彻底。

以捂鼻子，她对妾抱怨过，是嫌您身上有股子味，让她受不了，所以总是捂鼻子！楚怀王一听说人家嫌他有味儿，那还了得，顿时大怒，叫人把魏美人的鼻子给割了！多歹毒的郑袖，坏主意出得富于想象力！害起人来，简直就是老太太擤鼻涕——手拿把攥！这是她郑袖害魏美人，替张仪求情，她又另有一套。

郑袖的办法是满脸带汁儿，用的是看家本事，每天在怀王面前哭。哭什么呢？有说道。靳尚买通郑袖，是怎么买通的？一方面给钱，套近乎，另一方面也说了个道道。他说张仪这个人是秦王的宠臣，为让我们大王出气，亲自来了。可是楚国真要杀他的话，你说秦王能不出手相救吗？秦人怎么救？当然是多给楚王珍珠美玉和美女呀！秦国会把最好的珠宝、最好的美女送过来。靳尚说珠宝，郑袖不怕；说美女，就心惊肉跳！真要有一天秦国把那些大美女二美女送过来，那不又麻烦了？虽然自己不缺害人的心计，可是动心机，那不得费神吗？哪比得上把那些可能来的秦国美女御敌于国门之外妥帖简便哪！于是她就在怀王面前哭，还对怀王说，你干脆把我们娘儿几个发配江南得了！楚怀王觉得奇怪，问她缘由，郑袖就说，你现在要杀张仪，不就是想从秦国弄几个美人来，你不就这个心思吗！她就这样边说边哭，如唱如念，风一阵雨一阵，把个楚怀王闹得七上八下，六神不安。没办法，楚怀王就安抚她，说没那事儿，谁说我要杀张仪啦！郑袖就说了，张仪这个人，你说他欺负我们楚国，可是他是秦国的忠臣，他也是没办法，各为其主啊！人家做事为自己主子，吃主子的，就向着主子。害我们，也是为其主啊！反正连哭带闹、文武带打地就把楚怀王的心思搅和乱了。

同时，靳尚在朝廷上，也在放“各为其主”之类的风儿。郑袖在家里吹枕头风，靳尚在朝堂吹舆论风，两下一吹，就吹得楚怀王脊椎神经再一次反射，居然把张仪放了！这就是张仪欺楚的故事。

整个张仪欺楚的事，现代史家多认为古代文献的记载含了大量的水分，就是说，记载把张仪欺楚的事放大了。其中如“商於之地

李山脱口秀

郑袖在家里吹枕头风，靳尚在朝堂吹舆论风，两下一吹，就吹得楚怀王脊椎神经再一次反射，居然把张仪放了！

六百里”的故事，是最大的疑点。史学家考证，当时商於之地根本就没在秦国人手里，而是在楚国人手里。如此，何来秦国人把商於之地许给楚王的事情呢？所以有人就说，张仪诳楚的事肯定有后来人的附会成分。不过，楚怀王曾被秦国策士玩弄，应该没错。

就在张仪风风火火在诸侯间游走之际，秦国政坛再次发生巨变，而这个变化也改变了张仪的处境。那么，张仪最终会迎来怎样的命运结局呢？

张仪的下场怎样呢？张仪欺楚后不久，秦惠王死了，新上台的秦王是秦武王。秦武王一上台，张仪就不得志了，他不讨秦武王喜欢，这事没有道理可讲，一朝天子一朝臣。不得志的张仪又回到了魏国。在回魏国之前，他还给秦武王出了个主意，说我有个计谋。我这个人招人恨，走到哪儿，哪儿就有人恨我，尤其是齐国恨我。为什么？把齐楚联盟搞坏了的是我，因此我到魏国住下，齐国肯定要发兵伐魏，目标就是收拾我。所以你放我走，可以把祸水引给魏国。秦武王一听，好，心想反正我们大家也不待见你！于是张仪就来到了魏国。果不其然，齐国一听说张仪到了魏，就要出兵拿张仪。魏王听到消息，也很着急，对张仪说，你一来就给魏国招来战争！怎么办？言下有驱逐张仪之意。张仪就对魏襄王说，你给我派个人，派他去齐国传我的信。魏王就找了一个叫冯喜的人，冯喜带着张仪的意思去了齐国。冯喜对齐王说，大王，您这次要与魏国打仗，拿张仪，恰恰是中了秦国的奸计。张仪临到魏国之前曾对秦王说，我这个人招人恨，我到魏后，齐国肯定发兵。齐国与魏国打起来，齐国的边防就空虚，秦国就可以出兵从魏国领地穿过去，直接消灭周王室。这才是张仪所以要到魏国的真正意图，他就是要勾引你打魏国，秦国好趁机占便宜。齐王一听，说，我可不能上这个当，让秦国占了便宜！

于是齐国就打消了打魏国的主意。

张仪人生的最后一段，是在魏国养老。他的整个人都不被秦王欣赏了，可是他的那张嘴还在，还能保得自家性命。到魏国后不到一年，张仪就去世了，算是善终吧。

挤去张仪传说中的水分，他实际上是秦国的忠臣，是秦惠王的忠臣。看《史记》记载的张仪的那些损招，让人憎恶。可是让楚国上当，断绝齐楚联盟，于秦国而言实在是张仪的功劳。楚国怎么就那么容易上当呢？往深里想一想，还是因为秦国实力强大，大家都怕它，它说拿出块地来跟谁交好，各国都巴不得。所以从根本上说，自商鞅变法使秦国的强大确立后，它愿意打谁就打谁，愿意揉揉谁就揉谁，主动权在它手里。有了这样的背景，张仪的舌头就有缝隙可钻了。所以说，策士张仪活动起作用的背后，是有秦国实力的支撑的。

张 仪

丹阳之战，楚国丢了汉中；蓝田之战，又损兵折将，元气大伤，强大的楚国开始走下坡路了，秦国统一天下的可能性更增加了。而且，东方各国还要出事儿，马上就是燕国出问题了。燕国出问题，又导致齐国要占便宜，继而是齐国咎由自取地衰落，这都是张仪欺楚后发生的事情。具体情况如何？请看下一讲：燕国大乱。

第十三讲　燕国大乱

就在各诸侯国纷纷通过变法变得强大起来之时，北方的燕国也发生了一件大事。但这件事情来得如此不合时宜，并很快在燕国朝野引发了一场巨大的灾难，几乎毁掉了燕国。这到底是怎么一回事呢？请看《战国七雄》之《燕国大乱》。

公元前316年，燕王哙突发奇想，学起古代先贤尧舜，禅位给了手下。这件事情很快引发一场灾难，整个燕国立刻处在了风雨飘摇之中，周边国家的侵扰加上内部的乱局，几乎将燕国从地图上抹掉。然而，天佑燕国，大灾之后的燕国迎来了一位令人钦佩的君王，在他的带领下，燕国获得了新生，并逐渐强大起来，在与各诸侯国的争霸中渐渐站稳了脚跟。那么，燕王哙为什么会做出禅位这样的糊涂举动呢？在烽火连天的战国时代，燕国究竟经历了怎样的磨难？

在秦国夺取巴蜀，进攻楚国，进攻三晋，这样一个血与火剑拔弩张的时代，在当时中国的北部，也就是燕国这个地方，却出了一件奇怪的事情：燕国的君主居然突发奇想，要把自己的君主大权禅让给他人。这件事与那个时代太不贴谱儿了，让人很奇怪！

想禅让的燕国君主就是燕王哙，他想把大权让给子之。子之当时是燕国的相。

这就说到了燕国。燕国中心地带就在今天的北京地区，南到河北北部，北边与辽宁、内蒙古交界。20世纪70年代，考古工作者在北京房山区琉璃河一带发现了西周最早的遗址，有墓葬、有居住地，出土了不少青铜器，其中一件名为克盉和另一件名为克罍的青铜器上有铭文，记录的就是周初封建燕国的内容。

从西周早期燕国往下传，一直到战国，一共有九代，看《史记》的记载，什么事情也没有记。之后稍多一些。如《史记》说到燕惠公时，正值西周末年周厉王被国人驱逐；再过了两代就到了春秋时期。不久又有“山戎病燕”，燕山一带的山戎威胁燕国生存，于是有齐桓公、管仲的伐山戎，消除了燕国的危机。记载伐山戎的文献就提到了孤竹等几个地方。这之后，一直到战国初期，文献关于燕国的记载还是不多。当时魏国强盛了，楚国强盛了，秦国也强盛了，燕国还是无声无息。

但是到了公元前320年，燕国一代新君继位了。这个燕国新君就是燕王哙，他有什么特点呢？《史记》没有记载，《韩非子》里面却对这位君主有些描述，说他当了君主以后，不好歌舞音乐，也不好美色，也不好建楼堂馆所，反正对奢侈富贵的生活不感兴趣。那他好些什么呢？好亲自下地干活，喜欢农业，修田亩，他好这一口儿。你说他贤明吧？可以；你说他是做作、好名声吧？也可能。反正他与当时的各国君主都不是一路，各色得很！厚道一点猜测他，或许天生权力欲冷淡，但冷淡到可以把大权交给别人，恐怕说不通。或许他就是一个天生仁厚而近乎愚的人。《论语·阳货》中孔子不是说过“好仁不好学，其蔽也愚”吗？一个人天生仁厚，不学习，不知道自己身处何年何月，何时何地，就容易流于愚蠢。看这位燕王哙上台以后的喜好，颇让人对他产生“其蔽也愚”的联想。身处战国大兼并，各国为土地人民互相厮杀得乌眼鸡似的时代，他却要搞什么稀奇古怪的“禅让”，不是“愚”是什么！

李山脱口秀

你说他贤明吧？可以；你说他是做作、好名声吧？也可能。反正他与当时的各国君主都不是一路，各色得很！厚道一点猜测他，或许天生权力欲冷淡，但冷淡到可以把大权交给别人，恐怕说不通。或许他就是一个天生仁厚而近乎愚的人。

他想禅让，把大权禅让给他的相，就是子之。子之是什么人？在《韩非子》里面也透露了些消息，说子之在燕国执政，手段不错，干得也不错，于是就想拉帮结派，树立自己的势力。

有一天，子之坐在一个地方看远处的门，忽然他眯起眼睛说：哎哟，我仿佛看到一匹白马从门那儿过去了！老实的人听了他的话，就说：是吗？我怎么没看见啊！一些善于揣摩人心思的就说，是的，我看见了！韩非子说，子之实际是拿这样的话头检验大家对他的忠心。子之其人及其手段，由此可见一斑。看他的无中生有，就知道赵高指鹿为马的来历了。原来老赵的伎俩并不是什么旱地拔葱的发明！

燕王哙对当王不感兴趣这件事，被一个人看在眼里，并动了心，他就是子之。如果燕王哙能主动从王位上退下来，作为相国，他就有可能成为燕国新的王。但这样的事情自己却不好出面，就在这时，有两个人站了出来。这两个人是谁呢？燕王哙会听取他们的意见主动从王位上退下来吗？

根据《史记》记载，燕王将王位禅让给子之，起码还受了两个人的鼓动，其中一个名叫苏代。苏代是谁？按《史记》的说法，苏代是苏秦的弟弟。但是，自从马王堆帛书《战国纵横家书》出土了以后，学者们研究，若是真有个苏代的话，也不应该是苏秦的弟弟，而是苏秦的哥哥。这个人，《史记》上讲，与子之交情甚好。

燕王哙在位的第三年，发生了五国攻秦的事，燕国也参加了。也大致从这时起，子之相燕。子之相燕后不久，苏代从齐国来了，燕王哙就问苏代，说齐国的国王怎么样？苏代说，不怎么样！这时的齐国，威王刚死，宣王继位才几年，都是些有本事的王，不想苏代却说齐王不怎么样。燕王哙纳闷儿，就问苏代何以这样评价齐王？苏代就说，说他们不怎么样，是因为齐王不信任大臣，不把权力交给大臣。这才是苏代说齐王不好的底儿！司马迁交代，苏代这样说，是想激燕王哙，让他重用子之，把权力交给子之。苏代所以要激燕王，原因不难找，是使了子之的钱了？是子之操纵的结果呢，仁厚到愚蠢的燕王果然就上钩了，当时燕王就对苏代说，我不要做齐王那种没出息的王，我要做有出息的王，信任我的大臣。这是第一个来自苏代的蛊惑。当然，《史记》这一记载的真实性值得研究。

那么，第二个人是谁？第二个人叫鹿毛寿，是个隐士。鹿隐士不炼丹、不辟谷，却对燕王哙说，大王，您要求得美名，干脆不如求个大的！古往今来，谁的名声最大？尧的名声最大！尧是圣王。他为什么圣呢？还不就是因为他把权力不传给儿子，而是让给了贤人。要求名声，要落个流芳百世，就干脆把权力给子之得了！隐士吃了冷饭出馊主意。苏代是为了钱，这位隐士大概也是混迹方外的贪财鬼。接着他又说，当年，尧把大权让给了许由。注意，关于尧让贤，儒家说是让给了舜，道家如《庄子》则说是让给了许由。鹿毛寿是隐士，该是属于读道家书的，所以他说让给许由。许由又是怎么做的呢？许由不接，尧却因此获得美好的大名。鹿毛寿的意思很明确，就是让燕王痛快点向子之让权。糊涂的燕王不知道，子之不是许由，你一让，子之就会就坡下驴，不客气地把大权拿走。燕王就这样，在他人的蛊惑、蒙骗下，把燕国大权拱手交给了子之。

就在燕王交出大权之际，《史记》记载，还有一个佚名的人物出来对燕王说，当年大禹也让大权给益，可是他却同时让自己的儿子启做官员。等到禹死去，他的儿子启就把大权又夺了回来。“天下谓禹名传天下于益，已而实令启自取之”。天下人都知道，禹不过是名义上传贤不传子，实际却是肥水不流外人田。说这话，是提醒燕王哙，要让给子之，就彻底点。燕王哙一听，哦，我现在还有工作没做彻底！于是他就把太子的权力，还有自三百石以上在任的大小官员全免了，给子之的人马腾地方。愚蠢到这个份上，真有他燕王的！这就是燕王哙莫名其妙的禅让。

说起来，在战国时代的燕国，怎么还会有禅让这样的老观念存

李山脱口秀

糊涂的燕王不知道，子之不是许由，你一让，子之就会就坡下驴，不客气地把大权拿走。

在，并最终变为不幸的现实呢？我想，从地理位置、从地域文化的角度，似乎可以找到一些解释。

刚才我们说过，当年管仲辅佐齐桓公伐山戎，伐了一个孤竹国。孤竹在哪儿？近年考古事业发达，在商代晚期青铜器铭文上发现了孤竹国的踪迹，学者根据器物出土的地点判断，孤竹国就在今天河北省卢龙、迁安一带。这个孤竹国本是殷商时期就存在的诸侯国，姓墨胎氏，势力范围向北可达今天辽宁的喀左地区，南边到河北北部一带。在文献和传说里，孤竹国与两个人大有关系，就是伯夷、叔齐。京剧有出老戏叫《二堂舍子》，戏中的刘彦昌就唱：昔日里有一位孤竹君，伯夷叔齐两大圣人。传说孤竹国君晚年，想立才干更突出的叔齐为继承人，结果叔齐不想接班，伯夷也不愿违背父亲的意思，兄弟两个互相让，以至双双出奔，最后都饿死在首阳山上。铜器证明孤竹国是存在的，就在离燕国不远的地方。伯夷、叔齐历史上也应该实有其人。在《论语》中，孔子就赞美他们两位“不念旧恶，怨是用希”（《论语·公冶长》），还说他们“求仁得仁”（《论语·述而》）。他们哥俩虽不是禅让，但是对君主权力都那样不热心，让人看到与燕王哙权力欲冷淡劲儿相似的表现。燕山南北多山区，相对闭塞，山居之民很可能把一些很古来的文化观念延续下来。如前所说，古代孤竹之地，与燕国很近，燕王哙受了古老观念的熏染也说不定。这都只是一点推测而已。

燕王哙接受了一些老观念，令他想不到的是，有人就想利用他的食古不化兴风作浪、弄事端。于是一两个策士，外加一个馊隐士，居然让子之策动的禅让荒唐事成了现实！

公元前316年，燕王哙主动从王位上退下来，把权力交给了子之。面对这天上掉下来的馅儿饼，子之欣喜若狂。然而，事情却没有这么简单，一场灾难也开始向燕国逼近。

好了，燕王哙终于把权力交给了子之，子之得逞了，那就用禅让来的大权干吧。结果他一上台，满不是那么回事！这倒不是说子之没才干，主要是他的上台名不正言不顺。子之是靠蛊惑禅让说夺的燕国大权，首先其他诸侯对此就不愿意！河北满城考古发现了战国中山国王的一件方壶，上面铭刻的文字对燕国禅让事的评价就很糟糕，指责这种行为“不顾大义”。禅让，是本老得不能再老的老皇历，怎么能拿到战国来念呢？那是个“古时丹”，贩卖不得！中山王方壶上的文字指责燕国的禅让“不顾大义”，其实就是说这样的行径与时代脱节。另外还指责燕国的禅让“不谋于诸侯”，说做这种事儿不跟诸侯商量，言下之意，都像你燕国这样干，是要天下大乱的。总之，燕国的禅让招来的是观念倒错、与时代脱节的指责。同样的情形在春秋也有过，例如宋襄公，用以前的老办法打春秋时期的战争，也是一个观念跟时代脱节的事例，与这次的禅让是同样性质。

燕王的禅让，招来的还不单是诸侯的反对，在内部也引起了大分裂。肯定有一帮跟着子之走、想在新朝摇身一变充任夔皋的人。但是，燕国的太子（名平）没有死，他也有一大群追随者，整个燕国分成两半，有人要搞禅让，有人还想坚持当代君主继位制。这下，任谁也治不好这个国家了，所以子之上台三年不到，燕国就乱了套了！

这就给了其他诸侯机会，于是齐国发了难。齐国离燕国近，这会儿也强盛。其他近邻像赵国，这会儿赵武灵王刚上台不久，他的军事改革还没有大规模进行，实力不足，大概想出头管也难。

齐宣王知道了燕国内乱以后，就准备捡个大便宜，趁乱讨伐燕国。这件事情还涉及了孟子。《史记》记载孟子当时说过：“今伐燕，此文、武之时，不可失也！”说齐国伐燕，如同当年周文王、武王伐商纣一样及时。《孟子》对此也有记载，意思却大有不同。《孟子》说齐国要伐燕，齐王还专门派了一个叫沈同的人，以私人

李山脱口秀

禅让，是本老得不能再老的老皇历，怎么能拿到战国来念呢？燕国的禅让招来的是观念倒错、与时代脱节的指责。

身份来问当时身在齐国的孟子，燕可不可以伐？孟子当时的回答是“可伐”。没想到的是，齐国的军队进入到燕国后并不顺利，有点要陷入泥淖不能自拔的意思。齐国人开始后悔，有人就埋怨到了孟子，说你当初也撺掇齐王去打燕国了吧？孟子怎么回答？他说我当时确实说可以伐，但我可没说谁可以伐。瞧这话说的！有些学者赞美孟子机智，实际上这是赖账的话。齐王派沈同来，以私人身份问你，你不知道他是谁派来的吗？齐王派人来问你燕国可不可伐，那要去伐燕国还能有别人吗？你孟子说可伐，那就是你同意了。这个能赖得了吗？孟子大儒，是亚圣，他也有说错话的时候。人非圣贤，孰能无过！后人没必要给孟子遮掩，是人就可能犯错误。

李山脱口秀

孟子大儒，是亚圣，他也有说错话的时候。人非圣贤，孰能无过！

在孟子的心目中，也认为燕王哙禅让不合时宜，他说了自己的道理，王者的政权是老天爷赋予的，不能私自拿了它当礼品送给这个、送给那个，老天爷说这个权力该交给谁，那才行。孟子的意思说来说去，什么叫老天爷？就是普遍的民意。他认为燕王哙禅让，是违背天心民意的，所以他才倾向齐王去伐燕国。

再说齐国伐燕。燕国当时情况是这样的，自内部大乱之后，燕国的太子与一个叫市被的将军联合起来攻打子之，结果两个人都死掉了。他们是与齐国有联系的，齐国支持他们。可以说齐国军队的到来，也与他们的联络有关。

孟 子

齐国进军到燕国境内不久，燕国的老百姓就发现这可不是一支来帮忙的仁义之师！齐国军队整个儿就是一支强盗军队，因为他们不是平乱，而是抢劫！齐国人进入燕国的宗庙，把那些鼎器、玉器等镇国之宝全都拿走了，而且还放火杀人。这一下燕国人的爱国情绪爆发了，于是就有了齐国军队陷于燕国人的反抗泥淖的情形。齐宣王这时又去问孟子怎么办，孟子先对齐军入燕后的所作所为给予不客气的批评：你齐国的军队应该做王者之师，秋毫无犯，可现在你们又抢东西，又抢国宝，还杀人放火，这不对！你齐国很强，本来列强对你就有所顾忌，现在你占领了燕国，土地增了一倍，还不行仁义，马上诸侯就会联手对付你！孟子建议：赶紧把人家宗庙社稷的那些宝物和抢夺的其他东西返还人家，并且和燕国人商量，立一个他们满意的新君，然后赶紧撤军回国吧！于是齐国草草收了兵。

当时打燕国的，绝对不止齐国一支军队，像中山那样的小国，也乘齐国军队攻取燕国之机，趁火打劫，占了一些便宜。这在中山王方壶铭文里有记载。不过，也的确像孟子说的，当其他列强见齐国军队进入燕国、有灭掉燕国的迹象时，形势出现逆转，列强开始谋划救燕。赵、魏、楚等几个列强还与齐国发生了战争，打败了齐国的军队。同时赵国的武灵王出面，为燕国谋立新君。燕国的太子平战死了，赵武灵就找到韩国，因为燕国有位名叫职的公子在那里做寓公，这个人就是后来的燕昭王。赵武灵王把这位职请过来，又派大臣把他护送回燕国。于是燕昭王登基，继承燕国的王位，燕国之乱总算是结束了。

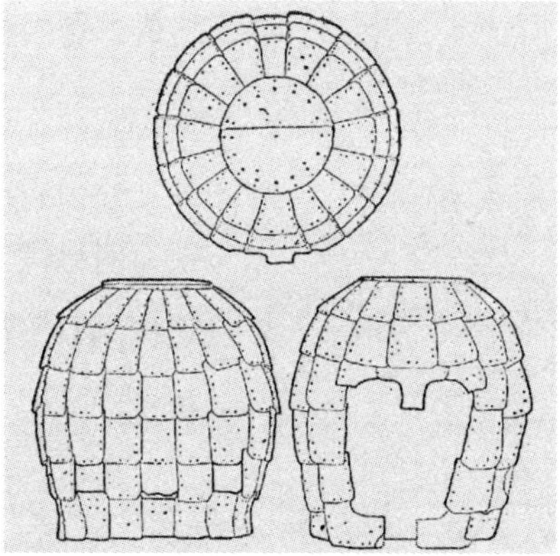

战国时期燕国的铁胄

公元312年，燕昭王即位。作为燕国第三十九任君主，昭王一上台就立志要让燕国变得强大起来，此后几十年里，燕国在他的带领下发生了翻天覆地的巨变。那么，燕国究竟发生了怎样的变化？为了改变燕国的落后面貌，燕昭王又采取了哪些强国之策呢？

新的燕王即位后，奋发图强。《史记》记载燕昭王继位以后，吊死问孤，安慰生者，悼念死者，与百姓同甘苦，更重要的是，“卑身厚币以招贤者”（《史记·燕世家》），用大笔的钱，以谦恭的姿态，广招贤人。

燕昭王手下有一个人，叫郭隗，燕昭王问他，我怎么做才可以把我的国家从大乱后的荒凉残破中拯救出来，让它恢复呢？新王有这样的志向，看来在大灾难的废墟中，燕国要劫后重生了！

郭隗一听，就说了一段话，大意是：自古到今，帝王有以下几种：能够称帝的，是把那些贤人当作老师来对待；能够称王的，是把贤人当作朋友来对待；能够称霸的，是把贤人当作大臣来对待；那些亡国之君呢，都是把贤人当作奴仆来对待，吆三喝四、呼来唤去的。您要称王、称帝，就应该尊重贤者，这是振兴燕国的首要事宜。

燕昭王又问郭隗，如何才能招到贤人呢？郭隗的回答让燕昭王很有些错愕。郭隗说，您要招贤人，您真想招贤人，就先从我开始吧！见君主在那里满脸的疑惑，郭隗就讲了一个“千金市马骨”的传说。

他说，过去有一个王想找千里马，就派大臣拿着千金去找，找了三年也找不到。事情往往如此，瞪着眼睛找贤人未必能够找得到。后来，王就派身边的涓人——就是宦官，带着千金去找千里马。结果，涓人花了五百金买回来一匹千里马！君主一听高兴坏了，可是一看，哪里是什么千里马，而是一大堆马骨头。王当然生气了，就要处置这位连活马与马骨头都不分辨的涓人。涓人说，君主息怒，听我一言。我打听到这匹千里马去买时，它已经死了。我当时也想作罢，可是转念一想：我若是把马的骨头买了，知道的人一定会说，看，那位王连死了的千里马的骨头都要，何况那些活蹦乱跳的千里马呢！关键是我们要亮明我们的态度，表明我们求千里马的决心啊！只要是千里马，哪怕它的骨头我们都要，那么，带肉的，带毛的，带皮的，就是活的千里马，还愁它们不源源不断地来吗？果然，三年的时间，千里马就源源不断地来到这个国家。

李山脱口秀

新王有这样的志向，看来在大灾难的废墟中，燕国要劫后重生了！

讲完这个故事，郭隗说，我就相当于那匹千里马的骨头，论才干，我这个人实在也就是那样三耙两楔子，可是您连我这样的都尊重，都重用，把我当成贤人看待，那么比我本事大的人不就来了吗？燕昭王一听，有道理，于是就给郭隗专门筑了馆舍，拜他为师，恭恭敬敬地侍奉他。

《史记》记载郭隗和他讲的传说，活灵活现，传奇色彩浓郁，总之是强调燕昭王要强国，就广招贤才，搞贤人政治，于是就有这位郭先生给他出了个好主意。那么，效果怎么样?《史记》说，自从燕昭王抬举了郭隗以后，"十争趋燕"，天下有才干的人士都争着来燕国，"乐毅自魏往，邹衍自齐往，剧辛自赵往"。所说的乐毅，是著名的将军，后面还有他的故事。不过，据说后来史学家考察，《史记》这样写可能安错了时代，乐毅来燕国不是燕昭王刚即位的时候，而是再晚些。至于剧辛，更是战国晚期的将军；邹衍也属于战国后期的思想家。这个可以不管，不因词害意地理解《史记》，实际上司马迁是要强调"士争趋燕"这一点，突出燕昭王诚心招贤的显著效果。

在燕昭王招揽的这些贤人中，有一个人非常特殊，谁？苏秦。苏秦这时候也来到了燕国。记载中，有真苏秦，还有假苏秦。《战国策》上写的那个游说秦不成，就游说赵，巧说六国、挂了六国相印的苏秦的故事，基本是假的，是后来的策士们杜撰的。苏秦，还有张仪，都是公孙衍、惠施之后合纵连横做成了大事的策士，他们的事迹，颇让更晚一些有志于策士之业的人垂涎三尺，可能还要加上教授策士本领的需要吧，于是苏秦、张仪身后的策士，把有的没的搅和在一起，一点事实加想象、夸张，编出了苏、张的故事，文字很好看，其实是中国最早的文言小说。《战国策》记载的苏、张故事，大体假的居多，这实际影响了司马迁对策士的看法，说他们是"倾危"之士。1973年湖南长沙马王堆出土了帛书《战国纵横家书》之后，关于真的苏秦才有了基本的了解；而传统文献的记载，甚至连苏秦的生活年代都弄错了。

苏秦不愧是大策士，很擅长揣摩人的心理，这是策士所以成功的首要条件。苏秦来到燕国后，观察燕昭王，昭王要兴燕、要报齐国之仇的心思，他很快就揣摩到了。

记载说苏秦来燕国没多久，就悄悄跟燕王说，国王啊，您的心思我明白。国王问，我有什么心思？苏秦说，您总是登上高台，往东南方向望，您不是要向齐国报仇吗？燕昭王一听，好家伙，鬼机灵，猜透了我的心思！燕王也是爽快人，心想既然你猜到了，我也不再隐瞒，他就对苏秦说，好，当着真人不说假话，我是要报仇！苏秦就说，那我来帮您吧！

这就引出来苏秦到齐国做卧底，把齐国导向万劫不复的深渊这样一段故事。那么，这段历史究竟怎么发生的？请看下一讲：苏秦倾齐。

第十四讲　苏秦倾齐

战国七雄中，齐国是仅次于秦国的强大国家，但最终还是被秦国吃掉了。有人认为这是因为秦国太强，以致齐国惨遭灭国；也有人认为，齐国是自取灭亡，是它把自己拱手让给了秦国。那么齐国到底是怎样由强国走向衰落的呢？请看《战国七雄》之《苏秦倾齐》。

齐国的灭国，可以说是战国历史上的一个极端案例。齐是老牌诸侯国家，进入战国，政权易姓，经过齐威王之治，再度成为东方经济富庶、人口众多、文化先进的泱泱大国，是诸侯国中最强盛的国家之一。然而，齐威王打造的强盛国家，最终却败坏在一个叫苏秦的说客手中。那么，苏秦到底做了些什么，为什么会导致齐国衰败呢？

燕国向齐国复仇，策士苏秦起了关键作用。他被燕昭王派到齐国做卧底，行反间之计。苏秦的反间，不是搞情报、送情报，把齐的军事机密报告燕国，不是，或者说主要不是。那么他做的是什么事呢？是千方百计使齐国执行错误的军事路线，把齐国导向深渊。

当时的齐国君王是齐闵王，好大喜功，苏秦正好就利用了这一点。齐闵王热衷兼并当时的宋国，苏秦就撺掇他这样做。齐闵王不是要走有窟窿的桥吗？苏秦就专门引他上这样的桥，把齐国导向深渊，从而达到为燕国复仇的目的。

说到苏秦，先有一点应该谈清楚，那就是真假苏秦问题。

所谓的假苏秦，打开《战国策》，第一部分是《东周策》，第二部分是《西周策》，第三部分是《秦策》，《秦策》第二篇就是苏秦，写他用连横之策游说秦国君主。他虽然说得兴高采烈、天花乱坠，可听者就是不感兴趣。苏秦游说的这位秦国君主是秦惠文王，他刚把商鞅杀了，很不喜欢那些从远道来的游说之士，不管苏秦如何的巧言如簧，说连横怎么好，他就是不感兴趣。苏秦的游说，热脸贴到冷屁股上，最后没辙了，身上带的盘缠也花光了，无奈之下，只好铩羽而归，回老家洛阳。《战国策》怎么写他回家呢？说他穿的鞋子已经破了，绑腿也断了。古代行远路，要绑绑腿，省得小腿肚子疼。还说他自己担着书囊，“形容枯槁，面目犁黑，状有愧色”。出去游说，没得了富贵回来，又疲劳，又惭愧，真是灰头土脸哪！

家人又是怎样对待这位失意归来的苏秦呢？《战国策》写到，苏秦回家时，“妻不下纴，嫂不为炊，父母不与言”。外面弄得落魄，回到家应该得到点温暖吧，结果怎么样？他老婆在那儿该纺织还纺织，丈夫回来，理都不理。嫂子呢？嫂子在家里管做饭，是火头军，掌握着家里柴米油盐的使用大权，见小叔子回来这副德行，饭也不给他做！爹妈又怎么样？也好不到哪里去，不与倒霉儿子说话。注意，这就是《战国策》讲细节的地方，很符合小说家刻画细节的笔法。这家人都是一大帮子什么人啊？个顶个的势利眼。这就是苏秦的生活环境！

苏秦受刺激了！他喟叹：“妻不以我为夫，嫂不以我为叔，父母不以我为子，是皆秦之罪也！”苏秦反思家人给他的待遇，还好，没有怨天尤人，承认是自己空手而归的错。按照他们老苏家的门风，若是家里其他什么人出去挣功名，却这样灰溜溜回来，苏秦也要耻笑他的。知耻近乎勇，怎么样？《战国策》说苏秦“乃夜发书”，把家里所有的书都重新打开，发奋苦读。苏秦这点精神跟张仪差不多，张仪是那根舌头在就行，苏秦呢，还是个“学问僧”，要读书进取。他从家里的书中特别找到了《太公阴符经》，“简练

李山脱口秀

这家人都是一大帮子什么人啊？个顶个的势利眼。这就是苏秦的生活环境！

以为揣摩”，开始研究揣摩，该背的背，该记的记，由博返约，提纲挈领，抓住精神实质，用功得很！

晚上，家人全都呼呼睡着了，他一个人还在那儿看书。他也困，打瞌睡，怎么办？有办法。白天找好锥子，晚上困打瞌睡时，抄起锥子就往自己大腿上咔嚓、咔嚓地扎，一边扎还一边说：哪里有学了游说之术，却不能取人家金银富贵的！还有脸睡觉！就这样血糊淋刺地朝自己下家伙。这就是苏秦，他发奋，可以搞锥刺股来治瞌睡。《战国策》用这样颇带漫画家手法的写法突出苏秦的自强，无形中也表现出这种人的可怕，为了功名富贵，血肉之躯都豁得出去，为了富贵，可以在自己大腿上下锥子！

大约用了一年时间，读《阴符经》之类大有心得了！《战国策》讲：“期年揣摩成，曰：‘此真可以说当世之君矣！’”修“揣摩”，即弄清别人心思的技艺突飞猛进，连自己都觉得火候到了，心中暗喜：现在有这样的揣摩功夫，游说当今任何君主都可以所向披靡了！苏秦就像武侠小说里的某些侠客，打败了仗躲到深山里练功，苦练一阵子后，较较劲，关节嘎巴嘎巴响，功夫大长，可以再次出山了。于是苏秦又离开自己那个势利眼的家，先到了燕国，游说成了；又到了赵国，也成了；最后游说东方六国都成了，据说还挂了六国相印！

他要到楚国去游说，顺便转道回了一次老家。苏秦出身平民，属于草根阶层，他自己就说过，假如当年安于那二亩田，就没有我苏秦的今天！他家的田地并不多，属于社会的底层。这一次回洛阳，果然是衣锦还乡，今非昔比，锦衣昼行，光彩得很！《战国策》就讲了，一听说他要过洛阳，他的老爸老妈“清宫除道，张乐设饮，郊迎三十里”。老爹老妈前面不是不答理他，连话都懒得跟儿子说吗？现在一听说儿子挂着相印回来了，又扫房子又修路，还清水泼街，搭了高台唱大戏。老两口子还觉得有所不足，又亲自走了三十里地，一直到洛阳郊外去迎接！苏秦的老婆呢？“妻侧目

李山脱口秀

这就是苏秦，他发奋，可以搞锥刺股来治瞌睡。《战国策》用这样颇带漫画家手法的写法突出苏秦的自强，无形中也表现出这种人的可怕，为了功名富贵，可以在自己大腿上下锥子！

苏秦就像武侠小说里的某些侠客，打败了仗躲到深山里练功，苦练一阵子后，较较劲，关节嘎巴嘎巴响，功夫大长，可以再次出山了。

而视，倾耳而听”，不敢直视自己的丈夫，顺着耳朵听丈夫讲话。嫂子呢，她又怎样呢？“嫂蛇行匍伏”，蜿蜒曲折，像一条菜花蛇，匍匐前进，来见小叔子。苏秦跟嫂子的关系很有意思，在《战国策》的这段记载里，苏秦跟老婆一句话也没有，反而跟嫂子有话说。他见嫂子趴在地上，就问：嫂嫂，为什么这样“前倨而后卑”？你为什么前一回对我那样傲慢，现在为什么又如此谦卑？苏大嫂倒是很老实，小胡同赶猪——直来直去，说：“以季子之位尊而多金！”还不是因为你小叔叔现在官大而且钱多嘛！嫂子的实话实说，引得苏秦直发感慨：“嗟乎！贫穷则父母不子，富贵则亲戚畏惧。人生世上，势位、富贵，盍可忽乎哉！”说人穷了，爹妈不认儿子，富贵了，连亲的热的都怕你，人生在世，地位、权力，怎么可以忽视呢！

要注意的是，苏秦“问嫂子”这个细节很有内涵。苏秦游说成功，钱多势大，嫂子在那儿趴着，像一条蛇，扭成八道弯来见自己。她这样做为什么，你善于“揣摩”的苏秦就不知道？知道。知道还要问，这就有意思了。第一，这样问，是小人得志后惯有的样子。第二，这一问，见出的是问者心理的阴暗！前面说过，《战国策》中的苏秦是假的，是小说家笔法塑造的。其中特别符合小说家笔法的地方，就是注意用典型环境塑造典型人物。典型环境不单是指自然山川，人们生活于其中的社会，还包括小范围的家庭，特别是家庭的人际关系，它才是人物生长的最具体的环境。苏秦的家里都是些什么人啊？老少男女，一家子俨然一个势利眼小团伙。所以，得了志的苏秦必然也是势利眼。他那句“嗟乎”的感言，就是一个势利眼从遭遇中提炼出来的一条确信不疑的生活真谛。这就是文学笔法下的苏秦。刻画人物，深入到人物的灵魂，实在不简单！

不过，有必要指出的是，《战国策》这篇对苏秦的记载，通篇是以赞美的心态写出的。学者研究，苏秦的事迹在战国后期一些策士眼中，简直就是光辉典范，所以他们写苏秦，大多是凭着想象，

李山脱口秀

苏大嫂倒是很老实，小胡同赶猪——直来直去。嫂子的实话实说，引得苏秦直发感慨。

苏秦的家里都是些什么人啊？老少男女，一家子俨然一个势利眼小团伙。

把苏秦的功劳夸到天上去了！他们对苏秦充满羡慕，写他的故事时，是流着哈喇子的。但是，虚假的想象中也有某种真实的东西存在，那就是写出了战国策士崇尚富贵利禄的灵魂。

以上所说，是见于《战国策》里的假苏秦。

在小说家笔下，苏秦被刻画成一个成功人士，身挂六国相印，轻松游走于列国之间。可以说，小说家美化了苏秦，从历史角度上来说，这是假苏秦。历史上的苏秦刚出道时，也屡屡碰壁，就在他不得志的时候，正好遇见燕昭王广招天下贤士，于是苏秦入燕，深受燕昭王信任。在苏秦与燕昭王的谋划中，齐国被他们盯上了。苏秦为燕国到底做了些什么呢？

那么，历史上的真苏秦到底做了些什么呢？实际上，据出土文献《战国纵横家书》显示，苏秦的大部分策士生涯都是为燕国服务的。他来到燕国后，猜出了燕昭王有向齐国报仇的心思，于是他就帮助燕国君主完成这桩心愿。

苏秦

那么，怎样才能向齐国复仇呢？苏秦说了一条道理。他对燕昭王说，有一个大力士，名叫乌获，能举千斤之重。可是当他七老八十以后，走路都得别人搀着才行。这就是燕国报仇的基本思路。怎么办？我们要让强大的齐国变成七老八十的乌获，走路都需要搀扶。这就是苏秦与燕昭王定的计策，具体说就是由苏秦把齐国导向深渊。怎么做？派苏秦到齐国卧底，发挥他善揣摩的长处。苏秦，就是真实的苏秦，对列国局势、列国之间的利害关系、列国之间的平衡与失衡，都很清楚。《战国纵横家书》里有这样几句话，是苏秦写给燕昭王的，说：

"臣循用于齐，大可以使齐毋谋燕，次可以恶齐赵之交，以便王之大事，是王之所与臣期也。"说我这次被派到齐国做大臣，大可以使齐国不算计燕国；次一等可以把齐国与赵国关系挑黄，使两国渐行渐远，就便于燕王行"大事"了。"大事"是什么？方便燕王向齐报仇。于是，苏秦就在这样一个总体目标之下来到了齐国。

说起来，苏秦到齐国去做反间、卧底，并非一帆风顺。第一次，公元前300年，苏秦来齐国，这时候的齐国君主是齐闵王。本来燕国派苏秦行反间，是长远之策。结果呢，燕昭王可能报仇心切，听从了他人的主张，发兵讨伐齐国，两国就打起来了。一打仗，苏秦没办法，只好从齐国回燕国。这一仗，燕国打败了，它还不是齐国的对手。要破坏齐国，得先从它自身内部找茬口儿，让它自己栽跟头才行。经过这一次曲折，燕王行反间的心才坚定，就又派苏秦去齐国。

苏秦就跟燕王说，我这次去没问题，但我有个想法，得先跟君主您讲一讲。这一次我去齐国，别像上次似的，我前脚刚去齐国（前300年），您后脚（前298年）就打。两年不到，效果没有。这不行，你得听我的。苏秦还讲了一个故事，说过去有位丈夫，长期出门在外，妻子就跟别人好了。他家里还有一妾。不久丈夫要回家了，妻子那位相好的就说，你丈夫回来，怎么办？马上要露底了。妻子胸有成竹地说，我准备好了，他一回来就弄一杯毒酒给他喝，他腿一伸，不就完了吗？不久丈夫回来了，当妻子的就让那位妾去给丈夫毒酒喝。可是，妻子在外面有人，妾没有啊，她对丈夫很忠诚。妻子给她这样一件差事，她很犹豫，很犯愁。怎么办？妻是一家主母，她让我杀丈夫，我不去，主母不干；若杀了丈夫，丈夫冤。妻没事，她外边还有人，自己可就绝对成寡妇了。犹豫来犹豫去，想了一个办法，她把酒假装不小心洒到地上了。丈夫不知妾这样做是为自己好，很生气，还伸手揍了她。苏秦就说，您看看，妾是那样忠诚，结果还被无知的丈夫给揍了。他说，我特别怕我到齐国去，时间久了，君王身边的大臣都跟那位妻子一样。所以呢，我请您一定要耳根子硬点。苏秦在这段寓言里，自比于妾，深合孟子骂他们的以“妾妇之道”事人。

于是苏秦第二次来到齐国。这次，燕王还给了苏秦一百五十辆车，表示燕国对燕、齐关系重视。这时，齐国的内政也发生了一些变化。第一次苏秦来齐时，齐国的执政者是孟尝君田文，田婴的儿子。田文当时主张连横，与秦国走得近，强调齐秦联合。等到苏秦第二次来齐国时，齐闵王已经把田文赶走，主导外交政策的是齐闵王本人。这个时候的齐闵王主张合纵，尤其想跟赵国发展关系。赵国这时是赵武灵王搞胡服骑射，已颇见成效。齐闵王的如意算盘是想跟赵国搞好关系，以便自己去兼并宋。这就是齐闵王的阴谋。可是螳螂捕蝉，黄雀在后，还有一套阴谋罩在齐闵王头上，他却没有察觉，那就是苏秦和燕昭王设计的阴谋。两层阴谋同时进行着。

苏秦与燕昭王密谋，就是鼓动齐国进攻宋国，消耗其国力，使齐国陷入众矢之的的危险境地。但是，苏秦第一次出使齐国，以失败告终，那么第二次出使，他们的阴谋会实现吗？

苏秦第二次到齐国的时候，齐国也遇到了一件事。当时秦国君主是秦昭王，随着秦国向东扩展的连连得手，秦昭王觉得称王不过瘾，帽子太小了，想称帝。自己一家称帝，又觉得有点孤单，就拉着齐国一同称帝。齐国一开始也觉得称帝不错，就称帝了。这时正好苏秦第二次来齐，齐闵王就问苏秦对齐国称帝的态度。苏秦说，现在这个情形，您称帝是被动称帝，不如不称帝。不过也不要马上拒绝秦，怎么办呢？缓缓，看看秦国称帝后天下诸侯的反应。天下诸侯不反它，齐国再称帝也不迟。天下若是反对，您就作罢，这样可以获得天下诸侯的信任。秦国约我们一起称帝，是想与我们联合，一起伐赵国。可是，照我看，伐赵国远不如伐宋国有利。现在不要那个空头的帝号，天下诸侯对齐国就放心，就可以捞实惠，去伐宋国。若是要了那个帝号，诸侯都瞪眼睛看着您，您有什么动作反而不方便了。说来说去，就是不让齐国称帝。苏秦这个态度，与他和燕昭王设计的总战略是一致的，就是促成齐国攻打宋国。一旦齐国去打宋，就惹了滔天大祸，诸侯们就会收拾齐国。

齐闵王听了苏秦的建议，去了帝号，照样称王。这一下就得罪了秦国。秦齐关系既然恶化，齐国就与赵国拉近关系，苏秦当然是从中说合了。当时赵国的掌权者是奉阳君李兑。于是齐国就与赵国在阿（今山东聊城东南）这个地方举行了一次会盟。齐赵一会盟，燕昭王就有点迷惑。他原本与苏秦定计，是要挑拨齐赵关系的。怎么现在苏秦却充当了联合齐赵的中间人呢？苏秦就赶紧给燕昭王写信，说，您不要拘泥，只有它们俩联合了，齐跟秦国的关系才会疏远，齐闵王才会放心去伐宋。齐闵王第一次伐宋，就要在这样的情况下发生了。

齐国进攻宋，打了几仗，抢夺了一些土地。但是这样的动作目标太大了，诸侯都警觉起来。齐国一看，形势不太好，就赶紧收了兵。需要提及的是，第一次齐国伐宋，燕国还派了一位将领帮忙，自大的齐闵王却把燕国将领杀了。燕王的第一反应是恼怒，但也没办法，现在他燕国还不是齐国的对手，所以在谋臣的劝解下，不但忍了这口气，还派人向齐王道歉，说些派人不当之类的软话。小不忍则乱大谋，明智的燕昭王颇能忍。

接着，我们刚才讲过，齐国跟赵国在阿举行盟会，秦国知道了，很不高兴，就给赵国施加压力，要求赵国撤销李兑的职务。李兑也不是吃素的，就采取反制措施。什么措施？他也搞了一次新的五国联盟。五国都有哪些国家呢？有三晋的韩、赵、魏，此外是燕和齐。新的五国联盟，苏秦是做了不少工作的。燕昭王也同意了，跟秦对着干，燕昭王没有理由反对。齐闵王更同意，为什么？他觉得五国共同对付秦国，就把注意力转移了，他正好趁机下手接着伐宋。《战国策·秦策》说苏秦大搞合纵，成了东方各国合纵的领导者，可能就是根据这时候苏秦的表现说的。

新的五国同盟形成，正大张旗鼓地跟秦国较劲的时候，齐闵王却二次动手伐宋。他把参加五国攻秦的军队调回来，投放到进攻宋国的战争中。结果，其他四国发现齐国要灭宋，态度马上转变，原先共同的敌人是秦，现在却变成了齐，它们马上由伐秦转而伐齐。秦国这时也不是大家的敌人了，反而有了与其他几国联合对付齐国的可能。楚国和魏国，因地理之便，还派军与齐国发生了实际冲突。同时，韩、赵、魏和燕国联络，准备趁齐国军队在宋国前线的机会，抄齐国的后路。情报被齐闵王知道了，局势对齐不利，这样，第二次伐宋再一次告吹。

为了促使齐国伐宋，苏秦不停地奔走于燕、齐、秦、赵等国之间，但是，齐国两次伐宋还是没有成功。那么，苏秦又会想出什么招数来呢？

两次伐宋不得手，齐闵王不死心。出现这样的情况，苏秦也不死心。他在齐国总是办不成预定的谋划，齐国总是没有彻底落进给它设计的窟窿里去，苏秦也很着急。于是苏秦再想办法，他去做了一个人的工作，谁？赵国执政李兑。他来到赵国，找到了奉阳君李兑，跟他说，您执政这么多年了，上年纪了，应该考虑考虑后路了。人老了，总得有个养老的地方吧？人权位高，派头大，养老需要的物质条件也多。苏秦就从这方面下手，做李兑的思想工作。他接着说，我们齐国打宋国，实际上还有一层小小的用意，打下宋以后，我们不是一家独吞，准备弄出一大块土地来，给您奉阳君做养老的地方。这就是苏秦的招数。结果，把李兑说服了，也就等于把赵国说服了。齐闵王又觉得，起码赵和燕是同意他兼并宋国的。

于是齐闵王第三次发兵打宋国。这一次得了手了。这次所以能得手，也与宋国国内糟糕的情况密切相关。宋国现在的君主，也就是最后一代君主宋康王，外号“桀宋”，精神不正常，颇像宋襄公灵魂附体。他们家返祖了，不是长长毛，像猴子，而是变成另外一个新的冬烘先生宋襄公，老觉得自己搞得不错，齐国人虎视眈眈地盯着宋国直流口水的时候，他宋康王也起劲跟周围那些国家过不去，伐薛、滕等小国，得手了，甚至伐楚也得了点便宜，还跟齐国动过手。北面敌齐，南边战楚，就觉得自己太不含糊了！

公元前286年，就是齐国第三次伐宋之前不久，宋国出了一件怪事：一个麻雀窝里飞出一只大鹞鹰，就是苍鹰的一种。找算卦的问此事吉凶，算卦的得了钱财就胡说，说这是好现象，麻雀窝里边飞出这样一只大苍鹰来，意味着我们小国要翻盘子称霸啦！这样解释鸟窝里的不正常现象，不是要疯吗！可这位宋康王居然就相信了，越发觉得自己就是个霸主，于是天地之间就装不下他了！他就像喝了狂药一样射天笞地，用箭射老天爷，用鞭子抽打大地，把国家的稷庙，就是土地庙放火焚烧。他认为，这样给天地鬼神一点颜色瞧瞧，就可以使天地神灵畏惧自己，就可以称霸了。更奇怪的是，他让全国百姓喊他万岁。他在屋里喝酒，屋里的大臣就喊万岁；堂上一听，屋里喊万岁，也跟着喊；喊声传到堂下，堂下也喊；之后是庭院喊，大街上喊，整个宋国都城里全都一起喊！疯子有，但是疯得像他这样的还真稀罕！他比宋襄公疯狂多了，宋襄公跟他比，算是很正常的人了。结果他的太子一看形势不好，就逃走了。

齐国一看这情形，宋康王已经精神病晚期了，就发兵攻宋。齐国军队打过来了，宋边界上的人给宋康王送信：齐寇到了！可是精神错乱的宋康王一听说齐寇到了，当时就翻了脸，我宋国麻雀窝里都飞出鹞鹰来了，你怎么还说齐寇来了呢？他觉得不合常理。身边的人专找宋康王爱听的说，说这样的消息是“肉自生虫”的事，意

李山脱口秀

宋康王精神不正常，颇像宋襄公灵魂附体，变成另外一个新的冬烘先生宋襄公。

疯子有，但是疯得像他这样的还真稀罕！宋襄公跟他比，算是很正常的人了。

思是无事生非，给大好形势添乱，把送信人杀了。第二个人来报，也说齐寇到了，结果又被杀了。第三个人学乖变聪明了，向康王报告说，根本就看不到哪里有什么齐寇，国内的百姓很安稳，啥事也没有！宋康王一听高兴了，重重地赏了这个人。这个人拿了奖励撒腿就跑了。

这样，齐国军队迅速把宋国灭掉了。齐闵王第三次进攻宋国，太容易了。

齐闵王当然高兴了，处心积虑这么多年，终于把宋国这样一个始建于西周时期的老牌国家灭了。淮河以北宋国大片的领土，可以全数落到齐国人的手里了。这是多美的一件事！大概这个时候连给李兑一点礼物也忘得光光，眼前的得手，让齐国人只顾高兴了。

可是，就在这个时候，五国同盟又组织起来了，而且这一次不单是五国同盟中的四国组织起来，秦国也派了军队，朝着齐国来了！齐国的灭宋，使多少年合不来的东西南北诸侯携起了手，要一起对付齐国。楚国也派出了军队，但是楚国这一次用心颇阴险，派出的军队，打的是帮助齐国的名号。那么燕国呢？和齐闵王的处心积虑灭宋一样，燕也是处心积虑要向齐复仇，现在，齐国终于变成天下诸侯的敌人，报仇的机会终于到了。史载燕国这一次是“悉起兵”，把能派的军队都派出来了，燕昭王还派了国内最有才干的大将军乐毅为上将军，秦、韩、赵、魏的军队，也都归乐毅指挥。诸侯联军从西北方面大举进入齐国，在济西，诸侯联军大败齐国守军。之后，秦与三晋军队都撤走了。可是，燕国报仇还觉得不够，于是军队在乐毅率领下继续深入齐境，乐毅的军事才干在这次行动中得到充分显露。他率领燕军长驱直入，直逼齐国都城临淄，齐闵王逃走。几天后，燕军攻破临淄。就像当年齐国军队入燕一样，燕君把齐国都城的财宝和祭祀器物，全都输入燕国。这一下燕昭王乐了，亲自来到济水之畔慰劳军士，封乐毅为昌国君。合计乐毅入齐一共五年，拿下齐国七十多个城邑，都变成燕国的了，没有被攻陷的只有即墨和莒。

那么，齐闵王又如何了呢？前面说过，乐毅攻临淄时，他跑了。先是跑到卫国。自己都混到这个份儿上了，到卫国后还跟人家摆谱。卫国人一看，都成要饭的了，还摆谱，就要收拾他。于是他又跑，跑到鲁、邹小国，还是大模大样不招人待见，待不下去，最后又跑回自己国家的莒，最后落到了打着帮助齐国旗号的楚军手里。楚将淖齿在痛快地数落过他的诸多不道之后，抽了他大腿上的筋，把他吊起来，直到死去。

齐国，一个经历了几代先王治理而走上强盛的国家，到齐闵王手里，就这样咎由自取地遭了大难。齐闵王、宋康王，都是阎王殿里唱小曲——不知死的鬼！

那么，人们会问，那位把齐国引向灾难境地的苏秦又怎么样了呢？苏秦死了。应该是死于诸侯军队攻齐，齐闵王从临淄出走之际。他的反间计在大获成功的时候，也真相大白，所以，齐闵王在自己被抽筋之前，还是忙里偷闲地把他干掉了！

当然，齐国不会就此彻底完，它还会复国。那么，齐国又是怎么复国的？齐国未来的发展，又对战国产生了什么样的影响？请看下一讲：田单复国。

李山脱口秀

齐闵王、宋康王，都是阎王殿里唱小曲——不知死的鬼！

第十五讲　田单复国

燕昭王为报复齐国，派苏秦出使齐国做卧底，最后阴谋得逞，齐闵王被杀，整个齐国只剩下两个城邑没有被燕国攻占。眼看齐国就要灭亡，危急关头，齐国出现了一位复国英雄，此人就是田单。请看《战国七雄》之《田单复国》。

燕国大军在乐毅率领下大举入齐，攻陷包括齐国都城在内的七十余个城邑。但是，齐国不会就此灭亡，齐国还有英雄人物站出来，恢复邦家。

燕昭王与苏秦合作，终于把强大的齐国推向了衰败的境地。战国七雄，逐鹿中原，最先败下去的是魏，第二个是楚，接着就是齐。三个国家的衰败，多是咎由自取。《老子》说得好："天下皆知美之为美，斯恶已。"三个衰败的诸侯制定政策，无一不是想着好，眼里也都看到了美好前景。然而问题也就出在了他们只知"美之为美"，而不知"美"的背后所潜伏的凶险。像齐闵王的败坏齐国，看起来是燕昭王与苏秦施反间计的结果，其实，真正的"倒齐先锋"是齐闵王自己。没有他，燕国的阴谋难以得逞。

这就说到了燕国报仇。燕昭王在整个报仇过程中实际用了明暗两手，暗的一手是苏秦的反间，明的一手则是乐毅的攻略。当年，燕昭王招贤人，乐毅来燕，他对燕昭王说，要报齐国之仇，必须得走联合阵线，联合赵、魏，最好把楚国也调动起来。乐毅还建议，由赵国向秦国说明，我们联合是要伐齐，对秦国也有好处。燕昭王一听，乐毅的办法好，不但让他做将军，还让他出使列国。等到苏秦行反间得逞，把齐闵王和齐国弄到火堆上后，苏秦的任务完成，燕国另一只拳头，就是乐毅的攻略，就派上了用场。乐毅先是率领赵、魏、秦诸国联军，大破齐军于济西，消灭了齐军主力。之后，又继续统率着燕国军队向齐国的腹地挺进。其他几个诸侯则撤兵回国，这样做，符合他们的利益。战国七雄是一个多元平衡的格局，一个国家被灭掉，平衡就会被打破，没有得好处的其他国家就会坚决反对。正因如此，赵、魏、秦几国在济西打败齐军主力，迫使齐闵王从宋国撤军之后，也就撤了。但是，燕国却要报仇，为此蓄谋已久。齐国当初不是乘燕国内乱之机打进燕国，把燕国的祭器宝物都抢到齐国去了吗？现在，一报还一报，燕国也如法炮制，以牙还牙，把齐国的宝贝抢掠到燕国。

但是，这件事情要做，必须得快。秦、赵、魏等国是撤军了，可他们如果发觉燕国对齐国有野心，马上还会卷土重来，像对付齐闵王那样收拾燕国，这就需要乐毅的才干了！而乐毅攻略齐国，也正在他的迅捷。正因如此，他才能在很短的时间内，拿下了齐国七十多个城邑。然而，当燕军拿下临淄之后，其侵略者的面目就遮掩不住了，“乐毅攻入临淄，尽取齐宝财物祭器输之燕”（《史记·乐毅列传》）。这让燕昭王非常开心，亲自来到军前劳军。但是，这时候乐毅的做法，就与当年齐宣王军队入燕的做法没有两样了。

乐毅快速平定齐国大部，却还有两个城邑始终没有拿下来：一个是莒，一个是即墨。正当他集中力量，要大举拿下这两个城邑时，老天爷不帮忙，燕昭王死了！中国古代政治哲学中有所谓黄老之术，其中一部分内容专讲君主如何长生久视，就是长寿。在古代体制下，一个有为君主长寿，政策稳定，是国家的幸运。燕昭王的去世，直接影响了乐毅在齐国的行动。燕昭王雄姿勃发，支持乐毅，乐毅在齐国就可以大展身手。现在燕昭王死了，乐毅就麻烦了，他正在做的事情就难以为继了。

李山脱口秀

战国七雄是一个多元平衡的格局，一个国家被灭掉，平衡就会被打破，没有得好处的其他国家就会坚决反对。

新上台的燕王是谁呢？是惠王。此人做太子的时候与乐毅关系不好，什么原因，史书也没有记载。这样的事很常见，一个大臣，得老君主喜欢，什么事情没有注意到君王身边太子的感受，就会给自己留下后患。等太子上了台，不管你对国家有多大贡献，也不管你什么治国之才不治国之才，先收拾了你再说！

燕惠王一上台，齐国人就知道这是老天赐给的机会，他们马上利用乐毅与新王之间的不和，实施反间计。齐国人送消息给燕惠王说，乐毅在齐国已经数年了，如此长的时间，七十多个城邑都拿下了，区区两城邑拿不下来，是因为乐毅有想法。什么想法呢？一是他对燕国新君不满，二是他想长期在齐国待下去，在齐国称王，我们齐国人倒很欢迎乐毅长期住在这里。齐国人就把这个消息送到了燕国，惠王本来就对乐毅有看法，一听这消息，二话不说，马上就派了一位叫骑劫的将军，取而代之，把乐毅兵权夺走了。乐毅无奈，只好出走赵国。赵国当然欢迎，马上封乐毅做了望诸君。

乐毅在历史上的故事，到此也就基本完了。做了望诸君的乐毅，再也没有什么可以让史家大书特书的作为了。可是，乐毅这个人不同于一般的战国将军如廉颇、白起之类，他有文章传世。中国人没有不知道诸葛亮的，诸葛亮年轻的时候，经常自比于管仲、乐毅，但“时人莫之许也”。一般人肉眼凡胎，瞧瞧年纪轻轻的诸葛亮，长得太清秀了，不像啊！《三国志》说只有博陵的崔州平、颍川的徐庶认同诸葛亮的自比。实际上，诸葛亮确实有一点很像乐毅，就是他的《出师表》。古代有句话说，读《出师表》不流泪，就不是忠臣。这篇《出师表》，有学者说是参照了乐毅的《报燕王书》。乐毅写这封信，又是怎么回事呢？

乐毅出走后，燕国军队在齐国马上就支持不住了，骑劫根本就不行！这时候的燕惠王觉得不对劲儿，自己做错了事，于是就写信给乐毅说，哎呀，你看，我误听了他人之言，把你撤换了，可是我的本意呢，也是觉得你久劳在外，很辛苦，让你休息休息。乐毅收

李山脱口秀

这样的事很常见，一个大臣，得老君主喜欢，什么事情没有注意到君王身边太子的感受，就会给自己留下后患。等太子上了台，不管你对国家有多大贡献，也不管你什么治国之才不治国之才，先收拾了你再说！

到燕惠王的信，来而不往非礼也，就写了一封回信，把自己当年投奔燕昭王，燕昭王怎么跟自己定计等说了一遍。其中意味十足的是他的感慨，信中说，做大臣的，需要君主支持，但是因君主变更以致含恨而终的也很多。例如伍子胥，因为吴王阖闾信任他，他率吴军迅速打到了楚国的郢都，然而新王夫差一上台，就不再信任他，伍子胥只好死掉。伍子胥临死时说，把我的眼睛挖出来，挂到城门上，我要看着吴国怎样灭亡！这些掌故用得很妥帖。此外，乐毅的信里还有一句话广为流传，他说，君子“交绝不出恶声”（《史记·乐毅列传》），君子绝了交，绝对不说狠话、伤感情骂人的话。

战国是一个不重文雅的时代，暴戾之气太重，暴力的事情太多。这封信写得很带感情，给乐毅增色不少！

燕昭王死后，刚刚即位的燕惠王中了齐国的反间计，撤掉乐毅，由骑劫掌军攻城。那么，莒和即墨这两座城为什么如此坚固？城里的人们又做了些什么？

事情还要发展，刚才我们说过，乐毅一撤，形势急转直下。后来的史学家们讨论这个问题，说如果不换乐毅，结果会怎样。大家的结论是，不换乐毅，燕国军队在齐国的结果也好不了。为什么？燕国军队进入齐国后，拿人家的宝贝，拿人家的宗庙祭器，完全变成侵略军，齐国人不会就这样善罢甘休。而且，在当时诸强并立的局势下，其他诸侯也不会容忍齐国被灭，坐视不理。实际情况是，燕国军队在齐国遭到了有力抗击。

李山脱口秀

战国是一个不重文雅的时代，暴戾之气太重，暴力的事情太多。

乐毅率军入齐之初，想利用一些齐国人，却遭到了拒绝。齐国的画邑有一个贤人，名叫王蠋。有学者考证，王蠋原是稷下学宫有学问的先生，齐闵王时，稷下学宫衰落，王蠋回到自己的老家居住。乐毅率军进了齐国以后，下了一道命令，对王蠋居住的地方加以保护，不许任何人打扰王先生！不仅如此，乐毅还亲自找到王先生，对他说，听说您是贤人，希望您和我们合作，我封您为将军，您帮我们打仗。另外，我给您万户的富贵，封您一万户人家，供您富贵生活。王蠋听罢，当时就说了一句后来中国人很熟悉的话：好女不事二男，忠臣不事二主。断然拒绝了乐毅的邀请。为了断绝乐毅的念头，乐毅一离开，他立即上吊自杀了。这是一位有学问的齐国老先生的表现。

文献还记载了一个十几岁的孩子反抗侵略军的事。这个孩子叫王孙贾，他的反抗发生在淖齿杀齐闵王之后。楚军名义上是帮助齐国，可做得比燕军还歹毒，淖齿掌握了齐国大权后，就抽了齐闵王的筋，把齐闵王弄死了。

一个来自楚国的将军把齐国的王杀了，这时候，齐国人的情感就要转变，邦国感情就要占上风了！我齐国的王再不好，再缺德，你一个来自外国军队的将军，居然把他杀了，那怎么行！这时候就有一位少年英雄站出来了，这就是王孙贾。少年英雄背后，还有一位英雄的母亲。王孙贾的母亲对儿子说，你十几岁的人了，该学从政了。你每天早晨出去，要是到了晚上没回来，我做娘的就要到门口，等着你、盼着你。要是晚上出去，到早晨还不回来，我就要走到胡同口去巴望你。现在我们的王，不论他好歹，被人杀了，回不来了，难道我们这些做臣民的，就不能站出来管一管国家的事情吗？母亲用这样的话激励王孙贾。

李山脱口秀

一个来自楚国的将军把齐国的王杀了，这时候，齐国人的情感就要转变，邦国感情就要占上风了！

小伙子一听，血气就上来了，英雄气概就上来了。他勇敢地站到大街上高喊：楚国人淖齿杀了我们的君王，有想与我一起去报仇的，左袒！左袒就是露出左肩膀子，这是古代一种仪式。他这样振臂一呼，很多人都站出来要跟他一起干！于是他们就直奔淖齿住处，找到淖齿，还没等他反应过来，大家一齐动手就把他杀了。淖齿做梦也没想到，自己竟会死在一个孩子手里！

由这两件事情，一个老先生的，一个小孩子的，大体就可以了解齐国百姓的基本情绪了。但是，只靠单个的人不行，只是不与燕军合作，或者一小群人的义愤勇敢，解决不了齐国的亡国问题。齐国现在需要英雄，好在这个老牌国家不缺英雄，一个齐国式的英雄适逢其时、横空出世了！这就是田单。

田单，一看他姓名，就是位齐国宗室，与齐宣王、齐闵王是一个姓氏，属于王室的远支。田单很有才干，也很有办法。但在和平时期，这种有才干、有办法的人，虽与王室同族，也未必就有用武之地。田单也做了官，是负责市场管理的小官，叫市掾。这种官职，《论语》中孔子说过，我要是求富贵，虽执鞭吾亦为之。有人解释，孔子说的“执鞭”，就是管市场的官员，整天拿个鞭子在民众面前吆三喝四的。对小百姓很凶狠，因而被称之为贱丈夫。田单就做了这样的官，养家糊口、混迹人间而已。乱世出英雄，板荡见忠良！等到齐闵王亡国，田单的英雄本色就显示出来了。

李山脱口秀

齐国现在需要英雄，好在这个老牌国家不缺英雄，一个齐国式的英雄适逢其时、横空出世了！

当时，临淄被攻破，住在城邑的田单只好带着家人逃到一个叫安平（今山东淄博市临淄东不远）的地方。安平也不保，他就又领着一大家子逃跑。这次他想奔即墨。田单和他家人逃亡要坐车。古代载人的车，车轴很长，延伸到两个车轱辘之外有长长一截子，叫作毂，就是屈原诗“车错毂兮短兵接”的“毂”，指伸出去的这部分轴头。田单一看车轴的长毂，就吩咐人把长出来的那一截锯掉，还让人用铁箍把锯掉长毂后的轴头包起来。大家一开始不明就里，可到了出逃的时候就明白了。安平城外的大路上挤满了逃亡的车，车轱辘两旁的长轴头这时候就变成大麻烦了。大家争先恐后，车上的长轴你

诸侯争霸时打仗的“小车”

说是“小车”，其实一点也不小。车身长三米左右，车箱里能站三个人：站在右边的甲士持弓，主射，是一车之首；站在左边的是执长矛进行刺杀的甲士；中间的甲士驾驭战车。

挂我、我碰你，不是翻车，就是两辆车挤在一起，谁也动不了，乱作一团！田单家的车轴短，找个空当儿就可以穿过去，不挂不碰，顺溜地逃出了危险之地。田单的多智，小露锋芒。

田单一行人来到即墨时，齐闵王已经死了。不久，守城的即墨大夫也死了。偌大的城邑，不能没人来领导，于是大家就推举田单带领大家守城，这样，足智多谋的田单，就站到复兴齐国的潮头上了。

田单不是身负军国大任的达官贵人，他只是临淄城的一名基层官员，与齐国的王虽属同宗，但关系相当疏远。田单知道，当时的齐国只剩下莒和即墨两个地方，与强大的燕国比起来，双方的实力太过悬殊，如果贸然硬拼，失败是必然的。那么在这种情况下，田单会怎么做呢？

田单被推举后，马上组织民众修城备战。这期间，他做了一件很奇特的事。他命令城里的齐国人，每天都要在庭院中祭祀祖先，结果引得一大群飞鸟，飞舞着落到城里每一家的院落中。这样的情况被燕国人看见了，觉得奇怪，他们不知道，这是田单的计策。田单见燕国人上当了，就让人四处散布流言：是神从天上下凡，来对我面授机宜。当然是散布给燕国人听的。之后，他还传令城中说，会有神出世做我们的军师！即墨的士卒中，有一个愣小伙子，听了这个传令，就对田单说，田大人，您说有神要出现，说的是不是我呀？我怎么觉着这两天跟往常不一样啊？说完这话，怕田单不信、揍他，拔腿就跑。没承想田单说，得，得，就是你！小伙子没想到，自己一句撞大运的冒失话却成了真！田单把他叫过来，让他脸朝东坐，向他跪拜施大礼。小伙子哪受过这个，烧得慌，赶紧说，田大人，我那是蒙您哪，我哪是什么神啊！不想田单黑下脸来，告诉他，以后不要这样说，你就是神！记住了，以后再也不许说你不是神的话了！于是田单把小伙子引荐给大家，说这就是我说的神师，是我们齐国的大救星！

之后，田单就假借神师的名义，发布神谕：说我们最怕燕国人把齐国城外住的那些老百姓的鼻子割了，燕国人让这帮没鼻子的人站在进攻队伍的前面，向我们进攻。他们没了鼻子，俩鼻子眼朝着我们，向我们进攻，我们准垮台！这是神说的，不是我田单说的。燕国人一听，好啊，神都这样说了，就照这个办！燕国人就把城外齐国人的鼻子割掉了。上当的燕国人割齐国百姓的鼻子，城外的老百姓当然恨他们，给他们当“伪军”的，也不干了，其他没被割的也都逃了。守城的齐国人一看燕国人对投降的人如此残忍，守城的意志更加坚定了。

这就是田单的特点。弄个假神给自己当神师，目的是什么？回答是：“神道设教。”利用当时一般人的迷信，假托神的话，来达到自己的目的。后来陈胜吴广起义，不也是利用过“篝火狐鸣”的计策吗？司马迁的《史记·货殖列传》较早涉及地域民风问题，说齐国人性情缓慢，看上去大大咧咧的，却是“多匿智”。什么叫“匿智”？就是藏在心里不告诉人的招数。看上面的事，田单就是典型的“多匿智”。他的招数，假借鬼神，愚弄燕国人，让他们随着自己的“鬼话”转。

第二条消息就更奇特了。田单说神又说了，我们齐国最怕的是燕国人把军营驻扎到城外的齐国人的祖坟茔地里，挖齐国人的祖坟，侮辱齐国人的祖先。燕国人要是这样做的话，齐国人也要完蛋！燕国人一听，请注意，这时候燕国的主帅是骑劫，一个二等货色、三等货色都算不上的将军，齐国的“鬼”说什么，他就听什么。一听这消息，燕国的军队马上执行田单的命令，开到了齐国人的祖坟地里，齐国老百姓一下子就被惹怒了。

李山脱口秀

齐国人性情缓慢，看上去大大咧咧的，却是“多匿智”，就是藏在心里不告诉人的招数。

《史记》在写到田单的这条计策时用了“反间”来形容，称此为反间计。我们知道，燕昭王、苏秦君臣坑害齐国，是反间计，现在，“多匿智”的田单用的也是反间计。苏秦是装齐国忠臣，田单则是装神弄鬼，给敌人送貌似有利于他们的情报。田单这第二条计策得逞以后，整个齐国人的心就凝聚起来了。

接着，就是假投降。田单发现齐国老百姓现在情绪激昂，精神高度统一，终于拧成一股绳了，就开始了新的谋划。他与将士同甘共苦，亲自拿着工具加固城墙，另外把自己的妻妾全都组编到军队中。这透露一个信息，古代战争，战国时期的战争，是有女兵参战的。而且不只齐国，秦国也有这样的现象。强壮的女子，可以从军；弱点的，搞后勤。田单这样做，也是因为齐国人太少。要动员女子参军，自己先做表率，把自己的大老婆、小老婆都编制到军队中。另外，还出了不少自家的钱财。只是诡计多端不行，对自己人，还需要拿出一点真心，做出真实的牺牲，才能拢得住人心，办得成大事。大家一看田将军为人身先士卒、急公好义，于是真心拥护他。有了一支稍微像点样子的军队，田单就着手下一步的计划。

这就是假投降。一到白天，田单就命令那些精壮一点的士卒藏起来，让老弱的女子到城墙上守城。同时，还主动给燕国人送信，说即墨城实在是守不住了，齐国人愿意投降。并从富人那里搜集了不少钱，由富人亲自送给燕国将领，请求他们破城时，保护城里富人的家眷。总之，投降的姿态，在田单的安排下表演得很逼真，燕军完全信以为真。

为了使齐人痛恨燕军，并抱定必死的决心，田单想出各种办法激励即墨军民。据史书记载，为了松懈燕军的戒心，他故意派老弱妇孺上城防守，并收集即墨城中的金银珠宝，派人送给燕军，表示即将献城投降。那么，在这一切的背后，田单的投降到底是怎么回事呢？

军事上有句老话：受降如受敌。当接受一群敌人投降的时候，受降的一方要高度戒备。可是，燕国的将军只二三流货色，他们的投降，就全不是那码子事了。

田单给燕国军队准备了一个攻略，就是火牛阵。他在城里找牛，据说找了一千多头，对此，后来史学家怀疑，即墨城被围了四五年，哪还有那么多牛？这是一个疑问。但是，田单用了火牛应该是实有其事的。然后呢，田单就指挥给牛身上披上绛色缯衣，衣上画有五彩的龙纹。最要紧的，是每头牛的牛角上都绑上刀，牛尾巴上扎上苇子，灌上油。用苇子，因为苇子是空的，容纳的油多。

之后，田单又命令在城墙上隐蔽地凿洞。等到约定投降的日期，田单一声令下，把早就打好的墙洞打开，齐国的士兵，包括妇女站在火牛的后面，一起大敲铜盆，同时，点燃了牛尾巴上的苇子。铜盆当啷当啷地山响，要命的是尾巴上还着了火，这群牛就像疯了一样瞪着大眼睛，呼啦啦冲向了燕国的军营！燕国军队一看，傻眼了，对面来的不是降军，是一群夺命的牛魔王！黑压压、轰隆隆地动山摇冲过来这么多牛，燕军阵脚顿时大乱，将军骑劫也死在牛刀或牛蹄之下。

这就是历史上著名的田单复齐的火攻战。他的攻略，是火攻，也是牛攻，是把火攻与猛牛的巧妙结合。用动物打仗，历史上有记

李山脱口秀

军事上有句老话：受降如受敌。当接受一群敌人投降的时候，受降的一方要高度戒备。

山西侯马铸铜遗址出土的兽面衔虺纹样展开图

载，据说西周初期周公打仗，就曾使用过大象。后来中原大象灭绝了，但是牛没有灭绝，田单推陈出新，用火和牛组合打仗，是军事上的创新。无独有偶，西方古罗马时期，迦太基人、著名的汉尼拔将军与罗马帝国打仗，也使用过一次火牛阵。不过，他的火牛阵，史书上记载是在牛角上点火。中西比较，哪个更巧妙，不说也清楚。

田单的火牛阵把燕国侵略军打得一败涂地，于是田单率领齐国日益壮大的军队收复失地，动作非常快，秋风扫落叶一样，马上就恢复了齐国原有的国土。田单，一个多大智慧的人，在国家危难关头，调动民心，团结民众，并以他特有的智慧，把燕国军队赶出了齐国。齐国死而复生。

国家恢复了，得有个君王啊。这时候，齐国新王就露头了。这新一代国王就是齐襄王。齐襄王小名叫法章，齐闵王的儿子。闵王被杀以后，法章逃到民间，藏到了太史敫家里，给太史家做杂活，抽水浇园子，不敢说自己是王的儿子。但是，太史敫的女儿慧眼识人，怎么看法章都不是个凡人，她就跟法章好，俩人有了感情，在没有父母之命、媒妁之言的情况下，俩人还生了个儿子。太史敫因为这事儿，一辈子不见女儿，说女儿跟别人私通，德行不好，丢不起这个人，一辈子不见她。等到田单把燕国的部队打跑以后，找君主，法章就露头了，说我是闵王的儿子。于是，大家就立法章为新一代齐国君主。太史敫的这位女儿，也就当了王后，称君王后，老爹还是始终不见她，老古板！

齐襄王在位不久，也去世了。襄王的儿子，就是太史敫的女儿的儿子，继位做了齐国最后一代王，叫齐王建。这个人怎么没有“闵王”、“襄王”这种谥号呢？因为他在位四十多年后，秦国把齐国灭了。国家灭亡，亡国之君哪里还有谥号呢？齐王建在位时，他的母亲一直辅佐着自己的儿子，四十多年齐国没有出大事。这不是说齐国建设得好，恢复了国力，没有，主要是因为秦国没有腾出手来收拾残破的齐国。不过，四十年还能维持一个局面，慧眼识人的君王后，也是起了一定的作用的。

总体而言，齐国，战国时期的泱泱大国，经济发达、文化发达、军事发达，出过像齐威王那样的明智之王，到了齐闵王，因为错误的路线，轰然倒地。齐国尽管有田单这样的英雄再续国命，但历史不会再给齐国人机会了。我们曾经说过，战国七雄，都有可能统一天下。但是齐国历史到了今天，李双双哭丈夫——没希望（喜旺）了！齐国的盛衰，包含着很深刻的历史教训。由此观察秦国所以统一天下：第一，必须承认，是它自身强大。第二，我看有百分之五十的原因，是东方那些强国们没有走好自己的路。这种教训，比秦始皇统一中国的经验还要耐人寻味。

齐国的情况就这样了。可是，东方还有燕、赵这些国家呢，它们的情形又如何呢？请看下一讲：胡服骑射。

李山脱口秀

东方那些强国们没有走好自己的路，这种教训，比秦始皇统一中国的经验还要耐人寻味。

第十六讲　胡服骑射

战国时期，赵武灵王的胡服骑射不但改变了赵国的历史，而且对当时和以后的中国社会也产生了巨大影响。那么,赵武灵王为什么要推行胡服骑射？在他推行胡服骑射的背后，隐藏了什么战略呢？请看《战国七雄》之《胡服骑射》。

战国时期，赵国的历史上出现了一位雄才大略的君主，此人就是赵武灵王。赵武灵王在位期间，立足军事改革，推行胡服骑射，使赵国成为军事强国。但是，在他执政后期，在王位继承问题上，他优柔寡断，感情用事，以致饿死沙丘。一代雄主就这样草草收场，给后人留下无限感慨。

与燕国向齐国复仇相先后，赵国进行了一场重要的改革，这就是赵武灵王的胡服骑射。胡服骑射的主导者是赵武灵王。“灵王”俩字，是他死了以后给他的谥号。“灵”这谥号有必要说一说，赵武灵王的“灵”是什么意思呢？古代有一本书，叫《逸周书》，其中有一篇叫《谥法解》，对于什么人死后称“灵”，有这样的说法：

第一种情况，“死而志成曰灵”。人死了，其大志却成了，这可以叫“灵”。

第二种情况，“乱而不损曰灵”。在位的时候，把国家弄乱了，但还好，国家没有受到根本性的损伤，这种人也可以叫“灵”。

第三种情况，“极知鬼事曰灵”。就是知道鬼神之事，能通神，也可以叫“灵”。

第四种情况，“不勤成名曰灵”。本身很懒，成了名了，也可以谥为“灵”。

第五种情况，“死见鬼能曰灵”。死了以后，显出鬼神的能力来了，闹鬼，这也叫“灵”。

第六种情况，“好祭鬼神曰灵”。好祭祀鬼神，劳民伤财，死了也可以叫“灵”。

以上六种情况，赵武灵王大致符合前三种。“死而志成”，他死了，赵国变强了，与他的胡服骑射改革有关。另外就是“乱而不损”。的确，由于赵武灵王到后期无端把大权让出去，又没有处理好儿子的继位安排，导致赵国一场内乱，自己也死于这场内乱。但此次内乱并没有伤害到赵国的基本面，走向强盛的势头还是保持了。另外，“极知鬼事”这一条看上去对赵武灵王不大合适，他不靠鬼神办事。不过，他不是自己闹鬼，而是借着一些死了多少年的鬼，就是拿他的老祖宗来说事儿，例如他好做梦、托梦等等。总之，用“灵”来概括赵武灵王，还是颇为准确传神的。

那么，说来说去，赵武灵王到底是怎么回事呢？赵武灵王是赵简子的十代孙，赵简子在三家分晋的过程中作用很大。公元前325年，赵武灵王继位。继位的时候年纪小，所以由先王老臣肥义辅政，另外身边还有几位博文师，看来受的教育还不错。过了几年亲自听政，很懂得尊敬老臣肥义，也懂得尊敬其他老人。看来，是个好帝王的苗子。

赵武灵王在位时正值战国中期开始，早年正赶上公孙衍、张仪搞合纵连横。公孙衍倡导五国相王和五国攻秦，是武灵王在位十几年的时候。当时五国相王，韩、赵、魏加燕国，加上中山国，就是五国，五国之间，你称我为王，我称你为王，小圈子里互相称王，目的是要抵制秦国，同时也有点向东抗衡齐国的意思。这就是五国

李山脱口秀

赵武灵王不靠鬼神办事，而是借着一些死了多少年的鬼，就是拿他的老祖宗来说事儿，例如他好做梦、托梦等等。总之，用“灵”来概括赵武灵王，还是颇为准确传神的。

相王。之后又有五国攻秦。在五国相王、进而攻秦的时候，秦惠王就说过一句名言：“连鸡不能具止于栖。”（《战国策·秦策》）其实这一点，赵武灵王当时虽年轻，也看得很透。《史记》记载，五国相王的时候，赵武灵王只是对外称王；对他的国民和臣下，赵武灵王却说，称王得有称王的实力，我们现在哪有这个实力？所以，你们不要叫我王，照样叫我君就行了。赵武灵王能这样说，应该说实在灵、很聪明。果不其然，五国攻秦，军合力不齐，一打就败了。第二年秦国反过来打了一场修鱼之战，把韩、赵的军队打得惨败。这应该是对赵武灵王有触动的。攒鸡毛凑掸子，大家一起合伙，可是仍免不了胆（掸）子很小，对付秦国还是不行，没有实力。我想后来赵武灵王胡服骑射，与早年所见所感应有很大关系。

所以，赵武灵王就发奋图强，进行改革。要改革，就得有可以让大家都赞成的理由。赵武灵王就瞄准了赵国多年来的一个心腹大患，那就是中山国。

> 中山国原为白狄，本为边地人群，后进入中原，接受了先进的农耕文化，建立了国家。其地就在今河北石家庄以北到保定以南的地区。全境只有东北角一小块与燕国接壤，其余皆为赵国所包。赵武灵王即位前，赵国老想消灭中山，但苦于国力不济，总不成功。赵国在大兼并的时代，要有所作为，中山国的存在就成了障碍和可能的危险。因此，中山国是赵国的心腹大患。

史书记载，赵武灵王十七年的时候，他有一个出奇的举动：带了很少的人，潜入到中山国内部，登上一个叫野台的高地望中山。赵武灵王的胆略，由此已经显示出来了。灭中山国的大志，影响了赵武灵王的一个重大决策，他要逆势而动。什么叫逆势而动？我们知道，赵国原来的都城在今天的山西太原，后来迁到河北邯郸，到了大平原上。此后，魏国也把都城迁到了大梁。这就是当时赵魏发展的总态势，向东发展，争夺平原而发展，逐鹿中原，以争天下。但是，赵武灵王想强国，请注意，他的思维跟别人不一样，他要平原争天下，却把眼光投向了西北。赵国的西北部，在当时是边地人群生存的区域。不要小瞧戎狄人群的文明，戎狄的特点是什么？战争性强。当年西周时有一位周穆王，巡游天下，往今天新疆这一带游历，干吗去呢？他是想从草原文明中汲取战争力量。草原上有什么？有战马，有皮革，新疆一带，还是迄今中国境内发现的最早使用铁器的地方。这与赵武灵王的眼光是差不多的。赵武灵王逆势而动，他知道，要在平原上站住脚并取得胜利，必须要向西北汲取战争资源。这个时候赵国的北境，黄河以东住的是楼烦，黄河以西住的是林胡。这两个人群，都是骑马民族，他们也有战车，不是很落后。赵武灵王，早年经历了修鱼之败，到了他在位十几年时，登台近望中山，远望齐国，我们可以猜测，这个时候，一个大计划就在他心中形成了，而且眼光十分独特。

赵武灵王十九年春正月，他召集群臣开会，一共开了五天，定下北掠中山的策略，打中山国。之后，赵武灵王率部从邯郸出发，一直打到房子，即今天河北定州一带。然后掠过中山领土，继续西行，从今天的河北一直到了晋、陕交界的黄河大拐弯处。这个地方，赵武灵王登上一个叫黄华的高山，四下观看远近的景象。这时，他身边只有一位心腹谋士，名叫楼缓。赵武灵王把自己心里几年来的盘算，向楼缓和盘托出。他讲到赵国的历史，说，想一想，我们的十代祖、九代祖，赵简子和赵襄子，都非常有作为，他们审时度势，在赵国南边以滏河、漳河为界修建长城；同时，取得了一些土地，打败了胡人。很可惜，他们死得都太早，壮志未酬。那么，现在轮到我了，我赵国的情形，内有中山之患，西边有秦、韩，还有林胡、楼烦，北边有燕国，这样广阔，没有一支强大的军队怎么行？所以，我也要审时度势，胡服骑射！

这是赵武灵王第一次将自己心里的盘算告诉别人，楼缓表示同意。之后赵武灵王马上开始了有关胡服骑射的思想工作。首先从他的老师肥义做起，肥义思想通了，一般大臣也就不好反对了。但还有一个人特殊，谁呢？赵武灵王的叔叔公子成，他是君王的长辈。这个人影响力很大，赵武灵王很清楚，叔叔要是支持自己的改革，事就容易成，若是不支持，事可就非常困难。怎么办呢？赵武灵王先派了一个叫王绁的人去做工作，说王要胡服骑射。公子成听罢，就说了一套搪塞之词，不赞成。他说，什么叫“中国”？礼乐文明，有高度教养，这个地方就叫中国。我们的服装，代表着文明教养，我们穿得跟别人不一样，是丰富的财物和优越的教育所产生的结果，是文明的象征。现在我们的王头脑出问题了，怎么会想到放弃代表我们身份、代表我们文明的服装，向夷狄学习呢？这不要天下大乱吗？这中国还成其为中国吗？文明人还成其为文明人吗？他这样说，听起来理由很硬。

赵武灵王了解了叔叔的想法以后，心想，我这个叔叔还真有两把刷子，看来不亲自到他家里跟他理论理论是不行了！于是，赵武灵王亲自来到叔叔家，一番客气之后，就直入主题。赵武灵王说，叔叔啊，我要跟您谈谈穿衣服这个问题。我要问问叔叔，什么是服装？服装代表文化，代表礼仪。那么，我请问，什么叫礼仪？注意，这个问题问得好。人为什么要穿衣服？赵武灵王把问题提到了哲学的高度。人类干吗要穿衣服？穿衣服为了什么？是人穿衣服还是衣服穿人？答案一定是“人穿衣服”，穿衣服是为了保暖、好看，表明身份等等，都是为了人。赵武灵王说，既然是人穿衣服，那穿衣服还不就是为了方便吗？我们有礼仪、有文明，还不就是为了方便我们做事吗？我们一切的文明，一切的礼仪设施，不都是为了人生更美好吗？哪个是根本？西方有句话，安息日是为人设立的，这句话，与赵武灵王要表达的意思一样。穿衣服是为了暖和，是手段，因而穿衣服怎么穿，穿什么，就是可变的。为了说明这一

李山脱口秀

什么叫礼仪？这个问题问得好，赵武灵王把问题提到了哲学的高度。既然是人穿衣服，那穿衣服还不就是为了方便吗？我们有礼仪、有文明，还不就是为了方便我们做事吗？我们一切的文明，一切的礼仪设施，不都是为了人生更美好吗？

点，他还举例子说，你看，北方人戴帽子，穿礼服，可是东南一带的越人，不是断发纹身吗？那不也是为了方便吗？赵武灵王这样理解穿衣服的问题，在思想史上应该给他留一个位置。他的想法，深合《周易》强调变，变则通、通则久的哲理。

赵武灵王接着说，现在赵国要胡服骑射，不是因为胡服骑射好看，或者是求个新鲜。我们的国家，东边与燕国、胡人相接，北边有广大的胡区，西边有韩国、秦国的边境，南边还有上党山区。这么大的地方，要是没有一个快速反应部队，行吗？还有，逆水行舟，不进则退。本来赵国很强大，可是就在前几年，一个小小的中山国，仗着有齐国支持，就敢跟我们龇牙瞪眼，到现在这个仇还没报。看见了吗？不要以为你是个大国，大国不拿出大国的气派来，小国也敢欺负你。这个时候我们无所作为，行吗？从原理到风俗，从道理到现实，赵武灵王一番话把公子成折服了。公子成说，我的侄子，我的王，你水平比我高，我是个老顽固！行了，你说的道理我明白了，我同意改变服装！此后，公子成就穿了胡服上朝。胡服骑射，就在赵武灵王的一番说服工作后，大规模地推开了。

那么，胡服骑射是什么？“胡服”是什么样的服装。前辈学者王国维有一篇文章《胡服考》，专门考证“胡服”是什么。中原的服装，是适应战车打仗的。古代贵族基本是上衣下裳制，最里层是上下连着的深衣，类似桶裙。深衣之外，上身着衣，下身围围裙，小腿绑绑腿。这样的服装方便战车作战，可是要骑马就不行了，穿深衣，腰间围围裙，怎么骑马？所以赵武灵王选择胡服，就是为适应骑马作战。王国维考据，胡服所戴的帽子叫作惠文冠，惠文王是赵武灵王的儿子，他继续执行了胡服骑射的政策。惠文冠的突出特征，是上插两根鹖的羽毛。鹖就是野鸡的一种，特点是若两只公鹖斗，非斗死一只才算完。插鹖的羽毛，取其勇敢善战、不要命的意思。秦国人统一后，惠文冠就成了仆人的帽子。就是说秦国没有废弃它，只是让下人戴，表示轻贱的意思。总之是传下来了，后来古

李山脱口秀

看见了吗？不要以为你是个大国，大国不拿出大国的气派来，小国也敢欺负你。

典戏曲里一些人物的帽子上，如周瑜的帽子上，就插两根雉鸡翎子，表示武将身份，不知是不是与惠文冠有关。

衣服呢？是上袭下裤。袭就是紧身袄，腰身紧，腰要收住，下面再爹出去，骑马方便。下身穿裤子。至于裤子是不是我们今天裤子的样式，就难说了。在没有文物发现之前，赵武灵王裤子的具体样式，只好存疑。其大致情形就是上面穿衣服，下面是裤子，骑马方便的裤子。另外，上衣的袖子比较窄，也是为了骑马射箭的方便。关于“胡服”大体就是这样。总之，赵武灵王这个人在关于衣服的思考上，甚至比秦孝公水平还高。但是，论改革的深刻，却不如秦国，因为只局限于军事装备、作战方式，但这也很了不起了。

战国时期的铠甲骑士刺虎图

赵武灵王是一位雄才大略的君主，他大胆学习北方游牧族军事上的优点，下令在全国推行“胡服骑射”。胡服骑射不单是一个军事改革，同时也是一个国家移风易俗的改革，是一次对传统观念的更新。那么在赵武灵王的战略里，他将如何解决中山国这一心腹大患呢？

为了胡服骑射，赵武灵王先提出打中山国，可是打起来却往西北边走。这样做，真实的意图是联络当时林胡、楼烦的上层，因为他们有战备资源——马匹。胡服骑射的改革，不用像商鞅变法那样，要经过若干年一系列政策的逐步实施才见效，有几年就可以装备成，就可以把老式的作战设备换掉。实际的情况是，赵武灵王在位十九年主张改革，到二十年，他就开始对中山国发起了持续的攻击，出兵打击中山国。战争刚一结束，机灵的赵武灵王马上派使臣到秦国、楚国、齐国去送信，解释他为什么打中山，做各大国的思想工作。赵武灵王这时大打中山，机会抓得很准。当时的列国，秦国是昭王初继位，刚刚有内乱，大权掌握在舅舅魏冉和太后手里。因权力分配不公，人心不齐，难有作为。齐国的齐闵王这时俩眼直勾勾地盯着宋国，还主动跟赵国交好，以便吞并宋国。燕国当时是盯着齐，一心要报仇。这样的时候赵武灵王打中山国，时机抓得很好。

到了二十一年，赵国再一次大举攻打中山国，这时胡服骑射改制已经一年多了。赵国兵分两路，北边一路，南边一路。要注意的是，北路军队中汇集了不少胡人，也就是说，胡服骑射不单是中原人穿上胡人的服装，而且还吸收了大量边地人群加入赵国队伍。赵武灵王亲率南路军队从邯郸出发，要注意的是，这一路军队中仍然有车骑，他并没有全部放弃战车。以赵武灵王的聪明，不可能一辆车也不留，不合乎实际需要的做法，他是不会做的。这样，两下合击，取得了重大战果。大概有七个邑，被打了下来。中山国一看不好，为息事宁人，又献了四个邑。这样，十一个城邑就归了赵国。

之后，二十三年、二十六年接着打。到二十六年的时候，赵武灵王已经感觉到中山国抵抗的力量不足，不是对手了——实际情况是，中山国又挣扎了五年灭于赵——所以，就在二十六年这一次，赵武灵王攻城略地，北至燕、代，西至云中、九原。他把攻取的矛头向北、向西大举拓展，一直到云中、九原一带。云中即今内蒙古托克托，九原则在今内蒙古包头一带。这时的赵武灵王要直接占领北方草原地带的军事资源即马匹。为了巩固这些已占据的战略地区，他还把赵国大量官吏和百姓迁到那里。这时候的赵武灵王如日中天，事业如火如荼！

但是，赵武灵王一方面是天才，　方面他又经常有些怪念头出现在脑子里。有人说过，赵武灵王这个人才智很高，就是缺乏帝王之略。到了他在位二十七年的时候，忽然哪根神经乱波动了

李山脱口秀

赵武灵王一方面是天才，一方面他又经常有些怪念头出现在脑子里。这个人才智很高，就是缺乏帝王之略。

一下，分泌出一个很奇怪的想法：赵国的国王，自己不干了，交给公子何！

赵武灵王聪明的脑袋里有自己的盘算，把权力交给儿子，他自己好集中全部精力专心于西北。也就在西北的经营上，赵武灵王隐藏在心中的一个大计划才露出了模型。胡服骑射，看上去是为了灭中山，可灭中山只是一个前奏，他的眼睛还盯着强大的秦国，或者说，整个大战略的高潮部分就是秦国。《史记》记载，赵武灵王让位以后，“身胡服将士大夫西北略胡地，而欲从云中、九原直南袭秦，于是诈自为使者入秦。秦昭王不知，已而怪其状甚伟，非人臣之度，使人逐之，而主父驰已脱关矣。审问之，乃主父也。秦人大惊”（《史记·赵世家》）。好家伙！“欲从云中、九原直南袭秦”，就是从包头、托克托的黄河大拐弯一带，从今天内蒙古河套地区，直接向南袭秦国，抄秦国的后路。赵武灵王真够“灵”的，有战略家的眼光！打秦国，从邯郸这一带打，没戏，函谷关、崤函之地多稳固！而且这是个固定的思维模式，秦国重兵防守，难以得手。赵武灵王看到这一点，他奇谋异算，想从西北，从云中，从九原出奇兵，以自己军事上胡服骑射的优势，直扑秦国。好大的一个战略！所以有军事史说，赵武灵王在战略的设计上，充分显示出他的英雄气概和高明见识。为此，他还深入虎穴，冒险到秦国都城走了一趟，他的胆气，确实把秦王吓了一跳！

可以说在赵武灵王胡服骑射以后，赵国的军事实力大大加强，赵国也一跃成为战国时期的军事强国。有学者甚至认为，如果秦国不统一六国，最有可能统一六国的就是赵国。但是历史不容假设，后来的历史发展，赵武灵王的雄才大略并没有延续下去。

但是，赵武灵王的那个怪念头害了他！这事很奇怪，你想经营云中、九原，并不妨碍你接着做王啊？赵武灵王非要把位子传给儿子，其实另有隐情：他太喜欢公子何的妈了！这又是怎么回事呢？

赵武灵王早年，大概是在位十六年的时候，做过一个梦，梦到自己走在大泽里，看到一个美女，美得像花儿一样，在那里唱歌。醒来后，赵武灵王反反复复说这个梦，这个美女应该姓嬴。用学问打溜须的史官还给他提证据：说的确在老君主赵简子时，他也做过一个梦，说他的多少代孙，将来要娶舜的后代孙女做媳妇；当年赵简子就有这样的梦，记载上有。史官就这样帮着一块儿说瞎话。这就是赵武灵王，喜欢闹点怪异的事，结果就要娶梦里的女子。哪儿找去啊？其实不难，只要君王找，就一定找得到。大臣中有个叫吴广的，就把自己的女儿改了姓，嫁给了赵武灵王，就生了公子何。

诗人云：无情未必真豪杰。可是溺于情，英雄就很可能变狗熊。在这件事上，赵武灵王一般老爷们儿的缺陷就露出来了，爱小媳妇，又爱屋及乌爱小儿子。实际上赵武灵王有正妻也有太子，可就是一点荷尔蒙作怪弄出的梦，让这位大英雄变成庸人。胡服骑射，云中、九原偷袭秦国，大战略都有了，就是没点小战略，家里这点儿女情长拎不清。岂止拎不清，还极糊涂！结果就把位子传给了公子何。这样一来，那个原来的太子——太子章——就不愿意了，赵武灵王的家里就要出事儿了！

> **李山脱口秀**
>
> 诗人云：无情未必真豪杰。可是溺于情，英雄就很可能变狗熊。胡服骑射，云中、九原偷袭秦国，大战略都有了，就是没点小战略，家里这点儿女情长拎不清。岂止拎不清，还极糊涂！

公子何上台，就是赵惠文王。赵惠文王四年时，大会群臣。群臣来了，主父赵武灵王在一旁偷看。看什么？看原来的太子章。就见太子章一副受委屈的模样，他心里顿时七上八下，深深觉得自己亏待了这个儿子！这下，他另外的缺陷又冒出来了：妇人之仁。在儿子的事情上，赵武灵王越发糊涂，完全沦为一个没有主见的家长。又一个怪念头冒出来，他想把赵国一分为二，把代那一带的地方分给原太子章。赵武灵王的“灵”劲儿，到现在无以复加！赵是一个国家，不是田舍翁的一份家产。可历史人物就是这样复杂，一会儿大英雄，一会儿妇人之仁；一会儿雄才大略，一会儿要均分家产，做事如此的飘忽不定，一时还真让人难以把这样两重人格合在一起！无论如何，赵武灵王因为自己的人格分裂，而要引起后院起火了。

旧太子章身边有一位相，叫田不礼。不怕有坏事，就怕有坏人，可巧这位田不礼是个极阴险的人，这就要出事，就要出沙丘饿死主父的大变故。怎么回事呢？

赵惠文王四年那次君臣朝见后，主父就想把赵国一分为二，主意还没拿定，赵武灵王和儿子惠文王一起到沙丘的离宫别馆去住着。《史记》特别交代，父子俩没有住在一个宫殿里。两代国王一起离了国都，好像鱼脱了渊水，田不礼和太子章都瞧准这是一个机会，于是率领一大群党徒起而作乱。他们假称主父之令，杀掉老臣肥义，之后就与赵惠文王的势力干了起来。大臣李兑和公子成率兵援救主父和惠文王，把叛臣收拾了。太子章成了孤家寡人，就往主父住的宫里跑，躲起来了。主父到这时候，还是个老爸爸的菩萨心肠，其实还是妇人之仁，把他送出来不就完了吗？他没有，而是护着。结果，公子成和李兑的人就把主父所住的宫殿围起来。不久，旧太子章死了。照说主父也就没事了吧？不然。李兑和公子成两个人合计，咱们二人因为抓太子章而围困王所住的宫殿，这是死罪啊！干脆一不做二不休，继续围住主父的宫殿，一共围了三个月！三个月，英雄一世的赵武灵王最后饿得没办法，跟老家雀过不去，掏老家雀刚孵化的小家雀吃。能有多少这样的家雀给他掏了吃？不久就饿死了。赵惠文王这时候年纪小，他也无奈何。于是，一代英雄之主，也是一代糊涂之主，被称为“灵”的赵王，就这么黯然悲惨地结束了自己的一生！但是，他给赵国胡服骑射打下的军事基础，没有丧失，“乱而不损曰灵”，这就是赵武灵王。

战国中期后段，能够跟秦国抗衡一下的，就只有这个赵国。而老天爷也还真帮忙，赵国在后来与秦国抗衡中，出现了一批能征惯战、足智多谋的人，演出了不少历史的活剧。具体情况如何，请看下一讲：将相和。

李山脱口秀

可历史人物就是这样复杂，一会儿大英雄，一会儿妇人之仁；一会儿雄才大略，一会儿要均分家产，做事如此的飘忽不定，一时还真让人难以把这样两重人格合在一起！

第十七讲　将相和

廉颇和蔺相如的故事可以说家喻户晓，他们共同演出了一场“将相和”的大戏。赵国重用廉颇和蔺相如，将相合作，外交上和军事上都取得了成功，迫使秦国对赵国不敢轻易动手。那么，廉颇和蔺相如之间发生了什么故事呢？请看《战国七雄》之《将相和》。

战国时期，在赵国的历史上，赵武灵王的死确实让人惋惜，任何历史人物都有他的局限性。那么赵武灵王之后，他的儿子赵惠文王又怎么样呢？历史的发展是，赵国虽然没有再出现像赵武灵王那样的君主，但是却涌现了一批奇特的人物，如蔺相如、廉颇等等，他们都名垂青史。

胡服骑射的赵武灵王不明不白地死了，死得让人惋惜。那么，赵惠文王又怎么样呢？这就是赵武灵王之后又一段历史了。赵惠文王统治下赵国出了几个奇特人物，都有谁呢？有蔺相如、廉颇、赵奢等。其中廉颇、蔺相如将相和的故事，更是脍炙人口。

廉颇战功赫赫，作为老资格的将军，在赵惠文王上台后，建立了不少功勋。蔺相如则不然，他是赵惠文王时期的后起之秀。

李山脱口秀

和氏璧，是当时天下人都知道的宝贝，同时也是一件带血的玉器，惹事的根苗。

赵惠文王十六年，赵国得了一个宝贝：和氏璧。古代中国的玉器分琮、环、璧等多种，其中的璧，形状如同一个大圆盘，小孔。和氏璧，是当时天下人都知道的宝贝，同时也是一件带血的玉器，惹事的根苗。《韩非子》里有一篇《和氏》，讲的就是这块璧的来历。此璧产自楚国荆山，发现者为和氏。和氏有了这块玉璞，想献给楚厉王，结果被误认为是石头，砍了他一只脚。楚武王继位，和氏又去献璞，又被认为是石头，砍掉了他另一只脚。转眼到楚文王时，和氏再去献玉璞，两只脚没了，楚文王手下才看出确是一块无价宝，做成玉器就叫作和氏璧。这是韩非子告诉我们的一个很惨、很疼的故事。

不知怎么的，这块璧就到了赵国，赵国的麻烦也就来了。和氏璧在赵国的消息，秦昭王听说了。他想，天下最强的国是我们秦国，寡人得把它弄到手！马上秦国就给赵国来信，说我们准备用十五座城换和氏璧，答应不答应？用十五座城市换一块玉璧，这就是玉的价值。常言说，黄金有价玉无价，在古代，最贵重的不是黄金，而是玉。这里有文化的原因，儒家认为玉可以比君子之德。新石器时代的良渚文化和红山文化遗址，都出土过大量玉器。中国人对玉器的喜好很久了，遥远的古代就懂得欣赏玉，认为它是天地之精灵。

属于三星堆文化的古玉璧

再回到和氏璧，它来到赵国，也把一个大难题带给了赵。现在秦国人提出来要交换，给不给？赵王就和大臣商量，商量来商量去，也没个准主意。给吧，把玉给了秦国，它不给你城，怎么办？不给吧，秦国一生气，派兵来打你，怎么办？这时候，有一个宦者令，就是太监的头儿，叫缪贤，站出来说，我家里有一位舍人（所谓舍人，就是权贵之家豢养的有某种才干技艺之人。战国的权贵之家都喜欢养士，养士之风很盛）叫蔺相如，他可能有办法。赵惠文王就说，衮衮公卿都在这儿犯难，你家小小的舍人会有什么办法呢？缪贤说，实话实说吧，我当年得罪了大王您，想跑，往哪儿跑呢？往燕国跑。注意，缪贤能把这种话告诉赵惠文王，看来惠文王对大臣还不错，不是小肚鸡肠的猜忌之主，缪贤接着说，结果我

李山脱口秀

常言说，黄金有价玉无价，中国人对玉器的喜好很久了，遥远的古代就懂得欣赏玉，认为它是天地之精灵。

的舍人蔺相如站出来阻止我。他问我，为什么往燕国跑？我就说，前些年我陪着我们大王去燕国，燕国的王悄悄握着我的手说，咱们一定要结好。他有这话，我现在跑到他那里去，他能不接纳我吗？不想蔺相如说，错了，主人！您当时是跟着王去燕国，您是王的宠臣，燕王结好于您，不是看您，而是要交好于赵国。现在呢，您得罪了赵国，以罪臣之身到燕国去，他马上会把您抓了，送给赵国。我当时一听，的确是这么个理儿。那怎么办？蔺相如就说了，现在您不是犯错误了吗？您就老老实实，背着把斧子表示认罪，把自己交给王，任杀任剐，来个态度老实，这样做才是正道啊！后来，王您也知道，我确实是向您认了错，您也原谅了我。所以，由这件事，我看蔺相如这个人处事是有办法的。

赵惠文王一听，说那就把他叫过来谈谈吧。于是，赵惠文王就召见蔺相如。蔺相如了解了情况后，说，秦提出条件要换和氏璧，我们不答应，没理的就是我们。十五座城，多大一片地方！您不答应，错就在我们这边了。可是呢，我们把璧给了它，若不给我们城池，理亏的就是秦国。所以，还得给它。赵惠文王就说，给了秦国，它要是不给我们城池，怎么办呢？而且，就是给秦国玉，连个敢去送的人都没有。

李山脱口秀

蔺相如平静地说，我保证完璧归赵。这个“完”字很值得玩味。他心里很清楚，这次去，璧可以“完”着回来，自己十有八九是不能“完”着回来了！

蔺相如平静地说，实在没人去，我去。他们若是给城，没的说；若是不给，我保证完璧归赵。他这样说，这个“完”字很值得玩味。蔺相如心里很清楚，这次去，璧可以“完”着回来，自己十有八九是不能“完”着回来了！赵惠文王一听，蔺相如确实有办法，就派他带着玉，带着一些仆人，前往秦国。

史书关于蔺相如的身世记载很少，只知道他出身草根，是当时宦官的家臣。面对赵国与秦国之间的一次政治交锋，蔺相如将如何完成完璧归赵这个任务呢？

秦昭王听说赵国派人来送和氏璧，高兴得很。他当然要见赵国来的使者了，不然怎么能看到美玉呢！那么秦昭王在哪儿见蔺相如呢？在章台，又叫章华台。当时秦国的宫殿在咸阳，章台则在渭水以南，属于离宫别馆。按照当时列国交往礼节，见人家使臣，跑到离宫别馆是不礼貌的。这也表现出，秦国拿赵国根本不当回事，蔺相如对此不会没有觉察。

在章台，蔺相如把和氏璧交给秦昭王。秦昭王早就听说过和氏璧，现在居然拿到了手里，他俩眼放光，合不拢嘴，翻来覆去看了好一阵子，又交给身边的美人，就是他的大老婆、二老婆、三老婆以至N老婆一大帮人看。这些人看完了，再给身边其他臣僚看，左右高呼万岁，欢呼这一世间无价之宝终于归了秦国！

蔺相如在旁边看着，秦国人欢声一片，就是没人提十五座城的事，甚至连他这个赵国使者也被晾在一边！怎么办？蔺相如有办法！他知道再不吱声秦王就要起驾了，那就晚了！机智的蔺相如马上心生一计，他站出来说，大王，您先别高兴，听我跟您说。这和氏璧，大家都说它好，是天下最好的宝贝，但是它也有一点瑕疵。秦昭王一听，有瑕疵，当然关心，哪儿有瑕疵？蔺相如说，我指给您看。秦昭王很情愿地把和氏璧交还到了蔺相如手里。

令秦昭王没想到的情形出现了！蔺相如拿定了玉璧后，《史记》写道："相如因持璧，却立，倚柱，怒发上冲冠。"蔺相如倒退几步，倚靠着一根大柱子，怒发冲冠。要注意这个细节：蔺相如是靠在柱子上，这就是他的机智。不倚个柱子，站在大厅中央，人家给你一箭，不就完了吗？而且，这时候的蔺相如完全变了个人，与刚才和颜悦色说话的人截然不同。蔺相如明白，自己是孤零零一个人，面对整个强大的秦国。他打好了主意，拼血气之勇，血气对血气，生命对生命，他就这么点本钱，不拿出必死之心，就没有完璧归赵的可能！智勇双全的蔺相如，要拿自己的血气和身躯豪赌一把！

李山脱口秀

血气对血气，生命对生命，他就这么点本钱，不拿出必死之心，就没有完璧归赵的可能！

他开始说话了：大王，是您提出要以十五座城换我们的璧。当时我们的大臣就说，秦国人向来贪得无厌，欺诈成性，不能给！是我，主张把玉给你们送过来，“布衣之交尚不相欺，况大国乎”（《史记·廉颇蔺相如列传》）？布衣，就是一般老百姓，蔺相如说，老百姓说了话都算数，何况你秦国这样一个大国？可是，没想到的是，您见我的礼节很是倨傲，拿了宝贝先让美人看，明显是戏弄我赵国使臣！我也看透了，你们根本就无意给城，所以，我现在要把玉璧取回来。您现在要是敢有什么动作，别把我逼急了，他瞟了一眼柱子，接着说，逼急了，臣的脑袋和玉璧一起撞碎在柱子上！

斯斯文文的蔺相如居然有这一招，大出秦王意外。要命的是那块玉，攥在了一个要泼命的人手里。秦昭王一看傻了，心想我的这个要到手的大宝贝啊，我的玉啊！让你一个赵国的小子，在那儿龇牙瞪眼的，要弄碎了啊！秦昭王再有权威，现在也拦不住玉的破碎啊！赶紧说，且慢！且慢！蔺先生，有话好说！秦王开始演戏，找来史官，说，过来，过来！赶紧地，麻利地，看看，找找，找找哪些个城市，挑好的给赵国，给蔺先生！

蔺相如握住那块玉，就是拿住了他秦王的短处。贪心啊，贪这块美玉，怕它真的碎了。这时候，蔺相如就等于攥住了秦昭王的命根子。蔺相如想得很明白，我这条小命值几个钱，在你秦昭王眼里我能值几个钱！但就是我这条小命，却攥着你的命根子！这就是蔺相如的盘算，也是他的胜算所在，他拿住了秦王的弱点，拿住他现在最脆弱的地方。秦昭王没办法，像是打了败仗一样，无奈之下，只好做戏，比比画画地假装把某个和某个城市划给赵。

戏演完了，秦王心想，玉该交给我了吧？可是，令他同样意外的是，蔺相如知道秦王是在作态，是假的。玉拿到手，马上就要杀他蔺相如的头，肯定就是这样一丸子药！这样好的玉，你小子竟敢拿着往柱子上瞎试巴，要把它碎了，你伤了我秦王的心，不收拾你

李山脱口秀

蔺相如握住那块玉，就等于攥住了秦昭王的命根子。他想得很明白，我这条小命值几个钱！但就是我这条小命，却攥着你的命根子！这就是蔺相如的盘算，也是他的胜算所在。他拿住了秦王最脆弱的地方。

才怪！

所以，蔺相如又准备了后手，他接着说，我们大王在送这块玉来秦之前，斋戒五天，非常隆重、非常敬重。现在既然我们两国要隆重地做笔交易，换十五座城池，那么，您秦国的国王也得郑重其事吧？当着这么多美人，跑到离宫别馆来拿玉，总不合适吧？得搞个礼节吧？蔺相如提出来，你秦王也应"斋戒五日，设九宾于廷"，他要秦国以最隆重的礼仪接受玉，并交给赵国城邑。

这时的秦昭王已经被攥住了，他贪心的弱点被捏住了，只好答应，嘴里说着行行行，好好好，心里想，你小子先拿着，我去斋戒，不就等五天吗？五天之后再收拾你也不迟！

他没有想到的是，这五天，足够蔺相如完璧归赵了！蔺相如回到馆舍，把下人叫过来，将包好的玉璧交给他，命令下人赶紧抄近路回赵国。秦国人五天以后把玉拿了，肯定还是不给城邑。

五天以后，蔺相如来了。秦昭王做各种的仪式，都有了。秦王就说，把玉拿过来吧，等死我了！蔺相如说："秦自缪（穆）公以来二十余君，未尝有坚明约束者也。臣诚恐见欺于王而负赵，故令人持璧归，间至赵矣。且秦强而赵弱，大王遣一介之使至赵，赵立奉璧来。今以秦之强而先割十五都予赵，赵岂敢留璧而得罪于大王乎？臣知欺大王之罪当诛，臣请就汤镬，唯大王与群臣孰计议之。"大意是，据我对秦国人的了解，你们从秦穆公到今天，没有一个说话算数的。今天您老人家也照样如此，您给我摆各种礼仪，可我知道，您是在蒙我。这五天您那儿斋戒，我也没闲着，已经派人把玉璧送回赵国了！秦是大国，若真想要璧，那您就再派一个使臣去要去。以你秦国之强，若是先割取十五个城邑给赵国，赵国敢留住那块美玉不给吗？但是，我奉了赵王之命来，我当时答应的，给城市，我就把玉交给你们，不给城市，我完璧归赵。我现在做到了！对不起，我欺骗了大王，现在我已经想好了，我这样欺骗您，罪该万死，我甘愿下您的汤锅，您就把我煮了吧！臣请大王和您的大臣们想想。

这样的时刻，一定得豁得出去，这就是胆气，这就是蔺相如的胆略。《老子》有两句话，后其身而身先，外其身而身存。特殊情形下，要是把自己的小命看得太重，反而必死无疑。越是草包、脓包，死神专找这样的！蔺相如早已打算好了。也正是他这样的表现，多少有点让秦王内心慑服了。

当时秦王身边也有人主张，拉出去砍了得了！或者是秦王还在贪那块玉，或者是被蔺相如的大义凛然所震动，或者兼而有之，秦王说，算了算了，玉我们暂时得不到，何苦还要杀一个人呢？算了，放了他吧！于是秦王在朝廷上，像正式接见使臣一样，接见了蔺相如，之后放他回国了。

这一次真是虎口脱险，被老虎叼到嘴里，又逃了出来，九死一生啊！和氏璧保下来了，而且赵国没有在秦国面前低三下四，还出了个大英雄。赵惠文王非常高兴，就升蔺相如做大夫，也就是说，可以参与国政了。这就是蔺相如的第一功：完璧归赵。

完璧归赵可以说是蔺相如在《史记》中最精彩的一次亮相！但是秦赵之间的外交斗争远没有结束，接踵而来的就是著名的渑池会。那么在这次外交中，蔺相如又表现了怎样的才智呢？

李山脱口秀

这样的时刻，一定得豁得出去，这就是胆气，这就是蔺相如的胆略。特殊情形下，要是把自己的小命看得太重，反而必死无疑。

接着就是另外一件事：渑池会。赵惠文王二十年，秦昭王为了更好地伐楚，便主动交好于赵。他派人给赵国送信，要在渑池两君相会。秦国一方，是想拉拢赵国；赵惠文王却很害怕，因为前不久刚发生了秦国扣留楚怀王的事。楚怀王与秦国人在蓝田盟会，被秦国人扣住了，秦国要挟楚怀王答应各种条件，楚怀王想逃跑，没头苍蝇一样，东撞一下，西撞一下，最后连气带撞，死了。因此，诸侯更加相信，秦是虎狼之国，不讲信用。现在要搞什么渑池之会，谁敢保证他们不像对楚怀王那样对赵王呢？所以赵惠文王心里打鼓。虽然现在赵国有一定实力，而且蔺相如、廉颇都在，但想到要和秦国君主见面，赵王还是有点不寒而栗。

不过，最后赵王与蔺相如、廉颇定计，还是得去，不去在外交上就先败了。他们决定由蔺相如陪赵王一起去，同时，还安排好后手。赵王离国之前，廉颇就说，我算计了一下你们的行程，来回三十天。三十天后你们不见回来，我们就另立新王。这是赵王与廉、蔺定好的计，防止赵王真的和楚怀王一样，被秦国扣住，赵国遭到要挟，所以三十天不回国，赵王的身份就自动作废。赵王能容许如此安排，颇不简单，起码是把国家大事看得比他个人的权位更重要，大臣才敢定这样的计。这种事，春秋时有过，后来也有过。春秋时宋襄公被楚国人抓住，留在宋国的公子鱼就另立新君，让楚国捞不到便宜。明朝土木堡之变，英宗被蒙古瓦剌军抓住，大学士于谦站出来，也采取了另立新皇帝的做法。国家利益、江山社稷高于一切。赵惠文王能同意这样的计策，是有心胸的。廉颇、蔺相如这些名臣、名将，都出在赵惠文王这个朝代，看来绝非巧合。

这样，赵惠文王就在蔺相如的陪同下来到渑池。渑池就在今天的河南渑池以西不远的地方，原属韩国，现在归秦国了。秦赵两国君王相见，谈话之间，秦昭王忽然出了一个幺蛾子，他对赵惠文王说，听说赵国的音乐不错，你们邯郸一带出美女，歌舞发达。听说您赵王也挺懂音乐的，能不能给我弹一曲？事出仓促，赵惠文王无奈，就弹了一曲。秦王听罢，哈哈一笑，说不错不错。之后，招来秦国的史官吩咐：记录下来，某年某月，赵王为秦王演奏！秦昭王这样做，明摆着是把赵王当作秦王面前的伶人，分明是给赵国人眼里揉沙子。外交场合，秦王这一招太过分！

对此，陪同赵王的蔺相如全看在眼里。好你个秦王！于是蔺相如打定主意，没什么好犹豫的，针锋相对。机智的蔺相如马上找了一个大瓦盆，最普通的东西，拎到了秦王跟前，咣当往那儿一放，

李山脱口秀

国家利益、江山社稷高于一切。赵惠文王能同意这样的计策，是有心胸的。廉颇、蔺相如这些名臣、名将，都出在赵惠文王这个朝代，看来绝非巧合。

说，我们的王也听说秦王您善秦声，善于击打瓦盆作乐，那就请您击缶，以为娱乐！秦昭王没有想到蔺相如来这一招，很生气地拒绝了。蔺相如抱着瓦盆来到秦王跟前，跪在地上，再一次说，请您击缶！秦昭王还是不干，蔺相如俩眼圆睁，紧盯着秦昭王说，您再不答应，五步之内，臣就让自己的血溅到大王您身上！招数与完璧归赵时差不多：以命对命。你秦王纵有千军万马，也管不了现在的命对命——离你太近了，伸手就可以要你的命！平日，君王前呼后拥、腾云驾雾，一般人没法靠近，那是国家机器保护着你。现在，近距离，把所有排场、派头等给君王制造威严的东西，全都报废了，就剩下个人对个人，气魄对气魄，胆子对胆子。这就是蔺相如两次与秦国人打交道率先占据的制高点。他很能也很善于逞匹夫之勇，要点是以贱犯贵，豁得出去！我们不知道蔺相如长得什么样，但是，他俩眼一瞪，一定很吓人！当时秦王的左右，也有人往前上，可是蔺相如俩眼朝他们一瞪，左右披靡，两条腿没等大脑指令，就哆嗦着擅自向后退。这就是蔺相如独特的地方。后来演戏唱《将相和》，蔺相如的这个特点没有很好地表现出来，仿佛他像诸葛亮那样是个斯斯文文的人。不是，他是带有战国时代强烈色彩的人，一半是金玉，一半是钢铁。诸葛亮是玉树临风，文雅而有风骨。蔺相如另有风采。他倒也不一定虎背熊腰、三头六臂，他是青铜，是浑铁，静穆内敛中带有摄人心魄的力量。

山西襄汾陶寺史前遗址出土的土鼓；用泥土制作乐器，古代由来已久。

李山脱口秀

蔺相如是带有战国时代强烈色彩的人，一半是金玉，一半是钢铁。静穆内敛中带有摄人心魄的力量。

当时秦昭王确实被蔺相如突然爆发的威慑力镇住了，平时的威风也不知哪儿去了，人慌失志，他下意识地拿起可以敲击的东西，在大瓦盆上丧气地敲了一下。蔺相如马上也把本国史臣叫过来，说，记下来，某年某月，秦王为赵王击缶！

要说秦王无论如何也不会轻饶在他面前如此放肆的赵国人，但是，渑池会赵王和蔺相如都全身而退，秦国人到底没有加害赵国人。为什么？首先，蔺相如近距离震慑让他们的王心乱了。另外，《史记》说“赵亦盛设兵以待秦，秦不敢动”，应该是廉颇率领的军队就在不远处驻扎。

这次与秦国的会见，赵国人没有丢份，赵王很开心。之后，他就封蔺相如做了赵国的相，位子在廉颇之上。

> 蔺相如因完璧归赵和渑池会，获得了赵惠文王的欣赏，由一个舍人而成为赵国上卿。当时廉颇的职位也是上卿，但是古人以右为上，因此蔺相如盖过了廉颇。而廉颇获得此位，也是经过多年的征战立功才得到的。因此，这让廉颇很不快。那么面对这些，蔺相如的处理让后人广为传颂。

这就让廉颇大不高兴了。廉颇功勋卓著，他想，我这多年打仗，有攻城野战之大功，蔺相如不过是逞口舌之能，现在位子反在我之上，实在不公平！廉颇小看了蔺相如的“口舌之能”，那样的口舌之能是要大智大勇的，是要下油锅、钻刀山的。他实际是觉得蔺相如资历浅，出身低，不像自己是立了战功的。他说，这个人上朝，我见了，必辱之！这时候的廉颇，已经不是渑池会时那个君王三十天不回来就另立新君的社稷之臣了。人都有短处，廉颇这时只为自己想，心胸就狭窄了。社稷之臣，就成了气咻咻的生气之臣了！

蔺相如知道廉颇的反应后，就不上朝了，避免与廉颇冲突。他想等一等，等廉颇气消了再说。不想有一天一出门，正遇上廉颇。蔺相如一看，对面廉颇过来了，马上回车，回家了。今天的邯郸，还有一个古迹叫回车巷。古语云，自视者明，自制者强。蔺相如就是可以自制的人。你看他两次与秦王打交道，都能够怒发冲冠，大

> **李山脱口秀**
>
> 廉颇小看了蔺相如的“口舌之能”，那样的口舌之能是要大智大勇的，是要下油锅、钻刀山的。

瞪双眼，逞血气之勇。但是，当他处理与廉颇的关系时，就变成另一个人，完全是忍耐、退避的样子。不能自制，怎么会如此？这就是蔺相如难能可贵的大气概。

当初蔺相如给宦者令当舍人，现在他家里也有了舍人。见蔺相如在廉颇面前如此退让，他手下那些舍人，就是追随蔺相如寻找自己人生机会的一干人等，不干了。这些人就说，我们跟随您，到您府上当门客，就因为您是个高义之人，大义之人。可是您现在在廉颇老将军面前的做法，太丢人了，我们脸上都挂不住，栽面啊！您要是总这样，我们就只有离开您了！

蔺相如平静地对手下这些人说，诸位，你们想想，廉颇廉将军跟秦昭王比，哪个更强？大家说，当然是秦昭王强啊！廉颇不过是一个将军。蔺相如说，对呀，我当年两次跟秦昭王打交道，我都没怕他，难道我还怕一个廉将军吗？但是，诸位，我跟秦国的王，可以拼血气，可是与我们赵国的将军，却不能拼。非但不能拼，还要让着他。为什么？因为我们赵国现在所以安全，秦国人所以不敢对我国做太出格的事，不就是因为有我们两个人在吗？如果我们两个人将相不合，二虎相斗，那时候，就不是我和廉将军两个人的个人荣辱了，赵国的安危就要出大事！所以我忍他，不是因为我怕他，而是因为有一个大局在，容不得我为个人的荣辱去跟廉将军斗气！

《史记》写蔺相如，写到这儿，蔺相如的人格很完美了。在秦国人面前，他可以拼命、斗狠，但是在处置同僚的关系上，却是另一种大度君子的做法。能君子大度，能血气拼命，各有攸宜，便是蔺相如。他是个古代烈士。烈士不一定都得死，感人的、轰轰烈烈的大丈夫、大英雄，就是节烈之士。李贽读《史记》，读到蔺相如的忍让廉颇，就说他是大英雄、大丈夫、大圣人、大罗汉、大菩萨。李贽生活在晚明，真人难见，眼前净是些松毛烂翅的人，所以见到蔺相如这样虎虎生风的，就顶礼膜拜。

廉颇也是有气概的，《史记》交代，他知道了蔺相如忍耐自己

李山脱口秀

蔺相如的人格很完美了。在秦国人面前，他可以拼命、斗狠，但是在处置同僚的关系上，却是另一种大度君子的做法。他是个古代烈士，感人的、轰轰烈烈的大丈夫、大英雄。

的原因后，马上身背荆杖，到蔺相如家里请罪，于是就有了“负荆请罪”的典故。最后，两人成为刎颈之交。这就是著名的“将相和”的故事。两个人都是豪杰。

对于《史记》的廉蔺故事，明代有学者已提出疑问，说司马迁写蔺相如、廉颇的故事，有小说家笔法。的确，从小说创作来说，这篇传记未尝不是一篇好的文言小说。你看它的细节，写蔺相如，却步、倚柱，怒发冲冠，然后眼睛瞟着柱子，其实就是《三国演义》、《水浒传》的笔法。另外有些事情，如完璧归赵，可能也有问题。一开始，蔺相如不是说，赵不给秦国璧就不占理吗？可是蔺相如去了秦，在秦国答应斋戒后，又把璧悄悄送回国，这与一开始的说法似乎有点差异。诸如此类，是前代学者看《史记》有疑惑的地方。可以肯定，《廉颇蔺相如列传》有一部分内容经过司马迁的缘饰、夸张，但蔺相如、廉颇这两位人物在赵国历史上所起的作用，应该不是司马迁想象出来的。在司马迁之前，汉文帝时期的贾谊就说过，赵国得了蔺相如，是赵国的幸运。所以说，尽管有些失真的地方，但是《史记》为后人保存了两个性格分明的人物，两个社稷之臣，两位烈士、豪杰，而且形象栩栩如生。

赵国在赵武灵王之后，仍以一个强悍国家屹立着，它是战国中后期唯一一个能与秦国相抗的国家。这首先应归功于赵武灵王的改革。其次，赵惠文王作为心胸开阔的君王，手下大臣能想社稷之所想，急社稷之所急，有大臣之风骨，也是赵国屹立的一个重要原因。

那么，在这些人物云消雾散以后，赵国又如何呢？未来的秦国又如何呢？请看下一讲：秦国东略。

第十八讲 秦国东略

战国中期以后，原本是秦、齐、楚三强鼎立的格局发生了重大改变。首先是燕国复仇，灭齐国；后来齐国虽复国，却已元气大伤；同时，赵国因为赵武灵王实行“胡服骑射”的改革，迅速崛起，成为能与秦国相抗衡的力量。那么，面对老对手的衰败和新对手的出现，秦国会如何应对呢？公元前311年秦惠王去世，接下来的秦国新统治者，又会怎样继续实现称霸中原的梦想呢？请看《战国七雄》之《秦国东略》。

战国进入中期，七国之间的争霸更加惨烈，从公元前314年到公元前279年，在这三十多年间，原本是秦、齐、楚三强争霸的格局发生了重大改变。公元前311年，秦国一代有为之主秦惠王去世了，接下来的秦国新统治者又会怎样继续实现逐鹿中原的梦想呢？

从公元前314年到公元前279年，三十几年中历史重大事件都发生在东方。首先是燕国的崛起，齐国的灭国与复国，同时，还有赵武灵王的胡服骑射。那么，在这三十几年中，秦国又在干什么呢？

李山脱口秀

古汉语中有一个典故，叫举鼎绝膑，说一个人有力气，可以举大鼎。但是你没这个力气，却要举，那就要绝膑，把自己膑骨弄折，一命呜呼。这叫作不自量力。

公元前三百一十多年，秦惠王去世，张仪也被排挤，不久就死了。一代人没有了，秦国新一代王上台了。谁呢？秦武王。秦武王公元前310年继位。这个人与他父亲惠王性格有很大差异。他外露，张扬，偏于勇，好用武。古汉语中有一个典故，叫举鼎绝膑，是贬义词。说一个人有力气，可以举大鼎。你看项羽，两手可以拔山，举个鼎还不是张飞吃豆芽？但是你没这个力气，却要举，那就要绝膑，把自己膑骨弄折，一命呜呼。这叫作不自量力。这个举鼎绝膑的典故，说的就是秦武王。

秦武王上台时，秦国统一天下的势头很好，要风得风，要雨得雨。这个时候，东方几个国家都宾从于秦，怕它。在这样一种情形下，好武好勇的秦武王，就想直接往东打，朝周王室下手。可以说，他采取了一个最不策略的策略。打周王室，实惠没多少，坏名声却很大。当年司马错在秦惠王前论伐蜀时，把道理已经讲得很透了。那个周王，你看他赖唧唧地在那里尸居余气，半死不活，可他是个标志性存在。秦国拿了他，天下的诸侯就不干。但是，秦武王没有考虑这么多，他派手底下大臣甘茂去做这件事，还对甘茂说："寡人欲容车通三川，窥周室，死不恨矣！"（《史记·秦本纪》）寡人我想坐在车上，通过三川，去看看周室，能这样，死也不遗憾了。注意，这句"死不恨矣"成了秦武王的谶语。

甘茂也是一个贤臣，知道通三川从政治上看，坏的影响很大。另外，从作战具体到战术上也很难。从秦东行到洛阳，大概有南北两道，北边这一道，是沿着黄河一线走。这一线很难，这片地区属韩、魏，是当时的东西交通大道，韩、魏两国重兵把守。还有一条道，就是经崤山之南，过宜阳，再沿洛水到洛阳。宜阳是一个交通要塞，也是韩国控制的地方。甘茂对秦武王说，想窥周室，就得打通宜阳这条道路，非常难！宜阳虽称县，可实际上，以它的实力言却是郡。宜阳正北，是韩国几个重要的郡，与宜阳是连着的，北方几个郡的积蓄、战备物资很充足。要打，韩国一定要拼了命的。

他这样说，秦武王根本听不进去，还是叫甘茂打。甘茂就去打，结果花了五个多月的时间，才把宜阳攻下。占据了宜阳，很关键，秦国东进就有了一个重要据点。这当然是后话了。

秦武王遂了愿，他可以"窥周室"了！他就跑到周室去看大鼎。当年，春秋时期的楚庄王在洛邑附近问鼎之轻重，被王孙满不软不硬地顶了回去。王孙满说，鼎的轻重不是一个重量问题，而是天德的问题，周家还没有彻底失德，鼎之轻重不可问。但是到了秦武王时，周家已经不行了，秦武王要脸对脸地看大鼎了。秦武王好武、好勇，一高兴，就要匹夫之勇。他身边有几个伙伴，好朋友，

李山脱口秀

那个周王，你看他赖唧唧地在那里尸居余气，半死不活，可他是个标志性存在。秦国拿了他，天下的诸侯就不干。

一个叫任鄙，一个叫乌获，一个叫孟说，三个人都是四肢发达的大力士。秦武王见到周家大鼎，于是就跟身边这小哥儿仨比力气，看谁能举起来。一举，咔嚓一声，他的腿不作脸，膑骨折了，死了。

公元前307年，秦武王突然去世，仅23岁。因为秦武王没有子嗣，于是立他同父异母的弟弟嬴稷为王，这就是后来的秦昭襄王，又称秦昭王。但是根据史书记载，当时秦昭王继位之后，并没有真正掌握王权，真正主持秦国大政的其实另有其人。

随着秦昭王上台，有一个女的，就要从后宫走到前台来，主持秦国大政了。谁呢？她就是宣太后。宣太后何许人也？她是惠王的妃子，秦昭王的妈。她的娘家是楚国，楚国的国姓姓芈，因此宣太后在秦国的宫里号芈八子。到底这个“芈八子”指什么，是老八还是什么，没有详细记载，反正就是芈八子。她有个弟弟叫魏冉，不是亲弟弟。按照古代老观念，同父异母，还算是亲兄弟；同母异父，就是两姓人。魏冉跟宣太后这对姐弟是两姓人，可这并没有影响他们之间的姐弟关系。宣太后还有一个弟弟，叫芈戎，就是后来的华阳君。魏冉、芈戎就是宣太后手下的主要干将，姐儿仨。秦武王突然死去，颇有手段的宣太后在魏冉的辅佐下，立秦昭王为新君。新君应该是武王的弟弟。在这件事上，赵武灵王还帮过忙。昭王之立，在继位上是有争议的，因此秦国高层有人就要闹事。当时有个庶长名壮的，也是公子出身，就闹起来了。里面应该还牵涉到秦武王的亲生母亲和妻子等。可是，宣太后手下有魏冉，魏冉当时掌握防守秦国都城的军权，有点像后来的城防司令，很有实力，他就帮着姐姐把昭王大位稳定住了。

这样，宣太后上了台，魏冉也就掌握了大权。魏冉做秦相五起五落，加起来总共二十五年。他掌权的这二十五年，也正好是东方燕、齐、赵等国发生大事的重要时期。那么，宣太后和魏冉执政到底怎么样呢？

先说宣太后这个人。宣太后无论是在历史的画廊里，还是在文学的画廊里，都是一个很独特的人物。独特在哪儿呢？最突出的是她的风流率性，口无遮拦。宣太后临朝不久，韩国派使者来求援。当时楚国打韩国，韩国向秦国请求帮助。使者说来说去，秦国就是不答应。为什么呢？看宣太后的话就知道了，原来韩国人不肯拿出点好处来给秦国。宣太后当时就点拨这位使者，言语很有特色。她说，我一个妇道人家，社会经验不多，但是我也伺候过先王，见过一些阵势。先王晚上睡觉，要是把一条腿压在我身上，我就觉得特别沉。可是，先王要是把全身都压在我身上，我反而不觉得沉了，这是为什么呢？宣太后眼盯着韩国来的使者，提出这个非物理学的深奥的问题，然后自问自答说：那还不是因为我有利益啊！言外之意很清楚，你韩国光让我们觉得沉了，没让我们觉得有利，怎么帮你呢？堂堂朝廷，大庭广众，宣太后却用床第上的勾当来表达，很出格，却别有调调！这就是宣太后，没那么多讲究，心直口快，很爽朗的一个女人。

更出格的事情还有呢。宣太后的“先王”死得早，她不甘寂寞，就自己找了个相好的，叫魏丑夫。等到她要死的时候，就跟身边的人提出，让魏丑夫给老娘我殉葬！大臣们反对，说你活在世上让他陪你就罢了，死了还要带个男人到那边的世界去，先王怎么办啊？宣太后这才作罢。

可是，她还有一件事情，就让后人说不得好也说不得歹了。什么事呢？诱杀义渠王。怎么诱杀？拿自家的独门功夫：色相。义渠是当时生活在秦国周围的边地人群，按照当时的话说是蛮夷。义渠生活在秦国的周围，是肘腋之患，心腹之疾，正规地打它吧，就像拳头打跳蚤，你大打，它跑了；小打，不管用，秦国这么多年，就是解决不了这个麻烦。到了宣太后这儿，她顺手就解决了。义渠王

> **李山脱口秀**
>
> 宣太后无论是在历史的画廊里，还是在文学的画廊里，都是一个很独特的人物。独特在哪儿呢？最突出的是她的风流率性，口无遮拦，没那么多讲究。

长相英武，举止野性而豪壮，很让宣太后喜欢。两国交往中，宣太后和义渠王俩人一来二去，眉来眼去，就擦出了火花，还生了孩子！若干年之后，风流的宣太后大概是对义渠王腻歪了，这时候她就国事为先，感情第二，把义渠王引到他经常光顾的秦国后宫里，三下五除二把他杀了。很简单，多少年的义渠问题就这样顺手解决了。

后人评价这件事情，不宜以道德的观点看，应该以文化的观点看。秦地当时风俗开放，遇上宣太后这样的风流寡妇，有这种事就不奇怪了。总之宣太后是一个不守固常的人，常有新奇大胆的想法。在有记载的古代妇女群落中，她十分独特，说话、做事都不寻常，甚至让人瞠目结舌。

当时把持秦国朝政的还有宣太后的弟弟魏冉。魏冉因为拥立秦昭王有功，且深得宣太后的宠信，故长期掌握着秦国的军权，可谓一人之下，万人之上。然而后人对他的评价褒贬不一。那么魏冉究竟是一个什么样的人？为什么说他和宣太后掌权的二十多年，为秦统一六国奠定了一个坚实的基础呢？

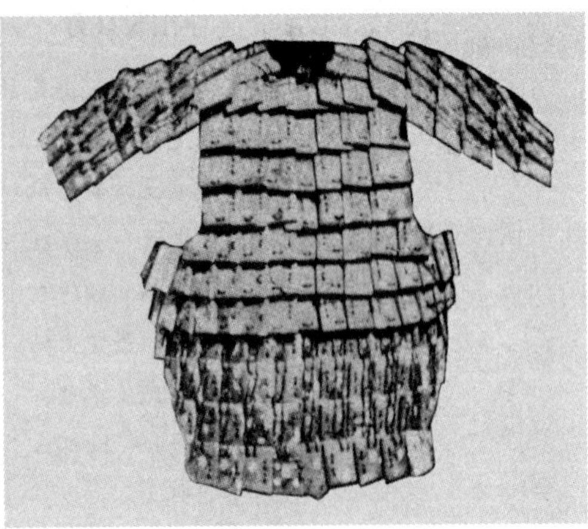
战国时期秦军的铠甲

接着再说魏冉。魏冉的性格在史书中展现不多，反正就是这个人在秦国飘飘摇摇做大官，五起五落。孔子曾经说过楚国的令尹子文，三次被任命为相，无喜色，三次被罢免，无恼怒之色。魏冉则是五起五落，以他和宣太后的关系，五起五落有时可能是出于战略上的考虑，比如说要跟楚国搞好关系了，楚国人出身的魏冉，就可以出来做秦国的相了。但是不是都出于这样的原因，就不好说了。总之，在魏冉掌权的二十几年间，整个天下大势除了西边的秦之外，东边的齐，南边的楚，三个大国鼎足而立。虽然那时东方六国都在，可是真正能支起来的、能够成为天下鼎足的，就这三个国家。不是还有赵国吗？赵武灵王的主要精力集中在中山国上，一门心思向中山国进攻。魏冉、华阳君等，虽然是一帮子外戚，中国后来的史家，尤其是秉承儒家观念的史家，对他们评价不太高，可正是这些人主政时期，秦国大举东进。就是说，魏冉二十几年的军事路线基本是正确的。后来秦国所以能砍瓜切菜似的兼并，东方六国所以落得败军不禁扫帚扫，给秦打下这个基础的，就是魏冉这些人。魏冉执政时制定了向东进攻的大策，具体说，就是从两方面向东方进攻。

当时秦国与东方的关系，东面是三晋，南面是楚。现在秦国的势力已向西南扩展到了长江沿岸瞿塘峡一带，四川也是它的了，大势已经摆开，进攻东方怎么做？一般不外三条路：北路、中路、南路。

先说北路。北路要越过黄河，要经过晋北之地，要过赵国、太行山。这条路，秦国人在这二十余年间大体没有采用，为什么？比较难。其一，当时赵国是赵武灵王在位，他可不是个吃素省油的，任何政治家，对敌国的领导者都会研究，心中有数。赵武灵王在，秦国人不会选择他作为征战的对象。其二，北路地理条件不利。最可选择的就是中路、南路，两个方面向东方推进。先来看南路。

刚才我们说过，宣太后是楚国人，魏冉还有芈戎，都是宣太后从楚国带来的，姐姐带过来两个小弟弟。所以，秦国人就对楚国采取了先拉后打的阴一套、阳一套的策略。

首先他们上台以后，采取的是联楚路线。这时的楚国人呢，也觉得行了，这回我们的姑奶奶到秦国做太后了，要风得风，要雨得雨，楚与秦不就好搞关系了吗？这样的心思，往往出在弱国一边，弱国才容易一厢情愿地对强国有这样的奢望，其实是自己安慰自

李山脱口秀

这样的心思，往往出在弱国一边，弱国才容易一厢情愿地对强国有奢望，其实是自己安慰自己。

已。宣太后、魏冉就利用了这一点。对楚国，从秦惠王开始，要了各种各样的花招欺负它。这个政策并没有因为宣太后是楚国人而改变，相反越玩越利索、越毒辣。还是打一把，揉一揉；再打一把，再揉一揉。揉一揉，是为了再重重地打一把。《史记》里记载了一句战国秦汉流传甚广的话："秦灭六国，楚实无罪。"说秦灭六国，楚国人最冤枉、最无辜。因此他们还有一句话："楚虽三户能亡秦。"所以后来，项羽带着八千子弟兵渡乌江西进，那支部队是向秦国报仇来的，或者说是带有强烈的复仇色彩的军队。楚国人到了秦统一后还这样恨秦国，原因之一就是当年秦欺负楚国人，特别是那位楚怀王太狠了。

秦昭王上台，公元前304年，秦昭王就给楚怀王写信，开始利用楚国的弱国心态：楚国人掌握着秦国后宫，我楚国是不是能够得到点什么好处啊？秦国人利用这一点，邀请楚怀王在黄棘（今河南新野县北）相会。干什么？讨好楚国，把庸（今湖北竹山县东南）还给楚国。交好嘛，总得拿出点利益来——宣太后是最懂"利益"的——讨楚怀王的欢心。楚怀王乐坏了！与秦的关系一下子就铁起来了。之后，秦国就开始伐韩、魏，南方的楚国早就被秦国的一点利益搞得头昏眼花，当然不会管韩、魏的事情了。韩、魏一看，你楚国原来跟我们是一拨儿的，现在怎么一屁股坐到秦国的板凳上去了？他们当然很生气，于是韩、魏联合了齐国，三家一起打这个变心的楚国。楚怀王不怕，他有秦国做靠山呢！就派太子到秦国做人质。做人质的是太子横，也就是后来的顷襄王，楚怀王的儿子。

可这个事情，老天爷不帮楚国的忙。太子横在秦国待了一段时间，与一个秦国大夫，两个人说话不得轻重，打起来了，不想就把秦大夫打死了！打死人了，太子横一看闯大祸了，怎么办？老实地伏法？楚国太子、大少爷羔子，哪懂得这些东西呢？哪还想得起自己身上担着两国外交的大任？他就会一样：跑，三十六计走为上，就跑回国去了！读史读到这里，不少人以为这件事影响了楚国跟秦

李山脱口秀

《史记》里记载了一句战国秦汉流传甚广的话："秦灭六国，楚实无罪。"说秦灭六国，楚国人最冤枉、最无辜。因此他们还有一句话："楚虽三户能亡秦。"楚国人到了秦统一后还这样恨秦国，原因之一就是当年秦欺负楚国人，特别是那位楚怀王太狠了。

国的关系。其实，这件事可以影响，也可以不影响，影响不影响，决定权不在楚国，而在秦国。秦国要是想找楚国的麻烦，它就一定是个理由，而且堂堂正正。

正巧秦国的魏冉和宣太后现在的心思，不是再拉楚国，而是要打了，所以这件事就变得很严重。他们很庆幸，太子横无意间帮他们弄出个好理由，把本国大夫打死了，而且打死人还跑掉，秦国人当然不客气，出手就打楚国。秦要发兵伐楚，就得跟韩、魏搞好关系。怎么办？好办，归还他们的一些土地就是了。于是秦就和齐、韩、魏联合起来，打楚国。《史记·楚世家》记载：“秦乃与齐、韩、魏共攻楚，杀楚将唐眛，取我重丘而去。二十九年，秦复攻楚，大破楚，楚军死者二万，杀我将军景缺。”数年间，楚国在秦国的操弄下，损失两员大将、数万士卒和一个重要城邑。翻手为云，覆手为雨，秦国现在是多钱善贾，长袖善舞，想怎么来就怎么来。什么娘家关系，国家不强大，还指望这个，就是做梦娶媳妇！楚怀王现在全然被动，倘若当初坚定地与齐、韩、魏几个国家站在一起，不就没这些事情了吗？有一个词叫利令智昏，人总爱犯这个毛病，一点小利就昏头昏脑。楚怀王这个人一辈子的表现就是“利令智昏”四个字。老一辈秦王用一点小利欺骗他，他利令智昏；新一辈秦王还这样欺负他，他还昏。昏人有，可昏到了这个程度，也真难为他！

李山脱口秀

有一个词叫利令智昏，人总爱犯这个毛病，一点小利就昏头昏脑。楚怀王这个人一辈子的表现就是“利令智昏”四个字。昏人有，可昏到了这个程度，也真难为他！

楚国人一看不行了，还得联合齐国，于是楚怀王又把太子横派到齐国做人质。

> 其实到了战国中期以后，七国之间的争霸斗争，已逐步演变成秦、齐、楚这三个大国之间的角力，所以秦国最不愿看到的就是齐楚结盟。但是此时楚国的太子一下跑到了齐国，眼看着齐楚即将联合，秦国又是怎样解决这件麻烦事的呢？

秦国人一看楚国离自己而去，而且是与齐国联合，这很让他不安，于是又施展了拉的手段。秦昭王写信给楚怀王，说了许多的好话，还说到太子横回国的事，说当年我们两国交好，你太子打了我的大夫，死了我的人，跟我承认承认错误不就没事儿了吗？怎么还跑了呢？小孩子不懂事嘛，等等。说来说去，就是秦国打楚国事出有因，责任不在秦，信中关键的一句话是“今秦楚不欢，则无以令诸侯”（《史记·楚世家》）。咱们两个要是关系不好了，咱们怎么号令天下诸侯啊？无形中把楚怀王抬得老高。楚怀王很感温暖，秦国又向他伸出热乎乎的手了，他原本冰凉冰凉的心，像过了电，顿时热乎起来了！就答应秦国的邀请，准备再次与秦国人在武关会面。

这个时候，也有人站出来反对楚国再次与秦国交好，其中一位大名鼎鼎，就是大诗人屈原。屈原当时是大夫，有学者研究他的生平，认为他在政治路线上是坚持走联齐路线的。可是，屈原说话楚怀王不听，不管用。当然要是管用，屈原也不会作《离骚》了。结果楚怀王就前往武关赴会，一到武关，秦国人就把他软禁起来，然后向他提条件，要楚国割让土地。楚怀王昏是昏了点，还不是软骨头，坚决不答应！秦国一看，这家伙还死硬，就把他扣在了秦国。楚怀王不甘心留在秦国，就跑，往赵国跑，赵国不接，又被秦国抓回去，囚起来，最后气死了。楚国一看老王死了，就把在齐国的太子召回来，立为顷襄王。秦国大怒，“发兵出武关攻楚，大败楚军，斩首五万，取析十五城而去”（《史记·楚世家》）。

南路的进攻效果不错，魏冉他们一高兴就想让秦昭王称帝。形势这样大好，自己的君主还是个“王”就觉得不过瘾了，要称帝。自己一个国家称帝又觉得孤单，想拉着齐国一起称帝，这也是一种讨好齐国的办法。此时齐国的王是齐闵王，一听说称帝，很高兴，他也早想称帝呢！是苏秦把齐闵王说服了，他对齐闵王说，您还是别称帝，现在没有这个实力。一称帝，天下诸侯都恨您。这样一说，齐闵王就又去了帝号。

秦昭王称帝，又引起了新一轮的合纵，三晋、齐，加上燕，再一次联合伐秦，秦国一时间陷入被动。可是，秦国重大的转机也因为这次五国联合伐秦而快速出现。就在五国要西出伐秦的时候，五国之一的齐国，在苏秦的策动下，大举出兵把宋国灭了！其实齐国是中了燕国人复仇的计。这一下，伐秦的其他几个国家，一起把矛头指向齐国，秦国也不失时机地加入了攻击齐国的行列。在济西，几个国家的军队大破齐军。之后燕国将军乐毅率领本国军队长驱直入，攻占临淄，几乎把齐国灭掉。于是，秦国人更大规模东略的机会就到来了！他们马上就要对南路的楚国予以更沉重的打击，这样，历史上一个杀人将军在伐楚国的大战中就要冒头了。这个人是谁呢？请看下一讲：杀人将军。

第十九讲 杀人将军

秦昭王时期东略的大计，是分南路和中路向东方各国进攻。公元前278年，秦国大将白起重创楚国主力，攻破楚国都城郢，是南路取得的重大胜利。但是在中路的进攻，就不那么顺利了。秦军先是在伊阙战役中获得大胜，然而在接下来的阏与之战中却大败而归。那么白起是如何率军深入楚国腹地，一举攻破楚国都城的？伊阙之战秦军大胜的原因是什么？阏与之战又为什么失败？是谁阻碍了秦军进攻的脚步？请看《战国七雄》之《杀人将军》。

随着齐国和燕国陷入混战，秦国抓住时机，于公元前280年在南路大举进攻疆域辽阔的楚国。公元前278年，秦国大将白起重创楚国主力，攻破楚国都城郢，揭开了秦国统一战争的序幕。但是中路的战争却是一波三折，先是取得伊阙之战的大胜，但接下来在对赵国的阏与之战中，秦军则大败而归。那么，白起是如何率军深入楚国腹地，一举攻破楚国都城的？阏与之战的失败，又是谁的责任呢？

对于秦国来说，乐毅入齐及由此而来的齐闵王失国，是一件大好事。秦国多年来最惧怕的一个对手就是齐国，现在终于自作孽地倒地了，能不能爬起来还得再等等看。过去，强大的齐国在，秦国对付任何一个东方国家，都必须考虑到它的存在，因为任何一个东方国家得到齐国的支持，秦国都难以置对方于死地。现在齐国终于被复仇的燕国击倒了，这不是千载难逢的大好机会吗？于是，秦国在齐闵王失国之后，马上大举向赵、魏、楚进攻。在赵、魏方面，秦国攻陷了不少城邑，但论进攻成效最大的，还数攻楚。

在对南方的楚国方面，担任主将的秦国将军是历史上赫赫有名的大将白起。白起，陕西人，是魏冉推举他任将军，所以他的命运也将随着穰侯魏冉的命运而起伏。此人百战百胜，杀人如麻。有文献描述他的相貌：头小而锐，面庞白净，两只眼睛小而有神，能盯着一个东西目不转睛看好长时间。这样的人，据说杀人不眨眼。

公元前280年，正好是秦昭王二十七年，趁着燕军入齐，齐闵王死去的大好机会，秦国派遣司马错率军从陇西经过蜀郡，向楚国的黔中地区（今湖南西部）进发，占领了楚国的黔中郡以及上庸（今湖北竹溪县东南）、汉北大片地区。为了集中力量攻楚，秦王还特意约请赵惠文王渑池相会，与赵交好，因而有蔺相如强迫秦昭王击缶之事的发生。之后，也就是公元前279年，秦国再次兵分两路，从水路和旱路大举击楚。一路由白起率领，为秦军主力军；还有一路则是从蜀国出发，顺长江东下。我们知道，当年司马错论伐蜀就说过，把蜀国占了，经营南方就有了依托。现在，率领大军从蜀地东下的，就是治蜀地很有成绩的张若。他的军队主要在长江上游一带，牵制楚国军力。

白起所率军队的主攻对象是楚国的鄢（今湖北宜城西南），此城是楚国都城郢（今湖北江陵北）的屏障，在郢北不远，是楚国的别都。因其重要，这里聚集了楚国大量的主力军。可以说，这里若发生战争，对楚国而言就是生死决战。白起观察，鄢的西侧是一座山，山上有一条水，叫长谷水。白起准备利用这条水，要水淹鄢

李山脱口秀

白起百战百胜，杀人如麻。有文献描述他的相貌：头小而锐，面庞白净，两只眼睛小而有神，能盯着一个东西目不转睛看好长时间。这样的人，据说杀人不眨眼。

湖北江陵望山一号楚墓出土的彩漆木雕座屏

城。他令将士们在长谷水距离鄢百里左右的地方建筑堤坝，长谷水并不大，可是一旦堵塞起来，形成一个不大不小的湖泊，淹一个城市足够了。

战役打响了。楚国人殊死搏斗，可是，他们还不知道，他们碰上的是一个杀人不眨眼的将军，更不知道，这位善于战术的白起早就给他们准备好了要命的大坝。古代战争最怕攻城，《孙子兵法·谋攻》篇就讲，攻城之军，将军愤怒，士卒们像蚂蚁一样爬城，杀士三分之一，还不一定攻得下来。白起是不会派他的手下像蚂蚁一样去攻打鄢城的。战斗打响以后，秦军看好时机撤出了战场，然后把长谷水上的堤坝一决，顿时洪水滔天，鄢城里的人众，无论军民，也无论贤愚老少贱不肖，统统化作了两脚的鱼鳖。有文献记载："水溃城东北角，百姓随水流，死于城东北者数十万，城东皆臭。"（《水经注·沔水》）数十万的老百姓和将士，都随着水漂走了。很长时间，整个城东一带，数十万尸体，水泡日晒，尸体腐烂，恶臭熏天，简直成了人间地狱！《水经注》还记载，后人把城东一带的水泽称为"臭池"，称淹城的水沟为"白起渠"，以此来表达对白起的愤恨。"苟能制侵陵，岂在多杀伤？"这句古诗，表达的是将军的准则，是有良心的将军的职业准则。但是白起，或者说秦国的将军，是绝对不会守这样的规则的。为什么？原因就在秦国的体制。我们曾经说过，商鞅变法实行二十军功爵制，那是拿人头换富贵的。在这样政策的策动下，对死人之事，不论是杀死还是淹死，早就麻木了，只有数量上的多杀，才能满足嗜杀成性者的心理。在秦将士眼里，战场看到的敌人不是生命，全是换富贵的码子。从单纯的战术来看，白起的战法可谓高明，可以少死一些秦国的将士。但是，说到被他淹死的无辜生命，简直就是阎王降世！秦国兼并天下的战争，就是这样惨无人道！

李山脱口秀

商鞅变法实行二十军功爵制，那是拿人头换富贵的。在秦将士眼里，战场看到的敌人不是生命，全是换富贵的码子。秦国兼并天下的战争，就是这样惨无人道！

鄢的被攻破，使楚国都城郢完全暴露在秦军的刀口下。次年（前278年，秦昭王二十九年），白起乘胜攻郢，郢都陷落。同时秦军进兵西陵，烧毁楚国先王的陵墓。楚国人数百年的都城守不住了，宗庙社稷也顾不得了，只有悲歌辞庙、迁都他乡。顷襄王于是率领楚国的残余势力，迁都于陈（今河南淮阳）。偌大一个楚国，春秋以来出现过霸主、出现过盛世的古老的南方大国，就这样在秦国的刀攻水淹下，败下去了，短时间内绝不会对秦国再有什么威胁。因为破郢有功，白起被封为武安君。

前面说过，秦昭王时期定下的东略大计是南路、中路并进，以上就是秦国在南路进攻所取得的重大胜利。

鄢郢之战，对楚国予以了严重打击，从此迁都后的楚国更加衰弱。但是在中路，还有韩、魏、赵三国，他们是秦军中路进攻的大敌。那么，秦国中路进取的情况又如何呢?

再来看中路。中路发起进攻比白起破郢还要早一些。中路进攻的主帅也是白起。前面说过，秦国要打中路，最简便、最想走的路就是沿着黄河向东，但是很难。好在通向东方的重要城邑宜阳早已在秦国手里，所以秦国人要走中线宜阳—洛水一路。宜阳再向东，有一个很重要的关口，叫伊阙。伊水从伊阙经过，两岸山岭相对而出，是个狭小的地带。秦国人就想利用这一带狭窄的地形，与韩、魏的军队打一仗。穰侯、白起等人定计，设法把韩、魏的军队吸引到伊阙狭小之地。从参战人数来说，韩、魏人多，因为伊阙是韩国的地方，他们守地在家，占地利，而秦国却要翻过崇山峻岭前来，可以参战的军队数量有限。秦国人的计划，就是迫使韩、魏大军在一个力量无法施展的地方与自己开战。

秦国先是派司马错率军进攻邓县一带，骚扰韩、魏的南端，同时，又派一支部队从北边打解（今山西临猗西南），这样就形成了一个大钳形的夹击态势。韩、魏一看，这还得了！两国联军就出兵攻打宜阳，想把这座城夺到手。于是，韩、魏军队就向伊阙方向移动。不想，正中了秦国人的计谋。

公元前294年，白起攻新城，此地就在伊阙以南不远。接着，韩国派数十万大军救新城，伊阙之战正式开始。白起派出一支部队，向韩、魏军队的侧翼迂回，往东打。韩、魏军队也随而后退，往伊阙一带靠近。这样一来，韩、魏数十万大军正好就挤在了伊阙狭小之地。一打，秦国完胜，韩、魏惨败，斩首二十四万！战国各大战役，死伤人数最多的是长平之战，其次就是这一战。韩、魏二十四万将士没有了。打了这样的大胜仗，白起这位秦国大将军更加威风赫赫，两只锃亮的小眼睛越发锃亮了！

伊阙之战，消灭了大量韩、魏军队的有生力量。在这样的形势下，秦国人马不停蹄，在中路继续攻击前进。先后在公元前276年、前275年两次直奔魏国都城大梁，目的很明确，亡魏国！东方诸侯一看，不得了了，秦国这样干下去，大家都要完蛋！于是韩、赵、魏就不能不真心一点合作。因此，秦国对大梁的攻打没有成功。不但如此，除了三晋联合，稍后燕国也加入到三晋阵营。所以，秦国直接向东打的做法不合适。

于是，秦国就把眼睛转而盯向今山西、河南交界地带的黄河以北的南阳。南阳，原属魏国，不得已让给秦国，此地有一些很具战略意义的城池、要道，也被秦国掌握了。东进打大梁不得手，秦国人就想采取另外的方式，不直接向东打了，而是由南阳向北，攻取与韩交界的上党地区。于是秦国的军事重点，在东打大梁不利后转向了这里，这就引出了秦赵的阏与之战。

阏与是个小地名，在哪里，大致有两种说法，一说在今山西省和顺，一说在今山西省黎城县。看地理，后一种说法似乎更妥当一些。为什么这样说呢？太行山从河北一带往南延伸，一直到黄河北岸这一带，隔开西部的黄土高原和东部的大平原。它有很多支脉，上党山地就是太行山的支脉地区，最高的地方海拔千米左右，较低

李山脱口秀

打了这样的大胜仗，白起这位秦国大将军更加威风赫赫，两只锃亮的小眼睛越发锃亮了！

的地方只有四五百米。漳河就发源于上党地区。漳河上游有两个支流，一个是清漳，一个是浊漳。战国时期大体浊漳以北属赵国，以南属韩国。阏与在哪儿呢？应在今山西黎城县浊漳岸边一带，当时属于赵国。附近有一座山，是重要的军事据点。若阏与真的就在今山西省黎城县附近的话，那把这个地方控制了，沿着漳河向东，即今天河南、河北交界地带，就是当时魏国的平原地带。同时，黎城一带还控制着另一条交通路线，那就是由此通向当时赵国都城邯郸的一条路。如此，就可以明白，秦国所以打阏与，是想据此控制今山西黎城，向东南，可以进攻魏国；向东北，则可以进攻赵国，而赵国的都城邯郸，就在阏与的眼皮子底下。决计打阏与，这一招儿很辣。

公元前270年，秦国派重兵攻打赵国要地阏与，企图以阏与为据点进一步攻打赵国都城邯郸。但是，此时赵国经过赵武灵王“胡服骑射”的改革，军事实力大为增强，而且当时赵国文有蔺相如，武有廉颇，特别是还有一位军事奇才，正是他的奇谋，对击败秦国的进攻起了很大的作用。

这位在阏与之战中直接起了巨大作用的人，就是马服君赵奢。赵奢何许人也？说起来，这个人一开始与军事没有关系，他是一位田部吏。什么叫田部吏？就是管国家收税的。种田要给国家交税，马服君就是管这事的官员。马服君收税，很认真，不想有一次收到了赵国一个大权门之家，就收不下去了。谁家呢？就是平原君赵胜家。平原君是赵的贵公子，是当时在位的赵王的兄弟。赵奢收到平原君家，平原君家的那些家臣奴才拒绝缴纳，态度蛮横。你赵奢居然跑到平原君家来收税，不要命了吗！这就是古代王朝多不喜欢权门之家的缘故。他一家占有大片土地，按人头收税本来就缴很少，家里养上百甚至上千口的人，户口上却只报几口人，隐藏大量的劳力和田产，税本来就少交，还很横，谁能惹得起这样的人家？若在一般人，一看是平原君家就算了，得罪了权门，个人有什么好处？都这么想，国家也差不多了。可这位赵奢不是这样的人。他是黑脸铁面，一看平原君家的家丁奴才抗税，行径出格。对不起，你胡闹，我就按律抓人，结果九个闹事的家伙被他抓住杀了头！

这一下平原君可不答应了。好家伙，九个人都杀了！谁给你赵奢一个小小的田部吏这么大胆子！他把赵奢叫过来问话，赵奢不慌不忙，说，我有几句话想问问平原君大人，您是贵公子，您的家不奉法，“不奉法则法削”，那法律不就是一纸空文了？它的权威就严重削弱了。“法削则国弱”，国家有法不能执行，国家还能强盛吗？“国弱则诸侯加兵”，很简单，国家一弱，列强就黄鼠狼专咬病鸭子，找赵国来咬。“是无赵也”，那就没赵国了。“君安得有此富乎？”（《史记·廉颇蔺相如列传》）你平原君的富贵来自哪儿？来自国家。国家都亡了，你的富贵也就泡汤了。这一番道理不难理解，但古代很多权贵之家就是不懂这一点，就是不知道一个很简单的道理：覆巢之下无完卵。

赵奢这样一讲，平原君听了，觉得这个人不简单，就把他推荐给赵王，负责全国税务。赵奢征税，平原君都敢得罪，其他人谁还敢抗税或推诿！《史记》上轻描淡写了一句，赵奢治国家的税收之事，国家“府库实”。实际上，从这件事也可以看出一些阏与之战赵国方面所以获胜的原因。身为贵公子的赵胜，家人仗势欺人，他一时糊涂想护着，结果看到赵奢这样的贤人，还能推荐给国王，让他主持全国的税收，由此国家府库充实。打仗打的是什么？打的就是后勤，就是国家的经济实力。另外，廉颇、蔺相如一批贤能文武都还在，贤人在位，政治清明，什么事就好办。总之，这个时候不论是经济，还是各种人才，赵国都不差。

> **李山脱口秀**
>
> 打仗打的是什么？打的就是后勤，就是国家的经济实力。

阏与之战爆发了，秦国人把矛头指向赵国，指向邯郸。秦国人夺阏与，目的何在，廉颇、蔺相如、马服君等人一看就明白，但是，要不要与秦国打一仗？在这事上也是有分歧的。

赵王先问廉颇，阏与之战能不能打？这时候阏与实际在赵国人手里控制着，秦国人来围困，来抢夺，救不救？廉颇对这个事情有自己的看法，他说："道远险狭，难救！"《史记》记载廉颇的话，就这六个字。他的意思是，道远，地形太险，很难救。确实，从邯郸出发西行，一开始还是平原，不久进入太行山，就是越走越难的上坡路了，而且从邯郸到阏与，总得在百公里以上，一大半是山路，所以廉颇觉得不好救。

廉颇将军的意见如此，赵王就又问赵奢，赵奢也说了句很简短的话："其道远险狭，譬之犹两鼠斗于穴中，将勇者胜！"（《史记·廉颇蔺相如列传》）他说，的确像廉将军所说，道远，而且险恶。不过，道远狭窄，对我军如此，对秦军也一样。这种情况，就像两只老鼠在狭窄的穴窟中争斗，谁勇敢，谁获胜！赵奢这句话，用后来颇流行的一句话说就是：狭路相逢，勇者胜！赵奢看出了赵国的胜算，这就是他与廉颇两位将军的不同。当然不能就因此简单地说廉颇不行，马服君行。人没有不犯错的，况且有些将军对山地作战熟悉，有些对平原作战熟悉，也可以导致不同的谋算。这次，马服君算准了。《史记》写赵奢这个人物，一出场，就气韵雄沉，出手老辣。

李山脱口秀

这种情况，就像两只老鼠在狭窄的穴窟中争斗，谁勇敢，谁获胜！用后来颇流行的一句话说就是：狭路相逢，勇者胜！

赵王一看行了，这场战争有主帅了！于是，马服君赵奢临危受命，率领赵国大军出发，前往阏与与秦军争锋。

赵王任命马服君赵奢为将，让他率军解阏与之围。可是，赵奢率军出都城邯郸，仅仅前行三十里，就安营扎寨，一连驻扎了二十八天都按兵不动。那么在赵奢这种奇异行为的背后，其真正意图是什么？最后他又是怎么大败秦军、解阏与之围的？

赵奢率军离开邯郸只行进了三十里，就下令停止不前，因为前面有情况。秦国军队在把阏与围了以后，还派遣一支小部队，沿着今天的涉县、武安一线山路，向赵国都城而来，驻扎在距离邯郸不远的地方，其目的是监视赵国的行动。《史记》说，这支秦军在武安一带鼓噪呐喊，声震屋瓦。赵奢见此情形，下令部队：停止前进！同时又发了一道命令："有以军事谏者，死！"军队驻扎下来，谁要是就军事问题向我提意见，就军法处置，杀无赦！在这里，赵奢的军队一驻就是二十八天！赵军蹲下来了，屁股上都长根了，有军官坐不住了，来提意见。对不起，死！赵奢杀了这个不从令的军士，此后再没人敢吱声了，军令如山！

马服君的做法着实让赵军上下猜不透：这位赵将军葫芦里卖的什么药？其实纳闷的不只是赵国军士，秦国人见马服君率军出来，就开始迎敌，在武安那一带摇旗呐喊。可不久，他们就糊涂了：哎，我们一阵子折腾，赵军就像一只在岸边晒太阳的老鳄鱼，趴在那里一动不动。十天、二十天，都快一个月了，老鳄鱼还是一动不动！他们就派使者，实际是奸细，来赵国军营探风。两国交锋，有使者来往。秦军使者来了，马服君客客气气、谦卑谨慎地与他们谈话，好吃好喝，送他们走。秦军的奸细回了大营，向他们的主帅报告情况。此次出征的秦军主帅，是一位名叫胡伤的将军，使者就把赵奢接待他们，以及他们的所见和所想，告诉了胡伤。胡伤听说赵军在武安附近修筑营垒，并对秦军使者很客气，心中大喜，说：离开国都才三十里，就修筑堡垒龟缩不动，看来阏与之地就不属于他赵国了！他很得意，阏与之地，有如身上虱子，哪天拿，自己说了算！

令胡伤做梦也想不到的是，赵奢前脚把他派来的奸细打发走，后脚就下令自己的部队轻装，把铠甲卷起来，偃旗息鼓，长驱直入，一百公里左右的路程两天一夜就走完了，赵军悄无声息地来到了离阏与五十华里的地方。赵奢用兵的出奇至此显示出来！静如处

李山脱口秀

赵奢用兵的出奇至此显示出来！静如处子，动如脱兔。先是用静，龟盘蛇息，静得叫人奇怪；然后是动，如风如火，动得令人瞠目。

子，动如脱兔。先是用静，龟盘蛇息，静得叫人奇怪；然后是动，如风如火，动得令人瞠目。其中所含的计谋：一、麻痹敌人；二、出其不意。那么老远的路程，谁也想不到他两天一夜就走完。其中一个因素可能在起作用，那就是赵武灵王的胡服骑射。步行难有这样的效果，如果有骑兵，就容易办到。总之，突然之间，赵军如一股子冷风，刷地一下，就降临到敌人面前！兵法有一条，叫作后发而先至。马服君用兵，深合此道！

这让秦军大出意外，赶紧组织进攻。这时候，赵奢手下有位下级军士，叫许历，大着胆子给马服君出主意说，我军的到来，让秦军意外，他们肯定要拼死命打。现在，必须把阵地修得厚厚的，不然准败！马服君说：谢谢指教！马上下令照做。许历又对赵奢说，我意见提完了，把军法的家什拿过来吧，您前面不是斩过提建议的人吗？现在轮到我了！马服君一笑，说，等一等，等等有邯郸的命令再说！许历说，您不斩我？那好，我再提一条意见：咱们军营阵以北不远有一座山，谁先占此山谁胜。马服君一听，对，赶紧下令命一万名将士抢占山头。

战国三戈青铜戟

秦军来了，他们也想抢占山头，但是晚了。已抢占山头的赵军从山上迎头痛击，势如破竹，把胡伤的军队打了个七零八落，阏与之战以马服君大胜而告终。阏与之围解了，赵国西部敞开的危险门户又紧紧闭上了。

赵奢因此而立大功，被封为马服君。不过，《史记》并没有单独给他作传，而是把他附在廉颇、蔺相如列传之后。赵国在这个时期，除了廉、蔺之外，还有马服君，之后还有李牧。这几位将军完了，赵国也就完了。

这场阏与之战在整个七雄并立时期，在秦与东方各国的混战中，是东方国家少有的一次胜利，很难得！这场战争的胜利，与一位军事天才的奇谋异算分不开。这位天才的马服君一开始只是个收税的，但是这个人沉稳，有军事天分，遇到机会，就变得光辉灿烂。细看马服君的行为，他能堵人家的嘴，也能听人家的意见，是大将军本色，不是一味独断专行。同时，这场战争胜利的因素，很关键的因素，《史记》虽然没明说，可是赵奢军队两天一夜的长驱直入，一定有赵武灵王胡服骑射的作用。当初，赵武灵王与楼缓、公子成谈论胡服骑射势在必行的理由时，不就谈到快速反应部队对疆域辽阔的赵国的重要吗？良好的军队装备和训练，再加上出奇制胜的谋划，就是此次胜利的原因。

马服君这一仗，给赵国树立了威风，秦国经由上党一线向东经略的梦暂时破灭了。所以，这次战争的影响可以分两方面：一、从秦国看，短时期内不能再走这条路线；二、这给中路的韩国造成新的压力。秦国转而继续向韩国进攻，又回到了原先的路上。

李山脱口秀

这位天才的马服君有军事天分，遇到机会，就变得光辉灿烂。

马服君是天生的军事家。他有个儿子，一看老爸作战这样出色，龙生龙，凤生凤，耗子的儿子会打洞，他就觉得自己也能立父亲那样的大功，也整天拿着个兵法念来念去。这个儿子就是赵括。不久，这位马服君之子赵括，就要带着父亲战功给他的光环，走上战场。那么，究竟这个赵括如何打仗？请看下一讲：远交近攻。

第二十讲　远交近攻

范雎，战国时期魏国人。他上承秦孝公、商鞅变法图强之志，下开秦始皇、李斯统一帝业，是秦国历史上继往开来的一代名相。他不但帮助秦昭王把权力从宣太后和魏冉的手中夺回，而且提出“远交近攻”策略，对秦国最终兼并六国起了重大作用。那么，出身下层的范雎，是如何结识秦昭王的？为什么原本是魏国人的范雎，却帮助秦国统一天下呢？请看《战国七雄》之《远交近攻》。

公元前270年，秦军大败于阏与，遭受了巨大挫折。正是这次失败，将一位重要人物推上了秦国政治舞台，这就是秦国名相范雎。范雎明确提出“远交近攻”的战略方针，大大加快了秦兼并六国的步伐。那么，出身低下的范雎，又是如何结识秦昭王并得到重用的？他的“远交近攻”之策的内容又是什么呢？

古代有句老话：一人得道，鸡犬升天。一旦一个人有了权势以后，非要培植自己的势力不可。这个势力小呢，王权不会管他，势力大了，王权就要收拾他。这就是王权和权臣之间势不两立。

李山脱口秀

一旦一个人有了权势以后，非要培植自己的势力不可。势力大了，王权就要收拾他。这就是王权和权臣之间势不两立。

秦国宣太后掌握大权时间长，就培植了一个私人势力，穰侯魏冉、华阳君等是其核心，他们聚集在宣太后的大旗之下，逐渐壮大。有宣太后（秦昭王四十二年去世）的后台，魏冉在秦为相的时间长达二十五年。土地、财富等不用说，就说官吏的任用，有材料显示，从很低的官吏到很高的官吏，有不少都是他们的人。这就说到秦昭王了。秦昭王从公元前307年到前251年在位，一共五十六年，由此推断，继位的时候应该很小，至多也就十岁左右吧。以范雎做秦相为标志，他真正掌握秦国大权大约也就十五六年。母后专权的时间那样长，太后、魏冉的势力发展来发展去，就阻碍了秦国统一天下的进程。好在秦昭王命不短，最后清除了他们。

公元前270年（秦昭王三十七年）发生的阏与之战，秦国被击溃，这在秦国与东方各国征战史上是十分罕见的。秦所以败，除了马服将军奇谋异算外，秦国方面也有其内部原因。阏与之战是公元前270年打的，可是在头一年，穰侯手下有一个叫客卿造的，给他出了个主意，记载在《战国策》和马王堆出土的《战国纵横家书》里。什么主意呢？客卿造要穰侯魏冉发动战争，夺取齐国一带更多的土地，以扩充魏冉封地陶的势力。

战国时期的皮甲胄

这就说到了陶。陶（今山东定陶）是战国的一个大城市，在春秋战国城市群落中很独特。怎么独特呢？古代城市发展，往往是随着政治、军事的脚步发展，最大的城市往往就是最大的政治中心，或者军事重镇，也就是说，纯粹经济型的城市很少。然而春秋战国时期是一个生产力大发展的时代，陶地因为处在四通八达的交通要道上，四方辐辏，还有东方丰饶的物产和活络的商品经济，因而几百年来发展成为一个富庶的工商业大城市。

这是一只肥鸭子，中原各诸侯都想抢到手，最后被强秦抢了先，秦昭王时秦国人隔山跳海地把陶抢到了自己手里。可这样一个富庶的城市被秦国拿下后，并没有给国家带来多少好处，好处只落在了魏冉一人手里。作为封地，它被赏给魏冉了。

由此，才有客卿造的给魏冉出主意。他对穰侯说，您现在要风得风，要雨得雨。如果以陶这个地方为中心，继续扩大陶的地盘，想称王就可以称王，想称霸就可以称霸！客卿造出这样的主意，是典型的吃谁向谁，恨谁偷谁。战国时期权贵人物养士，养的不都是蔺相如那样的人，出狗屁倒灶主意、让主子损公肥私的更多，客卿造就是其中一位。客卿造出的主意，就是撺掇魏冉去打齐国的刚

（今山东宁阳附近）、寿（今山东东平东），以此增加陶的实力。魏冉给自己打地盘，当然要全力以赴。次年的阏与之战所以打不好，从最高层就有问题，魏冉个人私心的膨胀已经影响到秦国兼并的大业。当然，这样一来，魏冉的好日子也就快到头了。魏冉的私心作怪，不仅表现在妨碍阏与之战上，还表现在打大梁上。

当初魏冉、宣太后定大计，兵分南路和中路向东推进。中路几次打魏国的大梁，为什么总是不成功？原因多方面，其中魏冉的私心应该是其中之一。《战国策》记载，有人代表魏国来对魏冉说，你有陶这块地方，打了陶南边的地方，归你；打了陶北边的地方，也归你。为什么？还不就是因为魏国都城没有打下来吗？一旦魏国都城打下来了，昭王就要论一论，你魏冉有那么大功劳吗？怎么拿这么多地方？你就麻烦了不是？魏冉心里哗啦一下子，个人利益的贪渎之心，便成了他以后做事的主宰。几次打大梁都不成功，与此是有关系的。

东方的说客所以那样说动魏冉，也说明东方诸国不少人看出魏冉为秦做事的私心，其中有一个人，就准备拿魏冉私欲误国的桩桩件件来扳倒他。这个人是谁呢？这就是范雎。

范雎，著名政治家、军事谋略家，是秦国历史上同商鞅、张仪、李斯齐名的另一位名相。他不但帮助秦昭王把权力从宣太后和魏冉的手中夺回，而且他所提出的“远交近攻”策略，为秦国最终兼并六国起到了非常重要的作用。

《史记》有《范雎蔡泽列传》，记载了范雎的主要事迹。范雎，魏国人。三晋的魏国出策士，前有公孙衍、张仪，后来就是这位范雎。范雎家里穷，一开始跟从魏国大夫须贾混世面。一次他随须贾一起去齐国办事儿，搞外交。当时齐国的王是齐襄王。须贾这次来齐国，事儿办得很不顺。不过，范雎却颇得意，因为齐襄王觉得他口才不错，说话一板一眼，是个人物，就赏了他金。这一下，须贾拈酸吃醋，打翻了五味瓶！回国以后，就把这件事儿告诉了他们的宰相魏齐。宰相听罢，也怀疑范雎吃里爬外，大怒。要说这样一个跟班的，就是有吃里爬外嫌疑，教训他一顿，也就可以了吧？不然，这位魏齐，魏国的公子，做事比较极端，叫人猛揍范雎，把他打了个一佛出世，二佛涅槃，不亦乐乎，肋条打断了，牙也打掉了。还不过瘾，把他打残了以后，又扔到厕所里边，任人往他身上撒尿，什么时候滋死他什么时候算！这事魏齐、须贾做得太绝了！他们不知道，他们得罪的不是一个吃里爬外的人，而是一个睚眦必报的人。这一下行了，魏齐、须贾为自己的下场备好戏码了！山不转水转，走着瞧吧！

范雎在厕所里躺着想办法出去，最后他说通了看厕所的。看厕所的很善良，就向魏齐报告，说厕所里又死人了。看来厕所里被惩罚接尿的还不止范雎一个，魏齐真够可以的！他这样一说，魏齐就答应往外抬，范雎就被抬出去了。范雎从厕所跑掉后，投奔了魏国人叫郑安平的，郑安平掩护他躲开了这场灾难。从此，范雎不能再叫范雎了，改叫张禄。

这时候，秦国有使者来，秦国的谒者名叫王稽的来到了大梁。郑安平就把范雎的事跟王稽说了。王稽一听，说见一见，白天不能见，晚上见。范雎见到王稽，虽然牙少了，豁点嘴，但不碍口齿流利。他话还没说完，王稽就说，行了，我知道你是什么人了！这样，某天某时，你到三亭冈等我，我带你走！三亭冈是魏国都城附近一个很小的地方。于是，范雎如期见到王稽，随着他离开了魏国。

王稽、范雎一行离开魏国向西走，眼看就到秦国地界了。当时秦国与东方交界是函谷关一带，附近有一个地方叫湖，在今天河南灵宝一带。王稽、范雎等刚到湖，突然前面来了一队人马，老远一

李山脱口秀

他们得罪的不是一个吃里爬外的人，而是一个睚眦必报的人。这一下行了，魏齐、须贾为自己的下场备好戏码了！

看，气势不凡啊！范雎问王稽，这是谁啊？这么大的气派。王稽看了看，说，是我们的穰侯，我们的相，可能出行，到关东去秦国各郡县巡行吧？

范雎一听，脸唰地一下就变了，说，不好，我得藏！王稽不解，范雎说，您不知道吗？你们这位相，特别怕关东之士来秦国！范雎这样说，揭露了魏冉另一个毛病，他要巩固权势，就怕山东的游说之士往秦国跑，他怕来一位厉害的，三言两语就把自己的权力毁掉！魏冉为了权势，嫉贤妒能，秦国人不一定看得很清楚，东方之士却知道得很多，不定多少东方之士吃过他魏冉的闭门羹了呢！

范雎马上躲在车里面，上面盖了点东西，藏起来了。说话间，两拨人马，一大队人马和一小队人马，就迎面相见了。魏冉大摇大摆坐在车上，一看，噢，是当今秦王的谒者。谒者是王的侍卫官，负责接待客人、给王传递消息之类，皇帝要见谁不见谁，都由谒者来通禀。王稽是谒者，但是魏冉似乎并不把王稽放在眼里，见了面魏冉就问，怎么样啊？王大人，这次到东方去，东方没有什么变化吧？情况怎么样啊？这都是套词了。然后就问，你没带着东方的客子来吧？不要带，这些人油嘴滑舌，徒增纷乱，没什么大意思，不带好啊！王稽当然说不敢不敢，没带没带。两方面的车就这样过去了。范雎才又出来，他并没有消除紧张，而是对王稽说，我不能在您这车上坐着了，得下去，离开您的车走路，离您远点儿！

王稽不明白了，说你干吗？魏冉已经走了，你还怕他干什么？范雎说，魏冉这个人很有智慧，就是见事迟一点。范雎的话很有意思，魏冉被他说得有点像《三国演义》里的曹孟德，很精明，就是反应上慢半拍。大家看《三国演义》，那个曹孟德，蒋干盗书，把蔡瑁、张允咔嚓、咔嚓杀完了，才反应过来自己中了小周郎的反间计！慢半拍，这就叫见事迟。由此我们可以看出，范雎平时没少研究魏冉，知道他的特点是什么。

果不其然，魏冉过去之后，忽然想起，怎么刚才没有翻一翻王稽的车呢？马上派人追过来，把王稽的车翻了个遍。好在范雎机灵，早早离开了，不然就麻烦了！这地方也很值得注意。王稽是谁？是秦昭王的侍从官，这种官员是令人害怕的。为什么？他离王近。在中国古代的政治现实中，往往谁离最高权力近，谁就厉害，手眼通天啊！可是，谒者王稽在魏冉面前大气不敢出，由此，也就可以看出秦昭王在魏冉面前如何了。这一年是秦昭王三十六年，秦昭王就是一岁登基，也三十六岁了！魏冉在秦王的近侍官员面前如此放肆，照《汉书》班固的说法，是典型的“不学无术”。什么叫不学无术？作为一个大臣，在君王面前放肆，不知收敛，用文雅点的说法，这就是不守大臣本分，这就是最大的不学无术。无论你事情做得多么好，就这一点，你首先就保不住自己的一百多斤了！这还不是不学无术吗？

范雎历经磨难，隐姓埋名辗转入秦，但是国相魏冉专权，秦昭王深居宫中，再加上当时来自诸侯各国的谋士说客多如过江之鲫，鱼龙混杂，秦昭王对于这些辩士没有好印象，所以范雎到了秦国之后，很长一段时间没有机会面见秦昭王。到范雎入秦第二年，即公元前270年，赵国大将赵奢在阏与大败秦军，给了他一个绝佳的机会。

范雎见机会来了，就给王写了一封信。信好递，王稽是他的朋友。可是这信怎么写？就需要好好拿捏一番了。范雎现在的目标是什么？就是要取代魏冉。可是魏冉背后是谁？宣太后。宣太后又是谁？秦昭王的母亲。他们的关系是骨肉。他要在骨肉之间挑出一道缝子，这封信就需要掌握好火候！因此，这封信非常不好写。后来刘勰《文心雕龙》讨论到上疏这种文章的写法时，就以范雎这封信为例子，说这一封信不深不浅，该说的说，不该说的不说，又要引

李山脱口秀

在中国古代的政治现实中，往往谁离最高权力近，谁就厉害，手眼通天啊！

起王的高度注意，想进一步听取自己的意见，刘勰说，范雎这封奏疏信件是典范。这封信见于《史记·范雎蔡泽列传》。

那么，范雎的信里都说了什么呢？首先第一层意思，他说："臣闻明主立政，有功者不得不赏，有能者不得不官"，英明的君主立政，有功必赏，有能力的必委以官职，"劳大者其禄厚，功多者其爵尊，能治众者其官大"，功劳大的俸禄厚，功劳大的爵位高。这是第一层意思。

接着又说，庸主就不同了，庸主是什么？"庸主赏所爱而罚所恶"，喜欢的人，他就赏；讨厌的人，他就罚，这就是庸主的做法。写到这里，话就断了，但是含带的意思谁都看得出：现在的秦国，有点像庸主掌权。信最后说了一句：我也知道我的腰，我的胸，不值得放到砧板上让您砍，言外之意就是如果我说错了，可以砍杀我。信写得很吊人的胃口，含蓄地点明秦国现在赏罚不明，庸主掌权，你秦王自然要问一问，我到底怎么就像庸主了！这就是范雎这封信的味道，刺激秦王，并激发秦王进一步了解情况的兴趣；大胆，富于挑战性。

接着第二层意思："且臣闻周有砥砨，宋有结绿，梁有县藜，楚有和璞。"说我听说过有这么几种宝石，周代有宝石叫砥砨，宋有宝石叫结绿，梁有宝石叫县藜，楚有宝石叫和氏璞，就是和氏璧。这几种宝石有一个特点："此四宝者，土之所生，良工之所失也，而为天下名器。然则圣王之所弃者，独不足以厚国家乎？"四件宝玉一开始都被那些工匠视为烂石头，可是，事实证明他们肉眼凡胎，没有看出美玉。几种宝石如此，您现在总是不理我，让我与一般人一起吃粗粮、处下位，是不是也把我当成一块烂石头了？我这块石头里可包着玉啊！这是第二层意思。

第三层意思说："臣闻善厚家者取之于国。"注意这话茬儿，说会过日子吧，把家过得很富的，就得取国家的财富，"善厚国者取之于诸侯"，说一个国家，比如秦国，你要想发财，你就得向其他诸侯拿，马不得夜草不肥，人不得外财不富。这些话的暗示意味更清楚，有人已经成为国家的蠹虫，在掏空国家。“天下有明主则诸侯不得擅厚者，何也？”天下如果有明主，则手下的诸侯就不能损公肥私。为什么这样说呢？信回答：“为其割荣也。”那是因为君主握着生杀决断的大权。注意，这一层意思暗示秦昭王，一你国家有蠹虫，二你应该站出来乾纲独断！前一点让王警惕，后一点激发他的权力欲。

三层意思表达清楚了，又说，信中所涉及的问题，写信，说深了不好，说浅也不好，最好给点时间，见见面谈一谈。说对了，您用我；说不对，您就斩我。信写得很短，粗看上去，谈的都是大原则，但是字面背后含着的都指向这样一点，那就是秦国现在存在着大问题，秦王不了解，断断不可！

秦昭王也算是个有为之主，一看这封信，意识到自己冷落这位张先生不对，马上传信接见。在哪儿接见？刚才秦王看信，见涉及的是国家赏罚不明、有蠹虫等大事。这种话题，能开个大会，把全体大臣都召在一起谈吗？秦王没那么傻，他说，安排到离宫见！讲究保密，古代早有名言：君不密则失臣，臣不密则失身。像齐桓公与管仲谈机密大事，怕别人听见，就跑到高台子上谈。

秦国的离宫，内有条长长的巷子，称永巷。范雎假装不认识路，闯入了永巷，他知道秦王要从这里经过，才能到达宫殿，他就在这里候着。

不一会儿，秦昭王过来了，范雎就在永巷里站着。太监和侍卫见他在这里，大声呵斥：躲开，躲开，王来了！范雎等的就是这话，他不冷不热地说：“秦安得王？秦独有太后、穰侯耳！”秦国哪里有什么王？我只听说过宣太后，还有穰侯魏冉！他在这里卖山音儿，坐在轿子上的秦昭王听见了。俩人见面了，王就说：哦，张先生！然后下辇，恭敬地跟范雎行宾主之礼。旁边有的认识这位张先生，有的不认识，《史记》记载到这里说，这些人见秦王跟这位张禄行宾主之礼，大家脸色莫不“洒然”而变。洒然者，肃然起敬也。他们又惊奇又害怕，原来竟没看出，这位缺根肋条、少牙齿的张禄，居然有这么大本事！

范雎终于见到了秦昭王，而且他的一句话让秦昭王另眼相看，待以上宾之礼，并引入内宫密室。这时按照常理来讲，范雎应该马上紧紧抓住这千载难逢的好机会，将自己的安邦大计倾囊相授。但是，面对秦昭王的再三请教，范雎却一直避而不答。那么，范雎这种极为反常的行为，有什么特别的用意呢？

进到宫中，谈话之前，秦王把左右都轰走了，他们两个人坐下来。昭王心想，从你前面的写信到刚才的卖山音儿，一直讽喻我，说秦国无王，那我要问了：“先生何以幸教寡人？”你有什么教导我的呢？范雎非常诚恳地在那里“诺诺”地点头！之后，又来一个欲言又止，犹豫再三，肢体语言倒也明确：我真的能说吗？一边是有话要说，一边又显得从心里害怕。这是范雎的善拿架势，背后则是他对人主的心理调动。范雎这位大策士，很善于把握人的心理，把握人的性格。从入关到他写信给昭王，还有现在，都显示了这一特点。

李山脱口秀

一边是有话要说，一边又显得从心里害怕。这是范雎的善拿架势，背后则是他对人主的心理调动。范雎这位大策士，很善于把握人的心理，把握人的性格。

他越是这样，王就越急迫。王每次问他，他都欲言又止，《史记》交代，范雎“唯唯”，“若是者三”。话到嘴边，又咽回去。这不仅是在吊胃口，也是为他下面说的话做铺垫。最后昭王着急，给他施礼说，先生没问题，别再吊着我了，赶紧讲吧！到了这样的火候，范雎开始说话了。他说，您这样真诚，我就只好讲了！过去，周文王在河边看到一个老头钓鱼，俩人一谈，一拍即合，周文王把老头带回去，西周王业就成了！这就是范雎的技巧，看见了吗？还是从古代开始讲。讲古之后，又说：“今臣羁旅之臣也，交疏于王，而所愿陈者皆匡君之事，处人骨肉之间，愿效愚忠而未知王之心也。此所以王三问而不敢对者也。臣非有畏而不敢言也。”说我现在是个羁旅之臣，也就是一个游客，我跟您的交情很浅。但是，我所说的都是匡正您君王的大事，而且还有挑拨人家骨肉关系的嫌疑。所以我考虑来考虑去，很犹豫。这就是我为什么畏畏缩缩、欲言又止的原因！

接着他又是一番慷慨之言，说我想明白了，人不就是一死吗？三皇五帝，大圣人，死了。春秋五霸，大贤人，死了。历史上能打仗的谁谁谁，死了。有力气的谁谁，死了。您看，无论贤愚老少贱不肖，最后一个结果，都是死！我想明白了，反正今天，我想说的都说出来，就是死也认了。范雎心里明白，越这样说，秦昭王杀他的可能性就越小。范雎这里表现出的策士本领，自有特点，他是动情派，煽情派，他说话的那股推心置腹的劲头，好像恨不得把自己搓巴搓巴揉成一团，一下子全部渗入到秦昭王的骨头、血液里去。

他的煽情很有效果，秦王不自觉就跽起来了。古代正式场合的坐就像今天的跪——把臀部放到小腿肚子上，叫坐；欠起身子来叫跽。秦昭王现在也“跽”起来，显示出倾听的渴望，他还对范雎说，我们秦国虽然很偏远，我也很没出息，但是，我还是想有所作为的，我们秦国还是可以有所作为的！请先生您别再让我着急了，赶紧说吧！

到了这时，铺垫得很周详厚实了，范雎才切入正题。

范雎说，您看秦国的形势：首先我们有关中肥沃的土地，有所谓四塞，四面都有高山险关可以据守。地理条件好，这是其一。

其二，您的老百姓自从商鞅变法以后，“怯于私斗而勇于公战，此王者之民也”。老百姓不敢在个人的事情上斗狠，却可以为国家奋战，派他们去争霸天下，非常合格。可是这几年来，为什么在战场上老是失招儿？“是穰侯为秦谋不忠，而大王之计有所失也！”是国相魏冉不忠，也是您大王的失算。这话一出，秦昭王不

李山脱口秀

范雎表现出的策士本领，自有特点，他是动情派，煽情派，他说话的那股推心置腹的劲头，好像恨不得把自己搓巴搓巴揉成一团，一下子全部渗入到秦昭王的骨头、血液里去。

由自主地再一次伸长了脖子。范雎又说："夫穰侯越韩、魏而攻齐刚、寿，非计也！"单刀直指魏冉的攻打刚、寿之事。大梁打不下来，阏与之战打成了这样，为什么？我认为秦国战略上就错了，用大量人力物力打刚、寿，谁的主意？打完刚、寿，谁得利？范雎说到现在，把前面"处人骨肉之间"的话头圆上了。为什么说我有挑拨人家骨肉关系的嫌疑？就是因为批评魏冉，他是王您的舅父至亲啊！

不过，对魏冉的攻击，范雎也是到此为止。世事洞明的范雎知道，现在明着多说魏冉的坏话，绝对是损人不利己。对自己最有利的做法，是让秦昭王看到自己的光明面，此刻提出对秦国兼并天下最有利的大策，则最能显示自己的光明面！于是他话题一转，说，我认为您现在应当改变策略，"王不如远交而近攻！""远交近攻"四个大字出现了！他接着说，一旦这样做，"得寸则王之寸也，得尺亦王之尺也"。后面这两句话，句句光明正大，句句都暗点魏冉谋私的坏处。好犀利的言辞！

秦昭王听到"远交近攻"四个字，俩眼放光。啊，张先生多么精辟的说法！不过说起来，"远交近攻"的说法并不是范雎首先提出来的，早在司马错论伐蜀时就有这样的意思，尤其是一些东方诸侯劝说秦国不要打自己，表达得更清晰。例如齐国派使臣来就说过同样的道理，魏冉要打齐国，齐国给秦王写信，摆出一副替秦国着想的样子，说应该从近处打，还举了赵伐中山，因为是近攻，所以赵独得其利的例子。但是，用明确而简洁的语言，把这个策略明确说出来并加以分析，却是在范雎与秦昭王这次深谈中才出现的。范雎对这个命题的贡献，是首次站在秦国的角度清晰地论述这一命题。

范雎接着对"远交近攻"继续分析。他说，韩、魏所在，是中国、中原，离秦国也最近，拿下这两个中原之国，才能够以此为基础，进一步对付楚，对付齐，甚至更远的国家。所以要打，就先从

李山脱口秀

世事洞明的范雎知道，现在明着多说魏冉的坏话，绝对是损人不利己。对自己最有利的做法，是让秦昭王看到自己的光明面，此刻提出对秦国兼并天下最有利的大策，则最能显示自己的光明面！

韩、魏入手，采取推土机式的战略，铲得一寸就是一寸！而且所有收获都是王家的。

昭王听到这儿，也有疑惑，他说，我也想这样啊，可是对这两个国家软硬兼施，总不奏效啊！我们中路打，打了好多年了都不奏效。范雎听罢，说，这事儿得分三步做：“王卑词重币以事之；不可，则割地而赂之；不可，因举兵而伐之。”以卑词重币，先拉拢他们。不行，就割地贿赂他们。为了大的利益，我们可以牺牲一点小利。再不行，就重兵征伐。要采取三部曲的动作。

然后，胸有成竹的范雎说，跟您简单地说吧，例如韩，应该是我们先动手铲除的对手，至于具体做法，您要是出一支军队，把南阳（黄河北岸、太行山南端，今河南、山西交界地带）地区的一些重要城邑打下来，控制起来，韩国一下子就断成了三截子！秦昭王一听，心里一下子豁亮多了！这就是范雎的高明之处。他不是只谈大方向，也能谈具体方略。后来长平之战以前的一段时间，秦国大体就是按照范雎此时的用兵思路做的，马上就有了长平之战的大胜。范雎每一个环节都想得很透。

此次对话之后，范雎又连续献策。其中一次，就说到他在魏国时只知道秦国有太后、有穰侯魏冉这点。秦昭王完全听进去了，就在太后死后几个月，把魏冉轰到了他的封地。从此，范雎开始了他在秦国十余年为相的生涯。

远交近攻计策提出来后，秦昭王把范雎当成了贴心大臣，有点像周武王对待姜太公，奉为上座，秦国由此开始了远交近攻的新策略。那么，具体又是怎么做的呢？请看下一讲：烫手的上党。

第二十一讲　烫手的上党

秦国攻打韩国的上党地区，上党地区的韩国守将抵挡不住秦军的攻势，就想把上党地区的十七座城邑献给赵国。面对这唾手可得的好事，赵国君臣是什么反应？秦国会善罢甘休吗？在上党地区，究竟会发生怎样的波澜呢？请看《战国七雄》之《烫手的上党》。

秦军"远交近攻"，攻打韩国上党地区，韩国守将抵挡不住，于是把上党地区的十七座城邑转手献给赵国。那么，在秦军的虎视眈眈下，赵国是什么反应？秦军会有什么动作？在上党，究竟会有怎样的血雨腥风呢？

秦统一天下的过程，可用八个字来概括：合纵连横，远交近攻。范雎向秦昭王正式提出远交近攻后，马上见效。

秦国军队这时的主攻方向在韩国的南阳一带，范雎献计的时候就说过，秦与韩地域相接，犬牙交错。对秦而言，韩就是木中的蠹虫，心腹里的大患。远交近攻，得先从韩攻起。怎么攻打韩国呢？范雎说攻也不难，出一支军队把荥阳占了，从巩（今河南巩县西）到成皋（今河南荥阳西北十几公里处）的路就不通了，韩国都城郑（今河南新郑市）与西部的联系就断了；同时，北部上党一带与都城的联络也不通了。一下子，韩国就一断而为三，它难道还有什么招数可使吗！油灯一拨就亮，秦昭王茅塞顿开，于是下令执行计划，对韩国南阳地带展开攻击。

李山脱口秀

秦统一天下的过程，可用八个字来概括：合纵连横，远交近攻。

公元前265年，秦军攻打韩国的少曲（今河南孟县北），接着又打下高平（今河南济源），两地都距上党地区很近，且都是交通要道。第二年，即公元前264年，白起攻陉城（今山西侯马北），杀人五万。此地不远有通往上党地区的道路。秦国拿下这几个地点，招招都是要命的棋。

下一年，即公元前263年，白起又转到南阳地带。公元前262年，秦军拿下野王（今河南沁阳）。野王位于两条水的交汇地，一条是少水，一条是丹水。两水在野王汇聚后，向东南流往黄河。丹水的上游就是上党的长平。秦国对韩国的战争，步步推进，攻城略地，最后就在上党地区打响了。

韩国军队招架不住，当时韩国驻守上党的太守叫冯亭，一看上党保不住了，于是向韩王报告。以韩王的主张，是向秦国投降。但是，冯亭还有他的手下却另有想法。他们商量，坚决不向秦投降！他们宁愿违背君王的命令，把上党交给赵国。

冯亭的决定，实际是给赵国出了一道大难题。往好了说，大片的土地归了赵国，冯亭手里当时有十七个城邑。往坏了说，冯亭这个想法，差不多是嫁祸于人，赵国接了土地城邑，就是招惹秦国，引火上身。在冯亭，大概是宁可给赵国也不给秦国，这是他的动机，赌一口气。可是赌这口气，不但违背了韩王的主张，也把个大难题转嫁给了赵国。

这时赵国的王是赵孝成王，刚上台没几年，政治经验明显不足，听到这个消息后，《史记》说“王大喜”，就找大臣讨论，要不要这十七座城邑？接受不接受冯亭的投降？他先问的是平阳君赵豹。赵豹说：“圣人甚祸无故之利。”（《史记·赵世家》）真正圣明的人，很怕无缘无故飞来的好处。赵豹的态度很明确，不能要，因为这会引来与秦国的战争冲突。赵王一看，平阳君赵豹不愿意，接着又问平原君和赵禹两位。这俩人的态度也很明确，他们说：“发百万之军而攻，逾岁未得一城，今坐受城市邑十七，此大利，不可失也。”（《史记·赵世家》）说这十七个城邑，让我们

李山脱口秀

冯亭的决定，往坏了说，差不多是嫁祸于人，赵国接了上党十七个城邑，就是招惹秦国，引火上身。在冯亭，大概是宁可给赵国也不给秦国，赌一口气。可是赌这口气，也把个大难题转嫁给了赵国。

赵国打，发上一百万的兵，干一年，也拿不来。现在不动不摇，就有人把它们送来，是大利，机不可失啊！赵王一听，他们都同意了，正合孤意，赵豹不同意，也没什么大不了，就接受了冯亭的投降。

赵孝成王就这样定了大计，实在是有点庙算不当。什么叫“庙算”，就是庙堂上的谋算。《孙子兵法》头一篇就讲庙算，“故经之以五事，校之以计而索其情”（《孙子兵法·始计》），说从五个方面算一算敌我的对比，可以得出能不能获得的结论。哪五个方面呢？道、天、地、将、法。“道”就是国内的政治情况，老百姓跟政府是不是一条心；天、地就是天时地利；将，就是将军的能力；法就是军事制度方面的内容。若是赵王从上面五个方面比较一下，也许就不会那样轻易地接受冯亭献来的上党之地了。自己不能算，赵国最有智慧的人，马服君赵奢当时已死，蔺相如肯定还活着，廉颇不但在世，而且还要率军参与未来的战争。看记载，赵王定计的时候，这俩人没参与。《史记》说当时“蔺相如病笃”（《史记·廉颇蔺相如列传》），病得很重。但到底是“病笃”，还是没请他，就不好说了。按照王朝老例，一朝天子一朝臣，先朝老臣未必能得后代新王的看重。像上党十七城这样的大事，弄不好要亡国，庙算没有多请一些能人帮助把把脉，只看到了那是个大便宜就拿，没有想想，你拿了上党十七城，秦国人起早贪黑费了半天劲，结果便宜让你赵国占了，他会善罢甘休吗？情理上赵国就有亏欠。

> **李山脱口秀**
>
> 像上党十七城这样的大事，弄不好要亡国，庙算不多请一些能人帮助把把脉，只看到了那是个大便宜就拿，没有想想，秦国人他会善罢甘休吗？

再者，秦国又是谁，你赵国固然有胡服骑射，可是真要打，打得过它吗？五个方面，道、天时、地利，赵国还可以，但是在国家体制方面，秦国实行二十军功爵制，是尚首功之国，自从商鞅变法以后，就把国家打造成了兵营，一提到打仗，民众就嗷嗷叫，这就是当时秦国的基本精神。整天骂秦是“虎狼之国”，这个体制，你赵国不清楚吗？再从将军的角度看，廉颇的确是猛将，可是他也只能与秦王龁那样的将军打个平手。至于白起，赵国还没有那样的将军。后来白起接替王龁到战争的前线来，秦是封锁了消息的。为什么？列国的将军都怕他，怕赵国一听到白起前来就撤军。总之，从几个方面看，虽不能说赵国与秦国真打起来没有胜的可能，但是，论综合国力，论将军的善战，胜算并不明显。可是，最高当政者没有这样想，很轻易地就做出了接受上党十七城的决定，实际是接过了冯亭扔过来的烫手山芋，弄不好不但会烫伤手，甚至胳膊都可能弄残。有便宜不占是笨蛋，这样的想法其实就是老子说的那“天下皆知美之为美”的笨蛋心理，光看到美，不知道“一阴一阳”谓之道，阳的背面就是阴。《韩非子》里也讲过，一个贼光天化日到市场上当人面拿人家的金，结果被逮住胖揍一顿。别人问他，怎么那么大胆，当人面就敢拿？他回答，我那个时候只见到钱，没看到人。这叫什么？这叫利令智昏。

但是，话说回来，我们现在想，上党的城邑土地就绝对不能要吗？也不尽然。要也行，但必须得跟韩国达成默契，甚至要和当时的魏、燕、齐等几个国家达成约定。这样的话，就变成一致抗秦，就是从大局出发了，当然，这样赵国也就不能独吞上党十七城了。看赵胜当时的心思，口口声声我们打一年都得不了那么多土地云云，一门心思就是占便宜。这种心态，怎么可能与韩乃至其他国家做什么沟通，达成什么协约呢？从这个角度说，一开始赵国的当局者自身就先出了问题。“兵者，国之大事，死生之地，存亡之道，不可不察”，《孙子兵法》上来就这句话。《孙子兵法》赵胜等人应该看过。有一类人，遇事则迷，就是看了也未必起作用。

李山脱口秀

有便宜不占是笨蛋，这样的想法其实就是老子说的那“天下皆知美之为美”的笨蛋心理，光看到美，不知道“一阴一阳”谓之道，阳的背面就是阴。这叫什么？这叫利令智昏。

赵国君主贪图眼前的利益，不顾大臣的反对，坚持把上党地区纳入赵国的版图。那么，把上党地区献给赵国的韩国将军冯亭，他会得到什么样的赏赐？他又是怎样表现的呢？

接着赵国就派赵胜去接收上党十七城，韩国的土地转到了赵国手下。上党原来是两国占有，现在绝大部分到了赵国名下。赵胜要赏冯亭，他说，按照我们赵国的规矩，你献了这样多的土地人民，我封你三个下辖一万户的城邑，任命你做太守，世世为侯。可冯亭对赵国的奖赏拒不接受，他说，我投降赵国，犯了几个错误：首先，我给国家守地盘，是封疆之臣，守不住，作为守者就应该殉职，但我没有，这是不义。本来，韩国的君主主张把上党土地给秦国，我没听，这是二不义。我已经有两个不义了，再出卖主人接受赵国的封赏，就是三不义了，所以我不要！看来冯亭人格还不错，所以，要说他一开始就想嫁祸于人，可能有点冤枉他，他可能没那么阴险。就是说，在论把赵国推向长平之战的责任上，他没什么责任，责任全在赵国上层的决策。后来冯亭的后代就在赵国生活下来，冯家还是出了一些人才的，如冯唐，就是“冯唐易老，李广难封”的冯唐。这是后话，此处不必多说。

李山脱口秀

赵国在安抚上党投降之民的事上做得不错，长平之战为什么死四十万人？大概这时的奖赏起了作用，老百姓觉着赵国不错，铁了心跟它走，这就要丧命了。

接着，赵胜又赐给上党之民三级爵位，“皆益爵三级”，大家不是愿意跟着赵国走吗？这儿显露了一个事实，似乎赵国也有爵位制，只是不像秦国那样“尚首功”。此外，“吏民能相安，皆赐之六金”（《史记·赵世家》）。所有的人，只要投奔我们赵国，能够相安无事，不爹刺，不违反治安，每人给钱六金。赵国在安抚上党投降之民的事上做得不错，长平之战为什么死四十万人？大概这时的奖赏起了作用，老百姓觉着赵国不错，很高兴，铁了心跟它走，这就要丧命了。

总之，在赵国的上层决策上，我们看到祸胎已经结下了。

赵孝成王只看到接收上党的利益，却忽略了接收上党隐藏的巨大风险。果然秦国派将军王龁进攻上党，赵也派大将军廉颇前去拒敌，赵军和虎狼之师的秦军在战场上兵戎相见。那么，战争的结果怎样呢？

果然，秦国得知上党一些地方归了赵国后，马上发兵进攻。赵国也不示弱，于公元前262年，派大将廉颇率军前往上党迎战。

廉颇大军出邯郸，奔今天的磁县之地，经太行山，过壶关后向西南行进若干公里，扎下大营。实际上，上党的赵国一些城邑，已经被秦军占领，廉颇只能稳扎稳打，他花了很长时间，在壶关以西从西向东修建了一道长数十公里的石头城墙，作为赵军最后的依托。又在更西南方面，沿西北—东南向流淌的丹水的东侧，构筑了赵军的工事，并依靠一座山头，安置了自己的司令部和后勤基地。老练的廉颇将军，还在那条长长的沿河工事的前方十几公里处，依山靠水建立了一个三足鼎立的驻军点，成为工事的前哨。老将军做好了与秦军长期作战的准备。

战争从公元前262年夏天开始，一直到公元前260年长平之战结束，一共延续了三年。正式决战之前，秦、赵两军爆发了几次小规模战役，赵军没有显示出优势，而是“战数不胜，亡一裨将，四尉”（《史记·赵世家》），死了五个军事将领，其中一个是副将。这倒也正常，之后战争陷入僵持。

麻烦不是来自前线，而是来自后方的赵王。他见战争总没有结果，就有点着急。他把一个叫楼昌的大臣和另一位虞卿找来，要做新的谋划和部署。楼昌的看法是，既然打没便宜可占，那就赶紧与秦国讲和吧，撺掇着赵王向秦服软。虞卿当即反对。虞卿这个人，司马迁给他写过传，是一个一辈子比较郁闷的人，本事很强，有道性，就是不得志。这回赵王找他问计，他听楼昌说要讲和，坚决反对。说事情到了现在，赵想讲和不容易，因为“制媾者在秦”（《史记·平原君虞卿列传》），讲和的主动权攥在秦国人手里。现在的情况是，秦国人铁了心要在上党把我们的军队打败，就是派人去讲和，秦也不会答应！他这样讲实际是说，秦国人已经瞅准了机会，要大量消灭赵国的军事力量。话语之间，他也暗示了这样的道理：战争大事，关乎国家生存，当初那样轻飘地决策接受冯亭的

李山脱口秀

战争大事，关乎国家生存，当初那样轻飘地决策接受冯亭的上党十七城，现在又动不动就讲和，国家大事岂如儿戏！

上党十七城，现在又动不动就讲和，国家大事岂如儿戏！

赵王当然听出了点意思，更着急，就说那怎么办呢？虞卿说，现在要说什么办法，也有，带上国家的金银财宝，拿着最贵重的物品，到楚国、魏国去。请注意，虞卿没有说到韩，可以推测，赵国人把属于韩的上党十七城接了，就把韩国得罪苦了。虞卿建议赵国赶紧联合楚、魏，让他们呼应赵国的军事行动，那样，就会形成新的合纵态势，秦国人就不能不考虑撤兵。

这是赵国高层的第二次定计。两种意见出来了，需要最高决策者拍板了。事关国家生死，就看国家的第一把手怎么想、如何定了！这个板子没人替他拍。那好吧，赵孝成王就拍了板子：听楼昌的，派人去秦国求和！这一次的庙堂决议，又不妙！

结果一个叫郑朱的被派到秦国去讲和。秦国现在是谁执政？是范雎，鬼机灵鬼机灵的，眼毛拔下来，吹一吹都能响！范雎一看，哦，赵国不是挺横吗？怎么派人求和了。好，来得好，正好让我利用一下！郑朱在来秦的路上，想象了各种秦国可能对付自己的脸色，就是没有想到他们满脸热情。秦国人非常客气，说讲和，好啊，咱们准备讲和！待郑朱如上宾。消息传到赵国，心里七上八下、惴惴不安的赵王一听，郑朱在秦国很受重视，他很高兴，心想和平马上就到了！他对虞卿说，你看楼昌这个计策好吧？郑朱去了以后，秦国最高执政者都出来见我们，很重视。虞卿只是说，等等看吧！他心里想，指不定秦国人玩什么花招呢！事实也的确如此。范雎的确热情招待郑朱，更要命的是，他还有意把自己对赵国使者的热情，巧妙地展示给列国使臣们看。他国使臣一看，噢，你们秦、赵两家貌似在打仗，背后不定还有什么猫儿腻呢！这样的消息传到各自的国家，各国就都冷眼看着秦赵交战，没有谁想帮赵国了！

令赵王和他的主和的臣子们想不到的是，郑朱的出使秦国，实际在外交上陷入了秦国设下的机关。外交的失败，在当时那样的列国局面下，实在是很关键、很关键的。决战胜负岂止在沙场，樽俎折冲之间，赵国又一次蚀了本！虞卿的话不听，外交上先输了一阵！

上党的战争还得打下去，而且已经是一场持久战了。老将廉颇修筑壁垒、工事，他要与秦军周旋下去。

秦赵两军开战，赵国不能战胜秦国，想谈判媾和，秦国又要阴谋手段，这样一来，赵国大军就被拖在了上党，争夺战变成了持久战，这使赵国的赵孝成王非常着急。那么，他又是如何定计、如何决策的呢？

廉颇有他将军的谋略，这个仗持续下去，时间一长，从地利、人和上讲，对赵国都有利。上党距离赵国近，那些原属于韩国的上党之民，赵国又是赐爵又是给金的，老百姓都跟赵国一条心，后勤不会有大问题。可秦国不同，他们路途遥远，时间长了就不利。这一点，老将廉颇算得很清。但是，他背后的赵孝成王却不这样想，将军和君主之间的麻烦就来了。

赵孝成王着急了，王身边一定还有些“爱国者”也在那儿唧唧喳喳，说三道四。《孙子兵法》论将军，说：“夫将者，国之辅也，辅周则国必强，辅隙则国必弱。”（《孙子兵法·谋攻》）将军是国家的重要依仗，将军辅国周密国就强，辅助不周、有缝隙，国家就要遭难。廉颇在前方打仗，他的对手是秦将王龁，僵持着，廉颇最后不一定输。可问题是，他的君主能不能理解他的僵持，是否允许他这样僵持。《孙子兵法·谋攻》说，一个国家的君主，“不知军之不可以进而谓之进，不知不可以退而谓之退”，乱下命令，这样军队是要失败的。“不知三军之事者，而同三军之政；不知三军之权，而同三军之任”，就会导致军心涣散，这些毛病都是“乱军引胜”，都是自取失败。现在这位赵王就是催着廉颇有所行

李山脱口秀

廉颇在前方打仗，他的对手是秦将王龁，僵持着，廉颇最后不一定输。可问题是，他的君主能不能理解他的僵持，是否允许他这样僵持。

动，理由自然很多了，唧唧喳喳瞎指挥，“乱军引胜”。

这就又说到了廉颇将军。把廉颇放到历史上的将军队伍里衡量，算不上一流人物，因为他毕竟没有说服君主，听从自己的谋划。沟通有问题，赵王固然有责任，廉颇将军也不能说一点责任没有。

在西汉也出过同样的情况。汉宣帝时，在今天的兰州以西青海地区，居住着很多羌人，在首领唆使下骚扰边境，很严重，汉宣帝任命赵充国为将军去镇压。赵充国临走时皇帝问他，多长时间可以消灭那里的叛乱，赵充国说，军事上的事，哪里可以预先定准呢？百闻不如一见，到了地方了解情况以后才好说呀！他到了前方，仔细观察了解了情况后，把军队一驻，开始屯田，不打了。汉宣帝不干，他身边也有人在那里唧唧喳喳，但是赵充国多次写奏折上疏，说不打，军事上叫持重。不打，驻军屯田有十二利，打就有十二害。一开始他也说不通，后来宰相站出来，汉代“萧曹丙魏”四大名相之一的魏相站出来，替他说话。最后赵将军没有打仗，羌人的问题就解决了，羌豪，即造反的头头儿被抓住杀掉了。赵充国打仗持重，背后的皇帝一开始也要“乱军引胜”，但毕竟那是大汉王朝，皇帝、宰相明事理。

廉颇则不然，他与赵王一定有过沟通，但是赵充国沟通，有著名文章传世，赵充国作为一个武将，十二利、十二害的奏折鞭辟入里，到今天看也是好文章，那才是真将军，有武略，还有文韬。诗云：“文武吉甫，万邦为宪”，赞美的就是将军的有文有武。将军关系到国家福祸，将军好，国家安全，将军不好，国家遭殃。赵国在上党与秦国对峙的时候，廉颇有没有责任？怎么就不对王把自己的想法讲透彻呢？你的短期计划是什么？长期战略又是什么？分析透了，毕竟蔺相如还活着，虞卿他们再帮帮忙，也许就能说动赵王。就是赵充国，若没有魏相的几句话，可能也不行。廉颇没人帮忙，可能就与他沟通不力有关。将在外，君命有所不受，可廉颇又

李山脱口秀

真将军，有武略，还有文韬。将军关系到国家福祸，将军好，国家安全，将军不好，国家遭殃。

做不到这一点，不是这种将军，上党的问题，大概也不允许将军自主，所以最后就只有被换掉了。

这换的人是谁啊？马服君赵奢将军的儿子、赵公子赵括。赵括因为爸爸的关系，从小就喜欢兵法，而且谈起兵法来，赵老将军也不一定讲得过他。这倒应了那句话，理论都是不实践的干的。孔子反对巧言令色、能说会道的，老子也不相信语言，认为道可道，非常道，原因就在这里，理论毕竟与实践不一样，打仗更是如此。但是，赵括纸上谈兵，像景德镇的瓷器，一套一套的，因此觉得自己不含糊。这时候，国家用人，就找到他，他自然答应了。

没想到的是赵括的母亲坚决不同意。这位老夫人得知自己的儿子被任命为将军，到前线接替廉颇的事后，就给赵王上疏，说，当年赵括的父亲活着的时候，谈兵法有时候确实谈不过儿子，可是当时他也说过这样的话，打仗是生死之事，不是在家里边谈论，是要杀人、要死人的，考验的不是理论，而是生死，是血性、胆识和气魄，考验的是谁能见机行事、当机立断，不是谈一谈兵法就管用，上阵厮杀，背拳谱是不灵的。他父亲还说过一句话，我们赵国将来要是不让赵括做将军，没问题；哪一天真要他当将军带兵打仗，那国家可能就要遭大难了！老太太接着说，据妾身我的观察，赵奢当

李山脱口秀

理论毕竟与实践不一样，打仗更是如此。赵括纸上谈兵，像景德镇的瓷器，一套一套的，因此觉得自己不含糊。

虎符是古代调兵遣将的凭据。铭文显示虎符分左右两部分，右在王手里，左在将军手里，发兵五十人以上必须“会王符”，即左右两部分虎符相合方可；遇突发情况除外。

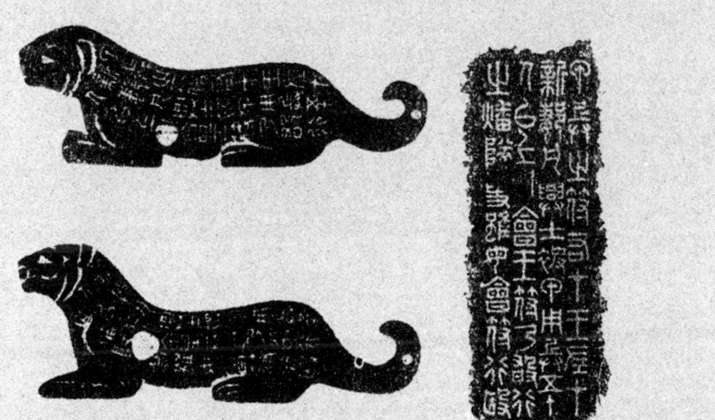

战国时秦国新郪虎符

了将军后，他亲自给端饭的，有数十个人，都是他尊敬的人；他以朋友相待的，不下百数。你看这就是赵括父亲的为人，知道有比自己高的，知道向人学习。另外，他得到王和宗室的赏赐，所有东西都不往家拿，而是全部散给大家，受命上前线，家事全抛在脑后。上阵父子兵，打仗亲兄弟，将军与部下没有一点情谊，上了战场，谁给你卖死命？这是赵奢的为人。赵母又说到赵括，他又怎么样呢？赵括“一旦为将，东向而朝，军吏无敢仰视之者，王所赐金帛，归藏于家，而日视便利田宅可买者买之。王以为何如其父？父子异心，愿王勿遣”（《史记·廉颇蔺相如列传》）。说赵括一旦做了将军，马上就东向而坐，坐在尊贵的位置上，自己是主人，别人都是臣仆，国家给了钱财，他都收起来，准备自己买田买地买房子。这种人，王您以为他们父子相承，龙生龙，凤生凤，耗子的儿子会打洞？不对，他们父子实在是心术各异！他们两个，父子的为人风调，没有遗传学上的关系。

赵括母

赵老夫人这份奏疏上了以后，赵王还是没答应。于是老夫人说，那好，王您不答应不要紧，将来我儿子在前方给国家惹了大祸，您可不要搞连坐，我可不想承担这个责任，别到时候我儿子犯了错误，连我一起收拾。勿谓言之不预也！

结果，自信满满的赵括将军就上了上党前线。那么，他到了前线以后是怎么做的呢？请看下一讲：长平之战。

第二十二讲　长平之战

秦赵两军在上党地区决战，最终秦国将军白起率领的秦军，大败赵国将军赵括所率领的赵军，而且坑杀赵军降卒四十万，这场战役成为战国历史上最惨烈的战役。那么，战场上究竟发生了什么？赵军为什么败得如此惨烈？请看《战国七雄》之《长平之战》。

赵孝成王贪图得到上党地区的利益，但最终却把赵国拖进了战争的泥潭。战争一打就是三年，最终秦军大胜，俘虏赵军四十万，并且将俘虏全部“坑杀”。这是一场关系到战国历史走向的大战役，那么，赵括率领的赵军主力，为什么会败得如此彻底？这场战役，给中国历史留下了哪些思考呢？

长平之战从公元前262年开始，结束于公元前260年，战争持续了三年。一开始，赵国的将军廉颇与秦国的将军王龁对阵，两年多以后，赵国开始换将，廉颇被撤职，换成了赵括，战争形势急转直下。在这之前，基本上是对峙格局，谁胜谁负很难说。但是赵国一换将，情势突然变了，并迅速以赵国的惨败而告终。此战是战国史上最惨烈的战争，也是规模最大的几场战役之一。

赵国换将，如前所说，是因为将军和朝廷之间沟通不足，朝廷急于求成，于是一位年轻气盛、自视甚高、纸上谈兵、很有理论家派头的将军赵括走上了战场。赵括走到战区以后，看到并了解到了廉颇的布置。首先是一条长长的石头城墙，从西向东，延伸百里，是赵军防御的底线，乃廉颇花了一两年功夫修筑的。

他再往前走，就来到了丹水河的东岸。丹水发源处，有一座丹朱山，所以叫丹水。这条水，大体从北向南偏东方向流。在这条河的东岸，廉颇修筑了工事，而且与石头长城一线在西北端相接，形成一个夹角，也就是一个三角地。丹水河东岸从西北向东南有几座山岭，也有一些低地、谷口。西北方向最远处，也就是丹水的最上游，有丹朱岭，以下东南不远，有一座山峰叫韩王山。站在山上俯视前方，目力可及长平村一带的河谷地带。再往下走，还有一座大粮山。赵括来战区后，看到廉颇在大粮山这里设立的军事指挥部，赵军的辎重囤积也在大粮山附近。这是一个高地，可以居高临下。这些，赵括都看到了。再往前，就不能走了，因为赵括来的时候，两军大致以丹水河为界，东西对峙着，他不能再往前走了。可是，军中的人总会告诉他，从丹水河阵地往西南望，远处有一个空仓岭，那里，就是当初廉颇构筑的第一道防御体系，三个营盘互为犄角，其中最大的就在空仓岭。后人考察，空仓岭的赵军的防御阵地，距离今天山西高平县城有十余公里，是当时赵军最前方的防地。

这就是廉颇当初的精心设计。要知道，一道军事上的防线，从来都不是一条线。现在的旅游点山海关，是古代东北的重要门户，可战争要是真打到了山海关，这关也就没法守了。所以要守住山海关，必须把军队往再向北数十公里即辽宁兴城那一带驻扎，守山海关才有把握。同样的道理，廉颇所以在距丹水河西南数十里的空仓岭修第一道战地，而且，在距此不远的东方，也就是空仓岭阵地的背后，又修筑两个障城，作为空仓岭阵地的支撑，就是为了稳固丹水一线的防守。可以看出，老将廉颇打仗，心思缜密，不愧是战国名将，他在从东北向西南的数十公里的延伸地带，建立了一个有纵深的设防体系。不过，在两年的对峙中，空仓岭和它的两个互为犄角的障城失守了，还死伤了一些校尉和副将，所以赵王就沉不住气了。

李山脱口秀

一道军事上的防线，从来都不是一条线。现在的旅游点山海关，是古代东北的重要门户，可战争要是真打到了山海关，这关也就没法守了。所以要守住山海关，必须把军队往再向北数十公里即辽宁兴城那一带驻扎，守山海关才有把握。

心思缜密的防线，在赵括眼里并不算什么。可能赵括认为，只有进攻才是最好的防御。这也是个道理，理论上没有什么不通的。故将军已经走了，新将军来了，一个将军一个令，一个马勺一个柄，赵括一来，就开始了一番新的布置。

首先，赵括的司令部没有继续设在大粮山，而是改在了韩王山。韩王山与大粮山之间有若干里距离。另外，军队的辎重没有在韩王山，而是在大粮山。赵括所以选择韩王山，可能是因为登山远眺，看对岸，一片开阔的河谷地带，观察敌情比较方便。可是，军事指挥部离开辎重囤积地，等于给敌人留了可乘之机。只是如此，问题还不大。糟糕的是赵括到前线后，“悉更约束，易置军吏”（《史记·廉颇蔺相如列传》），把廉颇发布的军令改了。同时，要换思路，换战策，一定有阻力，所以一定得换人，不少军官因此被他撤换了，一时间人心浮动。有一个传说，说赵括来到军中后，改弦更张，换计策，换人员，据说有八校尉站出来劝阻，劝来劝去赵括不听，最后八个人拔剑自刎。

秦国人听说老成持重的廉颇被撤掉，来了个新将军赵括后，马上也做出新的安排，他们也悄悄地换将。换了谁？换成了白起，杀人将军白起。原来的前线指挥王龁，任白起的副手。这没办法，不论军事才略，还是从战功方面看，只要白起一来，秦国任何一个将军都得让位，因而王龁也不会有什么不快。料想王龁也知道，自己在军事上撑死了是个人才，白起可是军事上的天才。而且，秦国在任命白起为上党前线指挥官的同时，还在军中下达了一道死令：“有敢泄武安君将者，斩！”武安君即白起，有敢泄露武安君已任命为将军的，斩首。所以，白起实际上是悄悄来到前线的。

李山脱口秀

故将军已经走了，新将军来了，一个将军一个令，一个马勺一个柄，赵括一来，就开始了一番新的布置。

长平之战到了最后，交战双方都更换了将军。两方面的将军到任后，也各自进行了战前部署，最终战役在上党地区的长平村展开。那么，这场大战的过程是怎样的？战争的结果又如何呢？

白起来到上党前线后不久，战争就不再僵持了。用兵老辣的白起，对赵括首先来了一招“能而示之不能”的计策，此计是写在《孙子兵法》第一篇的。或许老辣的白起就想考一考赵括对兵法的熟悉程度如何。秦军出战，装赖、装熊，两军一接触，秦军好像豆腐渣，一触即溃，往回跑。若是老将廉颇在，一看，用北方话说，别在我眼前耍这个哩格楞儿，我还不知道你要干什么！可是来了位新将军，一个善于纸上谈兵、自视甚高，对秦军打仗根本缺少经验的将军，居然就看不透秦军的真实意图。一见秦军这副熊样子，赵括马上想到的是老廉颇的无能，秦军不过如此！一打就跑，你老廉颇这两年多是怎么搞的？小赵括是贵州的驴子不怕虎，马上下令赵军从自己的阵地冲出来，杀向秦军！不想，正好中杀人将军白起的计。当赵括的军队脱离自己阵地来到丹水对岸的狭长地带后，白起心里就开始暗喜了：这头小驴子的踢腾劲儿，已经使过了，马上就看我的了！白起早给他准备好了第二招：两支奇兵的包抄、隔断。一支二万五千人的人马，向赵军的后方，也就是石头城墙防线快速迂回，抄它的后路。还有一支五千人的骑兵，出奇制胜，直接向北插。干什么？让赵军的司令部与它的辎重隔开。迅雷不及掩耳，赵括还没反应过来，秦军已如同快刀切豆腐，手起刀落就把赵军分割了，包围了！

战争由阵地僵持战，迅速转变为包围战、围歼战，秦军方面深深感到了人员的不足，因为保卫战要打好，必须长期隔断赵军的后勤和人员的补给，特别需要防备赵国再派出一支军队从包围圈的外部杀过来。消息传到朝廷，秦王亲自出面，到河内（太行山南段以东的黄河北岸地区）一带征调十五岁以上的男人，投入战役。整个赵军，这一大坨子赵军就与大后方失去了联系。赵括的军队，成了一大群釜底游鱼。一支军队，自己的后勤辎重被隔断，与国家大后方的联系也被割断，面对的是重重包围，不是一群水煮鱼，又能是什么？

> **李山脱口秀**
>
> 赵括的军队，成了一大群釜底游鱼。一支军队，自己的后勤辎重被隔断，与国家大后方的联系也被割断，面对的是重重包围，不是一群水煮鱼，又能是什么？

到了这样的时刻，赵括不知道是否奇怪，纸上谈得精熟的兵法，逻辑很通，怎么一拿到这么一条小河边，一拿到这小块崎岖不平的山地里，就不行了呢？他怎么想后人不知道，知道的是，这时候的赵国朝廷则感到大事不妙！赵王马上派人到齐国去求援，但是，秦国在外交上耍的手段已经起效了，齐国不予理睬！不过，史书上也记载，齐国当时有个叫周子的站出来，对齐王讲唇亡齿寒的道理，可不管用。可以这样说，他讲这个道理，若在长平之战以后，或许能说动齐王，因为赵国四十几万军民的被消灭，使东方诸侯才真正有了一点兔死狐悲、物伤其类的真切感受。可现在，长平之战还没打，血淋淋的事实还没有从可能变成现实，唇亡齿寒就只是一个陈旧的道理！人就是那么愚蠢。如果我们从八十岁向一岁活，都成圣人。麻烦的是，人是今天不知道明天的事，这就有了眼光的长短之分，更麻烦的是，当时齐国的君主鼠目寸光。这样一来，赵国就只有陷入孤立以至惨败了！

接着，战争进入到了最后的收尾阶段。鱼被网住了，慢慢收尾，大鱼就上来了。

长平，一个丹水河边的古村落，命里注定要因一次大战而名著青史。赵军脱离了阵地后，就在丹水上游狭长的河谷地带，被围了几大坨子，长平村及其周围，有很多被围的赵军。战争到了最后的阶段了，《史记》记载，到公元前260年的九月份，“赵卒不得食四十六日，皆内阴相杀食”，赵军四十六天没有粮食吃了，出现了人吃人的现象。这场包围战，不是在较短的时间内解决的战斗，其间有战役，有厮杀。赵国人，也是一群能征惯战的人。到了最后时刻，赵括做出了决定：总突击。到现在，赵括倒不失为一条汉子，他下令四下出击，鱼死网破。赵军疯了一样地出击，给秦军造成的伤害也不小，照白起后来的说法，秦国一半的人死在了长平之战。说法可能有点夸张，但庞大的赵国军队到了这样一个生死关键的时刻，给敌人以大量的杀伤，也是可能的。但是，赵军想冲出包围，

李山脱口秀

人就是那么愚蠢。如果我们从八十岁向一岁活，都成圣人。麻烦的是，人是今天不知道明天的事，这就有了眼光的长短之分。

“四五复之，不能出”（《史记·白起列传》），往外冲，冲了四五次，冲不出去。白起让你冲出去，还叫白起吗？

最后，赵括一看实在不行了，《史记》记载：“赵括出锐卒自搏战”（《史记·白起列传》），说赵括身穿盔甲率部冲杀，然后用了六个字形容他的下场，“秦人射杀赵括”。秦军老远一看，戴着头盔，是个将军，一箭射过去，赵将军就死了。将军死了，其他将士已经饿成那个样子，没有战斗力了，《史记》接着说：“卒四十万人降”，四十万士卒放下了武器。

长平之战，以秦国军队一面倒的胜利而结束。据史书记载，赵军四十万人成了俘虏，而且全部被“坑杀”，也就是被活埋。这是一个触目惊心的数字。那么，对于赵军四十万人被“坑杀”的记载，历史学家们有哪些不同的看法呢？

这四十万人怎么处置？《史记》记武安君说：“前秦已拔上党，上党民不乐为秦而归赵。赵卒反覆。非尽杀之，恐为乱。”（《史记·白起列传》）这次战争打完了以后，整个上党地区归我秦国所有，但是赵国的老百姓不喜欢我们，怎么办？把他们放了，让他们继续在上党生活？不行！另外那些士卒，把他们都运到秦国去，那途中的消费，秦国养不起。“非尽杀之，恐为乱”，办法只一个：杀。至于如何“杀”，《史记》说是“乃挟诈而尽阬杀之”，用了哄骗的办法稳住这些降卒，然后投入大坑掩杀之，坑杀降卒四十万！《史记》又说，长平之战前后加起来一共杀赵卒四十五万。触目惊心的数字，四十五万！赵国投降的士卒一晚上就被全部坑杀了。这位白起，说他是个屠夫，一点也不冤枉他！

李山脱口秀

触目惊心的数字，四十五万！赵国投降的士卒一晚上就被全部坑杀了。这位白起，说他是个屠夫，一点也不冤枉他！

在四十万被坑杀的降卒之外，白起还留了一些赵国的士卒，“遗其小者二百四十人归赵”（《史记·白起列传》），选了二百四十个人，年纪小的，遣回赵国去报信。按照白起的意思，这二百四十人就像带了病菌，把一种恐慌情绪传达给赵国。白起这样做，有他连贯的考虑，打完长平以后，军队马上以迅雷不及掩耳之势攻击邯郸。赵国一恐慌，就完了。但是，他的军事算盘，不是由他一个人来拨动的，这是后话。《史记》说“赵国大震”（《史记·白起列传》），这就是长平之战的收尾。三年之战，就以这样惨烈的结果结束了。

这场大战留下好多问题让人思考。首先是这四十五万人的问题。山西的两个学者靳生禾和谢鸿喜，合作写了一本书叫《长平之战》，他们对四十五万的看法是，不是一下就杀掉了四十五万，而应该是整个战争结束以后，死了四十万人。这是一种看法。

还有其他看法，有学者研究说，这四十五万人，不都是军人。按照古代作战，做后勤支援工作的，与真正打仗的士卒的比例是3∶1，就是一个军人要有三个役夫来配合。如果长平之战真是杀掉四十五万赵国人，那么按1∶3的比例算，有可能是十五万军队，三十万民夫。那么白起为什么要把那些民夫也杀掉呢？从他那句“上党民不乐为秦而归赵”可以找到解释。上党地域很大，冯亭想给赵国的就有十七城，另外还有原属于赵国的上党之民，所以，赵军中应该有不少上党本地人，给赵军做后勤工作，如送饭、构筑工事之类。这些人也被秦国人当作士卒杀了，即有三十万老百姓被杀。这个说法也颇有道理。果然如此，白起杀掉的多是老百姓，这就是他嫉恨心理作怪了，他不是说上党人“不乐为秦”吗？嫉恨之情一生，杀人之意便起，野兽之性大发！

不过这个问题要最终搞清楚，我想最后还得需要考古发现来证明。例如1995年，就在那个韩王山下的永禄村，一个姓李的农民在经营自己的土地时，发现有上百具尸骨，明显是死于战争的。在今天山西的高平地区，亦即长平之战的古战场，面积很大，这样的坑多年来没少发现，但是最终有多少坑？一一发掘出来，算一算大

李山脱口秀

“赵国大震”，这就是长平之战的收尾。三年之战，就以这样惨烈的结果结束了。

秦国人打的所谓统一战争，品质是很差的。

概，也许将来某一天，会给出长平之战到底杀了多少人一个答案。反正《史记》坑杀降卒四十万的记载，各种怀疑的猜测，也只是推论而已，到今天还没有强有力的反证。

无论如何，这场战争，秦国人对待投降了的士卒太不人道了。武安君这样做固然也有他的道理。这些人，包括上党人，是秦国的敌人。把他们放了，心有不甘；把他们全弄到秦国去，造反怎么办？中途吃喝拉撒怎么办？秦国养不起，杀了最痛快。他有很多理由，但是再多的理由，也不过证明一点，就是这些人在秦国人眼里一钱不值。再多的理由，不过就说明这一点，在秦人看来他们都该死！由此，可以了解那个时代，了解那群人。秦国人打的所谓统一战争，品质是很差的。

长平之战结束后，赵国明显衰落了，秦国则显示了灭掉六国的实力和决心，统一天下已经是不可逆转的历史趋势。那么，对于长平之战，这场战国历史上最著名、也是最惨烈的战役之一，我们今天的人们又应该如何评价呢？

一部二十四史，放一个书架子，二十四史能记录多少人？他秦国人一晚上就干掉四十万人！可是想一想，这有它背后的原因。

中国古代打仗，从西周到春秋时期，不是都这么黑暗。战国与早于它的春秋时代相比，实在是更为黑漆漆的。春秋时期，我们看到过楚庄王，在对待败军的态度，鄢陵之战晋国军队被打败，他们夜渡黄河，吵吵嚷嚷过了一宿。楚庄王是怎么命令他的军队呢？楚庄王说，既然败了，既然跑了，就不要再去杀他了。一个人在战场上是敌人，回到家是父亲、是儿子、是丈夫，还是女婿。你杀死一个，社会就有一个大口子要流血。春秋时期，一个王有这样的意识，我想他代表着那个时代所有的文明水准。可是到了战国时期，

李山脱口秀

一部二十四史，能记录多少人？他秦国人一晚上就干掉四十万人！

一个人在战场上是敌人，回到家是父亲、是儿子、是丈夫，还是女婿。你杀死一个，社会就有一个大口子要流血。

秦国人实行的军功爵制，尚首功，杀一个人头，给多少亩土地。整个秦国体制，就是这样设定的。为了帝王争夺江山，不惜人命。秦国的逻辑就是杀人可以换土地，还能指望它的士兵、将军有人道吗？所以，不能单骂某一个人，虽然某些人确实该骂，严酷的杀伐现象是该时代特有的“文化”。历史走到了这一步，就陷入那样的泥淖之中。这种反人道，是因为历史走到了这儿，就只能这样了。骂白起，白起也有他的理由。总之，白起是军事天才，也是杀人魔，嗜杀成性，背后有其历史原因。

还有一点，丹水河有一个地方叫谷口，据说这里有好多坑，好多白骨，有人说，坑杀降卒，就是在这个地方干的。有学者认为不是，说这个地方所以有很多尸骨，是因为从汉魏以后，此地地方官就号召民众，把那些散乱在原野上的尸骨收起来，大多数就埋在了谷口这一带。据载唐玄宗当年巡视潞州，还来到这个地方，修了相应的建筑，并给这个地方赐名叫省冤谷。谷口这个地方，又叫杀谷、冤谷。所以说，一场战争下来，冤谷、杀谷，有诸多的冤魂。后来人们就在这儿修庙，修骷髅庙，立碑等等，消散此地的戾气。另外很多文人也到这儿来凭吊、作诗。

关于这场战争的历史地位，学者们一致认为，这是一个转折

长平之战遗址永禄一号尸骨坑

点。这场战争结束以后，战国的历史就转向了秦统一天下阶段。东方六国，如俗话说的，是骡子是马拉出来遛遛。结果骡子拉出来遛了，马也遛了，驴也遛了，最后都遛了个乱七八糟，遛了个失败。最终证明，没办法，在军事上，在统一天下这个势头上，秦国已经得势了。以后瓜熟蒂落，就是看秦国怎么去砍瓜切菜收拾六国了。从战争的情势看，正是如此。秦国打完长平以后，整个上党地区，整个太行山一线，都是秦国人的天下了。也就是说，秦国人已经可以满怀胜利的信心，登上太行，俯瞰东方六国了！他们看到的六国是什么模样呢？韩、魏、齐、赵，遍体鳞伤。六国，除了半死不活的，就是在那因伤痛呻吟的，秦国人可以发出得意的笑了。这就是长平之战的历史地位。

但是，长平一战杀了这么多人，就没有副作用吗？有。是什么？后代不少学者讨论过这问题。长平之战杀人太多，直接的副作用，就是秦国又用了二十年才消灭了赵国。残酷杀人势必激起巨大的仇恨，赵国的全体仇恨，使该国又坚持了二十几年！同时，这还引起更大的反应，那就是六国的同仇敌忾。长平之战，彻底证明秦国军队绝对是一群吃人的虎狼。这时候，六个国家才不再是一群连脚的鸡，一时间真正有了一条心。此后不久的秦围邯郸、列国出手相救就是证明。杜甫诗曰："苟能制侵陵，岂在多杀伤！"你"多杀伤"了以后，东方殊死相拼，此外还有后来的冤冤相报。秦末项羽打章邯，秦军二十万人投降成了俘虏。项羽一开始还带着走，后来发现这些俘虏有反叛之意，怎么办？有样学样，他也把这二十万秦朝降卒全部杀掉。这不是冤冤相报吗？所以魏晋南北朝时有一位学者何晏，讨论白起坑杀降卒之事就说，白起只有军事观点，缺少政治家的度量。你这样一做，让东方的六国人，清清楚楚地感觉到打也是死，不打也是死。那东方人只有选择打、抗击到底了。

当然，白起自己也没有得到好下场，他后来又如何呢？请看下一讲：将相之死。

李山脱口秀

残酷杀人势必激起巨大的仇恨，赵国的全体仇恨，使该国又坚持了二十几年！同时，这还引起更大的反应，那就是六国的同仇敌忾。这时候，六个国家才不再是一群连脚的鸡，一时间真正有了一条心。

第二十三讲 将相之死

白起是秦国名将，在戎马生涯中，很少打过败仗；范雎是秦国名相，向秦王提出了著名的远交近攻的策略，他们两个人在秦国统一天下的过程中，都立下了汗马功劳，但最终他们都没有逃脱横遭身死的厄运。那么，他们为什么会有这样的结局呢？请看《战国七雄》之《将相之死》。

白起和范雎，作为秦王的左膀右臂，大大加速了秦国统一天下的进程。但他们两个人，却最终都被秦王杀死。那么，秦王为什么对两个功臣下此毒手？他们究竟做了什么呢？

长平之战一打完，按照白起的意思，就应迅速移师邯郸。但是，军事上的事情不是军事家做主，也不是照军事法则办。出乎白起意外的，是朝廷出了相反的意见。按照《史记》记载，长平惨败的赵国人，这时候也想出了主意，从秦国朝廷内部败坏秦国的事。赵国人找到一个叫苏代的谋士，来到秦国相范雎家，做他的思想工作。

《史记》怎么记载的呢？《史记》说，苏代找到范雎，就说张丞相（范雎已改名叫张禄），武安君白起现在的势头，已经压过您了。现在再打赵国，赵国这么大的亏，喘不上气来，给它一记重拳，准撂倒在地。可是呢，这样一来，武安君就一定是大秦国的大功臣，国家的三公。但是您，您老人家呢？对不起，您没有那么大的功勋，只有屈居在白起将军的下面吗？如果是赵国亡了，秦国人再接着打齐国，齐国也得完，燕国、楚国也都不在话下。反正您以后立功劳的机会越来越小，越来越渺茫。所以，为您考虑，希望别再这样拱着手，把功劳全都让给白起将军，干涉一下吧！范雎一听，心里咯噔一家伙，对啊，现在白起把六国打完，将来没我的事儿了！于是就找到秦昭王，说："秦兵劳。"（《史记·白起列传》）仨字儿：秦兵太劳累了。范雎摆出一副爱兵的模样，说，现在请您答应韩、赵割地求和的要求吧！《史记》这样记载，补充了一条消息，什么呢？长平之战赵国一败，赵国、韩国马上派使者来秦国求和。秦王取得了大胜利，思想一麻痹，就答应了范雎的请求。于是就让赵国割地，韩国割地，战争的脚步停顿下来了。

这件事情，《史记》是这样记载的，今天有的史家不大相信这段记载，说其实根本就不用赵国派说客，以他范雎的心胸以及他和白起的关系，范雎早就容不得白起了。为什么呢 ？从渊源上说，白起是谁的人？白起是穰侯魏冉推荐提拔的人，是魏冉的人。范雎全力扳倒魏冉，白起和他的关系也好不了。他们俩是两条线。这在古代官僚政治里是常事，谁是谁的人，要拉线，要站队。说是"君子无党"，其实哪个朝廷不结党？明着不结暗着结。白起的胜利，长平之战的胜利，从党派观点来说，就是他范雎的失败。范雎和白起的不相容，长平之战胜利后必定要发作。以范雎这样的人格，还用别人来劝他？眼看着秦国在白起军事行动下的节节胜利，他怎么还能坐得住！实在也是不用别人来劝，他就满可以自觉拆白起的台面了！而且，以他一国之相的身份，也足以让白起征战立功的脚步停一停了。

征邯郸的战争果然停下来了。白起心里明白，这一停，若干年内，就不能再打赵国了。什么叫战争，瞬息之间千变万化，那才叫战争。如此一来，白起和范雎的矛盾就开始发作了。

到了公元前259年正月，秦国人接着东征，向东方诸侯再一次发动攻击。这一次的秦军主将是五大夫王陵，攻打赵国的邯郸。武安君白起没有出马，病了，"不任行"（《史记·白起列传》）。

李山脱口秀

谁是谁的人，要拉线，要站队。说是"君子无党"，其实哪个朝廷不结党？明着不结暗着结。

真病假病不知道，反正是这次打邯郸，白起态度很消极。结果王陵攻邯郸，一开始打得还行，后来死掉了秦军五个校级军官。当时白起的病据说也好了，秦王就想由他替代王陵去打邯郸，不想白起拒绝，理由是："诸侯救日至，彼诸侯怨秦之日久矣。今秦虽破长平军，而秦卒死者过半，国内空。远绝河山而争人国都，赵应其内，诸侯攻其外，破秦军必矣。"（《史记·白起列传》）诸侯救兵来了，而且诸侯都恨秦国，秦国内部经历了长平之战，损失也很惨重，千里迢迢征伐赵国都城，赵国和各路援军里应外合，准失败，所以他不干。秦昭王为此还亲自去找白起，给他这么大的面子，他就是不答应。白起的看法是正确的。而且他还透露了另一情况，与范雎的说法相合，那就是经历长平之战后，秦国损失严重，只不过俩人说话的目的不一样。白起拒绝秦王请求，他在人情世故方面的不聪明也显露无遗。他这是在摸蝎子尾巴，自找死路。这之后，秦王又派范雎来说服武安君。要别人还好，范雎来，白起气就不打一处来，断然拒绝。他继续称病，我有病，我身体不好，反正就这一套吧。秦王一看，咦？少了你个张屠夫，我还不吃带毛猪肉了？我非要打下邯郸不可！你不去，我还找不到别的将军！秦王就派王龁前往，取代王陵。结果，又围了邯郸城数月，还是不能攻下。

这时候，楚国的援军、魏国的援军都到了，秦国有不小的损失。战局一天天向着不利于秦国的方向走。武安君呢，聪明的，闭上自己的嘴，可白起不然，他现在仿佛鬼催的，反而冷言冷语："秦不听臣计，今如何矣？"不听我的，吃亏了吧！沾沾自喜，有点得了便宜就卖乖。好话不出门，赖话传千里。白起的小话儿马上被有心人递到了秦昭王的耳朵里，王大怒。前方打仗打得顺，你说点什么，王还可以不在乎；打败了，正好没地方出气，原来是你小子在家里给我们掐诀念咒呀！秦王怒。你白起不是说不听你的计吗？好，听你的，你给我去！"强起武安君"（《史记·白起列传》），别说生点病，就是快死了，打着点滴你也得给我上前线！

李山脱口秀

白起拒绝秦王请求，他在人情世故方面的不聪明也显露无遗。

武安君现在身边到处都是阎王爷派来勾魂的小鬼、判官，催他上路！他再一次断然拒绝，“遂称病笃”（《史记·白起列传》）。先前只说有病，现在说病得要死，快下死亡通知书了！的确，他是在给自己下死亡通知书！战场杀人，白起不眨眼，给自己掘坟墓，他也是眼都不眨！

武安君白起在前线吃紧的时候，几次拒绝秦昭王任命，这已经让秦昭王大为不悦，而和白起有矛盾的范雎，在秦国为相，可以说是位高权重，他又在一旁添油加醋，遂使秦昭王越来越不能容忍白起。那么，白起最终的结局会是怎样呢？

秦王说好吧，你既然已经“病笃”了，就当你是个废物吧！怎么办？削去他一切爵位，但不去他的军籍，你白起还是个士兵，让你打仗你还得去。想想，武安君的封号没了，大将军的军衔没了！剩一个小兵卒子身份，一撸到底啊！秦王还下令把他迁到一个叫密阴的地方去晾着，结果白起真有了病，动不了了，才没迁。三个月后，邯郸城还是没打下来，诸侯军开始攻击秦军，秦军后撤，形势很不好。急切的秦王这时候又想起了白起。不过不是请他出山，而是要从都城撵走这个丧门星！前方失败的气，都撒在白起身上了，要他从咸阳城滚出！白起无奈，只好出城。秦王召范雎等人讨论如何处置白起，范雎等人对好了台词，一起对秦王说，白起这次离咸阳，“其意尚怏怏不服，有余言”（《史记·白起列传》）！说白起离开咸阳的时候，气过脑门子，嘴里还不干不净，说了些不中听的话。范雎给白起最后上的这一点药，很管用。白起这条船要沉的时候，最后给他往下一捅一按的活计，就是应侯范雎干的。

李山脱口秀

战场杀人，白起不眨眼，给自己掘坟墓，他也是眼都不眨！

秦王一听，气更大了。当时白起已经来到了咸阳以西的杜邮，秦王派人追上来，赐给他一把剑。这把剑可不是让他当将军用的，是让他自裁使的。

要自己给自己上刑了，白起突然冒出一句话："何罪于天而至此哉？"（《史记·白起列传》）我怎么得罪老天爷了？老天爷让我这个死法！瓦罐不离井口破，大将难免阵前亡。我白起现在是自己给自己一刀，这算什么？而且是在这样一个小破地方！自己拿剑把自己割了，不甘心。"良久"，沉吟了半天，他想通了，说："我固当死，长平之战，赵卒降者数十万人，我诈而尽阬之，是足以死！"（《史记·白起列传》）我是该死啊！长平之战杀了那么多赵国的降卒，有这一条就足以死掉了。临死的时候，良心发现了。在白起心中，杀降卒对不对呢？论良心，他也知道不对。但是这么多年，一直昧着良心做将军，帮着秦国打天下。到现在要死了，应了曾子那句话：人之将死，其言也善。良心发现了。可是，他的良心的"发现"，何其晚也！《史记》貌似在写白起的良心发现，实际在说他觉悟得太晚。何以这样说呢？读《史记》，还有一个人干过杀降卒的事。谁啊？飞将军李广，大概杀过七八百降卒。李广自束发就从军打仗，以良家子身份打仗，身经百战，可就是"李广难封"。他也纳闷，不过他在死之前好久，与别人聊天，说到自己不能封侯的原因时李广说，我所以封不了侯，我知道了，我杀过降卒，损了阴德。李广的良心发现，他的觉悟，比白起要早得多。当然这是《史记》的记载。看《史记》，把它作为一部书看，白起和李广这两个人，司马迁更喜欢李广。其中或许就有这一条，良心发现得早！

陕西宝鸡益门村出土的金柄铁剑

白起死了。把白起搞死，谁干的？秦国统一天下的脚步慢下来，谁干的？都是范雎干的。可是，长平之战的伟大胜利，谁的政策呢？远交近攻的大策，又是谁明确提出来的呢？也是这个范雎。这就是历史。为了自己的功名，可以给国家提出长策；为了自己的功名，他也可以把国家大事延缓。延缓多久，不是他做主，但能延缓则延缓，猪八戒讲话，放屁增风，总有点作用！成也萧何，败也萧何。范雎身上，战国士人的性格特征，堪称典型。

这就说到范雎这个人了。他把白起害死，做这样的事，也就给自己埋下了祸根。为什么？白起是个天才的将军，秦国现在正在统一天下，是用人之际，虽然秦昭王一气之下弄死了白起，可他是个天才的将帅，早晚还得让秦王想起他。有人统计，秦国统一天下的过程，按《史记》给出的材料，一共杀了一百六十多万人，例如伊阙之战二十四万，修鱼之战七万，把每一次战役杀掉的人加起来，包括长平之战四十五万，一共是一百六十多万。那么，白起做将军，他指挥的战役干掉了多少人呢？九十二万！也就是说，一半以上的人是他杀的。所以他的功劳，对秦国统一是大大的。这么一个人，你范雎把他害死，每当秋风思猛士，国家哪一次要打仗的时候，秦王若是想起白起来，哪个能治人的君王是傻子？像秦昭王这样的人是傻子吗？他当然就要品一品，杀白起这事问题出在哪里？是谁使了点坏药，让我把白起杀了？一旦这样的情形出现，范雎就要倒霉了。当然杀死白起的时候，在秦昭王五十多年，昭王一共干了五十二年，差不多他也要完了。那么新王上了台，难免要算这个账，新王在对一些前朝的事情上往往比老王更明白，当年先王杀白起，谁使的坏，他看得更清楚。所以这是做人的教训，不要跟着自己那狭隘的心胸走，不见剃头者，人亦剃其头。你给人家“剃头”，你的头也给人家剃。这就是范雎的为人不智；但功名心作怪，心胸太窄，也没法控制自己。

李山脱口秀

不要跟着自己那狭隘的心胸走，不见剃头者，人亦剃其头。这就是范雎的为人不智；但功名心作怪，心胸太窄，也没法控制自己。

> 范雎跑到秦国后，做到了秦国相的位置，但他的心胸，并没有随着地位的上升变得开阔起来。为了自己的功名，他不惜陷害武安君白起。那么，对那些在他落魄的时候伤害过他的人，他又是怎么做的呢？

范雎早年游说诸侯，在魏国任职。到齐国去，齐国的君主喜欢他。回到魏国以后，跟他一块儿出差的大夫须贾，在魏国宰相魏齐面前说他的坏话。结果魏齐派人揍他，揍得他肋条也折了，牙也崩了。魏齐还不过瘾，把他扔到厕所里，谁有尿就往他身上撒，成了大家的尿罐子。幸好被一个叫郑安平的人救了，然后秦国的使者王稽把他带到秦国，他才有了咸鱼翻身的机会。这些前边我们已经讲过，现在略把他的前传翻一翻，是为了下面的故事。

范雎后来改名张禄。改名或者是为了改运，张禄者，禄位大张也；或许是范雎这个名字让他不堪回首。现在他终于禄位大张，该有仇报仇有恩报恩了。

范雎为相后，害过范雎的魏大夫须贾，作为魏国的使臣来秦国求情办事，正好要找秦国的相。在须贾眼中，秦国的相就是张禄。范雎听说须贾来了，心想：好死不死，你小子也落到我手里了，这回得好好调理调理你！范雎故意不见他，晾着他，须贾就住着。范雎有一天突然冒出一个念头，就把相服脱了，找来一身破破烂烂的衣服穿上，到馆舍来见须贾。须贾一见范雎，很吃惊：哎哟，你还没死？当年那么多尿滋你，你还没死？范雎说，没死，我跑了。须贾问，你跑了，跑哪儿了？范雎就说跑到秦国。须贾就问，那你现在干什么？范雎回答，我现在给人家打工，长工短工都做。须贾很感慨，说自从我们上次揍了你一顿，转眼之间，若干年过去了，时光好快，看你这个日子过的，还穿得破破烂烂的。唏嘘之余，须贾对下人说，来人，拿一件绨袍——粗丝做的防寒的棉袄——给范先生穿上吧！范雎当然表示感谢，你看还是老上级啊，当年那样揍我，今天还知道疼我！之后又问：干什么来了，这次？须贾说，这次是麻烦事，现在的魏国，你也知道，跟秦国这关系，老吃亏！我们来找秦相张禄，可他愣是不见我，死活不见我，晾着我！既然你在这儿做佣工，总给有钱有势的人打过工吧？能不能托托关系，给我说说话，让我早点见宰相？范雎眨巴眨巴眼，想了想，说，行！我们家主人，跟张宰相还真有关系，我给你求求情，看行不行。须

李山脱口秀

改名或者是为了改运，张禄者，禄位大张也；或许是范雎这个名字让他不堪回首。现在他终于禄位大张，该有仇报仇有恩报恩了。

贾又说了，我来的时候坐的那个车，轴断了，像我这样的人，临时弄辆车也不可心，你帮我借辆好车，高车大马，咱们一块儿去见张相。范雎说，好好好。结果范雎坐在车前，给须贾驾车，须贾坐在车上，就进了秦国的相府。这位须贾也是迟钝，一进相府，所有见到范雎的人都回避，那眼神或惊或疑，奇奇怪怪，须贾竟浑然不觉。范雎说，到了，你等等，须大夫，我去里边给你通禀。结果，进去就再也不出来了。须贾在那儿左等也不来，右等也不来，沉不住气了，就问相府家人，说你们这儿那位叫范雎的，就是刚才陪我来、进去的那位，怎么进去就不出来了？家人反问，谁是范雎？我们这没这人！须贾说，就是刚才带我来的穿绨袍的那个人啊！家人乜斜着眼回答：什么范雎！那是我们的张相、张禄丞相！这个时候须贾才明白，原来范雎就是张禄！

秦相见须贾了。须贾此时几个魂魄已经丢了多一半了，爬着、跪着向前，主动认罪，说把我的头发揪下来，拿这些头发当筹码，数我须贾的罪也数不完！他就开始道歉，翻过来、掉过去磕头捣蒜地道歉。折腾了一阵子，范雎说话了，他说，你有三重大罪，知道吗？

范雎说，当年伍子胥灭吴国，申包胥只身前往秦国求救，因为他是楚国人，前往秦国去请秦国的救兵，哭了七天七夜，开始流的是眼泪，后来流的是血。申包胥为什么这样，他自己一个人长途跋涉，舍生忘死去秦国求救兵，就因为他是楚国人。我也是魏国人，我到了齐国以后，因为齐国喜欢我，你就认为我叛国投敌，你就跟那个糊涂相魏齐合伙害我。首先，你不相信我也有爱国心。其罪一也！

第二，那个糊涂的魏齐，收拾我，打我，把我扔到厕所里当尿罐子，你不管，你不拦，其罪二也！

第三，你不但不管，你有了尿还往我身上撒，其罪三也！——原来须贾也干过往范雎身上撒尿的糗事。

但是，范雎又说，我不杀你。你刚才说了，你的罪不少，擢发难数！但是我去访你的时候，你还有故人之意，赠了我一件绨袍。虽然这件绨袍一钱不值，我宰相之身，少你这件破袍吗？但念在你还有故人之情，我不杀你！我不杀你，也有个条件，你回去告诉魏国人，把魏齐的头给我拿过来，咱们再说魏和秦的关系！范雎提出条件来了：要魏齐的头！

然后就吃饭。别的客人都坐堂上吃饭，须贾怎么吃呢？让他坐在堂下，给他吃喂马的东西，还让两个受过刑罚、脸上刺了字的刑徒，挟持着他在那儿吃。为什么要挟持着他呢？因为给他的是马槽子，马吃东西是不用手的，为了让须贾吃饭的样子像马，所以要两个刑徒把他俩胳膊拧到背后去，样子就是后来的喷气式！当然是侮辱他，报当年被扔到厕所当尿器的仇。张禄国相办事，挺快意恩仇的。

须贾在秦国吃了一顿马槽饭后，回了国。魏齐听说秦国新的相张禄就是当年自己打过的范雎，要找他，一害怕，就跑到赵国贵公子平原君家藏起来了。范雎要报仇的事情，还惊动了秦昭王。听说魏齐跑到了赵国平原君家，秦昭王就出面，把平原君好言好语骗到秦国，扣下了。平原君很有意思，他说，一个人贵时交朋友，是防止我们将来贫贱了有依靠；富时交朋友，是防止我们将来穷困时有投奔。这叫朋友之道。魏齐有了危难，躲到我这儿来，你秦王虽然把我扣住，但还是不能给你！魏齐就是在我家，我都不能给你，何况他走了呢？我不知道他到哪儿去了！在这件事上，以养士著称的平原君是个人物！后来有人赞美他，“买丝绣作平原君”（李贺《浩歌》），就是因为这件事。后来魏齐跑到魏国，找四大公子的另一位信陵君，信陵君犹豫，这涉及与秦国的纠纷，于是魏齐就自杀了，魏齐的头被提到秦国。这就是秦王帮着范雎报仇，官报私仇。

李山脱口秀

因为给他的是马槽子，为了让须贾吃饭的样子像马，所以要两个刑徒把他俩胳膊拧到背后去，样子就是后来的喷气式！当然是侮辱他。张禄国相办事，挺快意恩仇的。

> 范雎在秦国当上相后，手上有了翻手为云、覆手为雨的权力，于是他就下手收拾那些曾经伤害过他的人，同时他也用自己的方式，报答那些在他落魄时帮助过他的人，但这最终却给他带来了杀身之祸。那么，这里面究竟有着怎样的是非曲直呢？

魏齐、须贾的仇报了。对范雎而言，除了仇人之外，还有两个人，一个叫郑安平，一个叫王稽，都是恩人。郑安平是当年把他从厕所里救出来的人，王稽是把他带到秦国的人。眼看范雎在秦国那样得志，王稽就来找他，说了一大堆话，范雎听出就是要自己报恩。范雎先是心里不痛快，但最后还是决定有恩报恩。他找到秦昭王，说自己当年若没有王稽，就不能入秦，也就没有现在。我现在已经是相了，可王稽还是谒者。昭王一听，好，既然你这样推荐，就提拔他吧！于是安排王稽做了河东的太守。还有一位郑安平呢，既然报恩就彻底点吧！又在范雎的推荐下，朝廷任命郑安平做了将军。也不知道是王稽找他，让范雎受了点刺激，还是因为怕自己像魏齐、须贾那样遭人报复，或还有另外的原因，总之自从安排了这两个人以后，《史记》说"范雎于是散家财物，尽以报所尝困厄者。一饭之德必偿，睚眦之怨必报"（《史记·范雎蔡泽列传》）。早年被打断肋条、打落牙齿，特别是被投入厕所，对他人格的严重伤害，一种难以修补的伤害，现在要发作了！一国之相，做事全凭"恩怨"俩字，因伤害而严重扭曲的劣质品格就翻上来给他的人生做主了！

> **李山脱口秀**
>
> 一国之相，做事全凭"恩怨"俩字，因伤害而严重扭曲的劣质品格就翻上来给他的人生做主了！

其实，范雎一开始不太想任用王和郑，这两个人都不是做大官的料，范雎并不是没有眼光。说起报恩，给钱给财富，也不失为报恩的方法，不幸范雎是拿国家的官位报一己之恩，就要倒霉了。后来也就是他的这两位恩人坑了他，范雎最后就死在这俩人身上。

先说那个郑安平，秃子当和尚——就合材料。郑安平当了将军去打赵国，结果被赵国围了，他没有想到当将军还得为国拼命，坚持了一阵子不行，就投降了。那位王稽呢？王稽做太守，三年不上计。什么叫“上计”？上计就是地方官每到一年结束的时候，把你这个地方治理开垦的土地数、增加的人口数等，写在竹简或木板上，做成册子，用车拉了上交中央，由负责官员考核的高官进行审核，这就是上计。审核要评出最好和最差，将来好作为升迁的依据。结果王稽当太守以后，三年不上计。以秦国的法律，这是绝对不允许，要治罪的。

《史记》记载：“秦之法，任人而所任不善者，各以其罪罪之。”（《史记·范雎蔡泽列传》）例如你举张三做某官，结果张三做官做了个乱七八糟，他犯多大罪，你这个举荐人的罪过也有多大。这个初衷是好的，意在防止人们搞裙带关系，仨亲的、俩好的，七大姑八大姨，都敢推荐，都做国家官员。要防止这样的现象，没个纪律哪行？秦法在这点上很严。后代，像到了康熙年间，康熙皇帝用人也是这样，问大运河的漕运事情谁能做得好？某大臣说某某人能做好，那好，记录下来，某年某月开御前会议，谁推荐了这个官员。做得好奖励你，做得不好，一块儿追究你的责任。

那么，范雎是如何死在他这两位恩人身上的呢？王稽做河东太守，三年不上计，是个糊涂官，另外他还有私通诸侯的嫌疑。这一下，整个的罪过加起来是什么？当收三族。《史记》对此事的记载比较委婉，说因为昭王对范雎有感情，毕竟范雎给他提出远交近攻的大策，取得了很大成就，所以昭王就免了范雎的株连之罪，而且还下令：“有敢言郑安平事者以其罪罪之！”（《史记·范雎蔡泽列传》）谁要再敢说郑安平投降敌人这事，我就拿投降敌人的罪过来对待他。《史记》是这么讲。按照《史记》的说法，这就引来了蔡泽，一位从燕国来的策士，是他取代了范雎的位置。《史记》给应侯范雎安排了一个不错的下场。

可实际上，范雎的下场是什么呢？考古发现的云梦竹简，在湖北发现的，其中有一部分秦国历史的记载，怎么说的呢？“五十二年，王稽、张禄死”。五十二年是秦昭王在位的时间，张禄就是范雎。王稽与张禄原来是一块儿死的。就在这一年，攻打邯郸失利，河东失守，河东三年不上计的太守王稽就被追究了责任，郑安平的投降也在这一年。就是说，王稽的被杀，还不全是因为他不上计，而是因为辖地失守，才把他三年不上计的罪一起算了。王稽的为官糊涂，范雎可能是有所包庇的，但一旦辖区失守，那就对不起了，几笔账一起算，范雎也难免被株连，与他的两个恩人一起被杀头了。

其实，历史要比司马迁所记的更残酷。怎么样？你范雎报恩推荐人，一饭之恩必报，睚眦之怨必偿，他这样的绝对性格，最后就死在了报恩上。所以什么叫命运？性格就是命运。

一相一将，两个人，提出远交近攻的人死了，战功赫赫的人也死了，其实都是长平之战的余波在荡漾。

七雄并立的历史，实际上到这儿，基本上就看到了尽头。以后再讲的就是秦国如何统一了。

现在，回顾一下七雄混战的历史。一开始我们就说过，既是七雄并立，那么统一天下就有七种可能，可为什么最后变成秦国统一这一种可能了？这里边的经验教训耐人寻味。所以下一讲，我们就回顾一下七雄从并立到秦国独强的过程。

李山脱口秀

一饭之恩必报，睚眦之怨必偿，他这样的绝对性格，最后就死在了报恩上。所以什么叫命运？性格就是命运。

一相一将，提出远交近攻的人死了，战功赫赫的人也死了，其实都是长平之战的余波在荡漾。

第二十四讲　回望七雄

战国时期，天下大势，从大分走向大合，七雄对峙，谁都想统一天下，为什么秦国最终实现了这一目标？其他六国失败在哪里？秦国成功的经验是什么？激荡着血与火的战国时代，和别的时代有什么不同之处呢？请看《战国七雄》之《回望七雄》。

三家分晋，标志着中国历史从春秋进入到战国。这是一个大兼并的时代，齐、楚、燕、韩、赵、魏、秦七个大国对峙争雄，统一天下就有七种可能。但秦长平之战的大胜，使统一七国七种可能变成了一种可能。那么，秦国为什么能在竞争中脱颖而出？交织着血与火的战国，究竟是一个怎样的时代？

从三家分晋、田陈篡齐到长平之战，近二百年的历史，有很多的头绪、很多的事件。从这些头绪和事件当中，能够得出一些什么呢？

首先，这段历史给人印象最深刻的是战争的残酷、惨烈。过去打仗，夏、商情况不详，西周及以后，从《诗经》到《左传》、《国语》有许多关于战争的记载，从中可以知道，自西周到春秋时的战争规模小，手段比较单纯，战车摆好了，把日子定好，地点也约好，两方面战车一冲，胜负结果就出来了。看《左传》中“曹刿论战”，齐人三鼓以后，鲁国人一通鼓，结果齐国人溃逃。曹刿先是从远处看，齐军旗倒了；再低头往前看，齐国人的车辙也乱了，这叫“败迹”，表明不是有计划地逃跑，于是命自己人追，战争就

李山脱口秀

这段历史给人印象最深刻的是战争的残酷、惨烈。

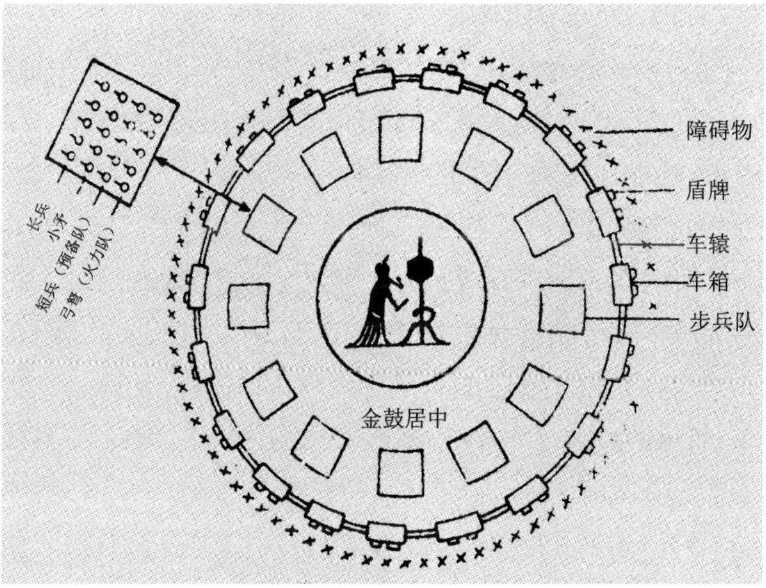

春秋战国时期的阵法图

结束了。像鄢陵之战和邲之战，至多打一天就完了。但是像长平之战，打了三年，动用的人力物力前所未有，单是杀人一次就能杀几十万。所以战国的战争，规模浩大，结果也惨烈，尤其是秦国，因为它有杀人报功制度，所以秦军杀人的数字比较准确地记录下来，可能有夸张，但大致可信。最惨烈的就是长平之战，后来的战争，也死人，但像长平之战杀手无寸铁的降卒，实在少见。

与战争残酷相伴的，是打仗的方式变化了。步兵、骑兵，阵地战、运动战、包围战都用上了。长平之战就是比较典型的战例。先是阵地战、拉锯战，接着是包围战，也是运动战，白起派兵抄人家后路，不是运动战吗？然后包围分割，这又是个阵地战。所以，此次战役中的白起，是运动战和包围战的大师，这位天才将军在这方面留下了好多值得研究的东西。所以到战国时期，古代兵书，像《孙子兵法》、《孙膑兵法》都写定了。中国的兵学思想、军事思想，这时期是高峰。为什么？实践多。军事思想发达，一定是战乱频仍，很不幸。但是中国的思想，主流思想，仍然是止戈为武，用

李山脱口秀

中国的兵学思想、军事思想，这时期是高峰。为什么？实践多。军事思想发达，一定是战乱频仍，很不幸。但是中国的思想，主流思想，仍然是止戈为武，用军事制止战争。这个思想还是主导的。

军事制止战争。这个思想还是主导的。

此外战争的目的也不一样了。春秋时的列国战争，还带有兄弟之战的色彩。列国都是周文王的子孙，都是周家同盟者的后代，打仗也得讲究分寸。有一部书叫《司马法》就记载，出兵打其他国家之前，执政者要宣读纪律。这一点可以从《左传》得到印证。比方说郑国打陈国，就是因为陈国在打郑国时，没有遵守诸侯国之间的战争规则，砍了郑国的树，填了郑国的沟，所以郑国也如法炮制，予以报复。兄弟国之间的征讨，不是去杀人，而是去纠正别国的错误。这种战争观念，在春秋，到子产时代还能看到一些表现，所以《司马法》写的是有根据的。春秋列国之间你争我夺，大国国君要想做霸主，得表现出某种风范、某种德行，还顾着面子。列国大臣们，在战场上见了对方君主，还能够有所恭敬。总之，还有些规矩。

七雄并立的时代，战争就没有以上这些了，丝毫没有。打仗的目的，就是要掠夺土地、人民，为达到这个目的，赤裸裸地杀人。这又以秦国最典型。其他诸侯打仗就讲规矩吗？也照样，很少有讲规矩的。

这是一个杀红了眼的时代。战争的打法和性质都不同了，战争变得非常野蛮。

继而第二方面，是各国普遍实行了变法。

大变法是这个时代的一大特征。因为战争你死我活，就需要把自己的国力打造成最适合战争的体制，谁做到这一点，谁就成功。变法有深浅，作用有大小。有些国家的变法，浅尝辄止，像齐国，就是浅层次的，只是兴贤人。不是说这种方法不好，兴贤永远是好的，问题是，贤人治国却没有把国家打造成适合战争的体制。齐国之外的赵国，在军事层面进行改革，胡服骑射。当然，胡服骑射带给人的文化心理冲击，也是很有价值的，但是它主要局限于军事方面，它不是个全民战争体制。不过，赵国变法虽说不是很深透，可

李山脱口秀

这是一个杀红了眼的时代，战争变得非常野蛮。

也使它在战国中后期，成为东方的一大军事强国。此外，像楚国的吴起变法，效果也不是很大。

这个时期，最深刻的变法是商鞅变法。商鞅变法成功在哪儿？商鞅变法有好多条文实施，就秦国统一天下而言，最突出的一点就是，变法把国家统一天下的大目标，跟小百姓也就是秦国农民求富贵的小目标统一起来了。我们说过，商鞅变法用两句话可以概括：一、利出一孔；二、驱农归战。要使小民都奔向战场，疯了似的奔向战场，给国家打仗，就必须保证打仗立功，就能获得富贵！要保证这一点，国家把商业、手工业，以及读书、游说等获得富贵的渠道统统堵死。获得富贵，只有一条通道，那就是奔向战场。古人骂秦国是虎狼之师，如果从秦军好杀人看，是贬义词；如果从军事精神上讲，却是褒义词。军队像一匹狼、一只虎，就奔向了东方。这也有其文化渊源，《诗经》里有一首诗叫《秦风·无衣》，是春秋时期作品，怎么唱的？“岂曰无衣，与子同袍。王于兴师，修我戈矛。”不要说你没有衣服，我的衣服给你穿。现在王要兴师了，我们修好自己的戈和矛。宋代朱熹注释《诗经》就说，这首诗豪迈的战争气概，唐代的边塞诗，拿出任何一首，都无以当锋。虽然句子很简短，但是气魄却有万钧之力。

再看东方的诗，举一首《郑风》里的《褰裳》：“子惠思我，褰裳涉溱；子不我思，岂无他人？”你想我吗？想我，就撩起裙子过溱水。不想我？天下两条腿的人有的是！大家在那儿打情骂俏。在当时的东方诗篇里面，战争方面，再也找不出一首可以跟《秦风·无衣》相比的诗来。这说明什么？说明秦国的风俗与东方差异甚大。为什么商鞅变法就可以“利出一孔，驱农归战”？这有深刻的文化原因。

李山脱口秀

《秦风·无衣》豪迈的战争气概，唐代的边塞诗，拿出任何一首，都无以当锋。虽然句子很简短，但是气魄却有万钧之力。

的确，秦国在争天下这一点上取得了成功，做到了让个人、家庭与国家战争目的之间的协调一致，所以它有不竭的战争资源。但做到这一点，不是因为秦国先进，而是那个地区相对落后。为什么？“利出一孔”，想求富贵、求生活，做买卖不行，做个手工业者也不行，去读书、游说诸侯，靠传播知识、办个私立学校，都不行！这样的驱农归战政策，可以设想一下，在齐国能不能行得通？回答是不能。为什么？因为自西周初年齐建国，就广开渔盐之利，就开始搞农业、盐业、渔业，搞农林牧副各业，已有好几百年历史了，现在要来个“利出一孔”，只让农民种地，而且土地要经过国家之手发给你，可以相信，没有任何政治手段可以靠强迫做到。山东如此，河南的郑国不如此吗？你看那个民风，追求爱情，追求男女之间的愉悦。这样的条件，商鞅变法的思维逻辑，在东方任何一个地方都找不到市场。可是，在秦国，当时社会发展状况适合商鞅重小农的逻辑，因为秦国“戎翟之俗”。这个地区，周文化曾经辉煌一时，但是，因戎狄势力太强，衰落的周王朝迁走了。记载说，周平王曾登上镐京城墙，四下一望，周围全是戎狄！所谓戎狄，都是当时文化发展相对落后的人群，还处在半游牧半农耕状态。也就是说，西周崩溃后，秦人用武力打下的西周故地，文化状态整体落后于当时的东方各地，戎狄势力很强，农耕社会的文明生活方式，需要重新缔造。这里的很多居民，来自遍地游牧区域，现在不再放牧了，来到适合农耕之地，开始转变为农业人群。商鞅变法的时候，秦国大体处在主要人群由游牧向农耕转变这样一个特殊阶段。所以，商业还远远没有发展起来，手工业也相对原始，尤其是私营的商业和手工业更不发达。在这样的情况下，“利出一孔”，以国家控制的土地做奖品，换取人们打仗的热情，是可以做到的。由此可以得出这样的看法：商鞅变法推行的生产模式，即重小农的生产模式，是适合当时这个地区的。可是，将来一旦打下天下来，把这种方式推向全国，去统治全国，大家想一想，会是什么后果？但在当时，商鞅的“利出一孔”，却使秦国统一天下，立于不败之地。

与此相比，东方各国的变法都太浅，这是他们最终不能和秦国争强的最主要原因。

李山脱口秀

商鞅变法推行的生产模式，即重小农的生产模式，是适合当时这个地区的。可是，一旦打下天下来，把这种方式推向全国，去统治全国，大家想一想，会是什么后果？

但是，问题还不仅如此，东方六国很多不智慧的做法，更加速了他们的衰落乃至灭亡。北宋苏洵著文《六国论》说：“六国破灭，非兵不利战不善，弊在赂秦。”实际上，六国一个接一个衰败，主要问题不是在割地赂秦，梁惠王的不能持盈保泰，齐闵王的贪图宋国土地，楚怀王的昏庸受骗，说到底都是贪图眼前利益，都是自作孽不可活。在相当大的程度上，是他们的自蹈死路，为秦的一家独强，大开方便之门。

战国时期，各个诸侯国之间战争的惨烈，不仅使战争的方式发生了变化，产生了新的军事思想，也使很多诸侯国开始变法图强，这是战国时期的独特风貌。那么，在充满着变化的战国时代，有着什么样的时代景观呢？

一批新人走上历史舞台。这批人，是游士，是策士，像苏秦、张仪、商鞅、吴起、范雎等一大批人，七雄并立的特殊时代，朝秦暮楚者纵横捭阖，或者主持变法，为相为将。这些人，大部分出身草根。实际在春秋时洛阳城里那些执政的，仍然是周公旦和召公的后代，多少辈了。人们常说，君子之泽，五世而斩，出了五服就不算亲人了。可是，你要拿这个“五世而斩”去理解宗法制的全部，就错了。宗法制，只要是召公的后代、周公的后代，就可以世世代代保证你在政治上的特权，这叫世卿制。这个制度不利于贤人。像孔子那样周游列国，到处走，在夹缝中找机遇。游士的兴起，就可以追到孔子这里。同时，是他第一个办起私立教育，而且他还说过：“犁牛之子，骍且角，虽欲勿用，山川其舍诸？”（《论语·雍

孔子

也》）什么意思？犁牛，一种解释，耕地的牛；还一种解释，犁通狸，狸猫身上的毛，红一块、紫一块、白一块的杂花，就是犁，也就是狸，狸猫就是杂花猫；犁牛，也可以理解为杂花牛。孔子说，杂花牛的儿子，若是通身赤红，两只犄角长得很周正，符合祭祀天地用牛的标准，若因为它爸爸是杂花牛，就不用它祭祀，你舍得，山川神灵却舍不得！孔夫子提出了一个很伟大的道理：英雄不论出身。也就是从春秋结束的时候开始，一大群“犁牛之子”上台了。孔子周游列国，一辈子不得志，但晚年他应该感到幸福，因为他的学生，像子贡是一名外交家，子路等也各自在人品学业上有出色成就。孔子说子路：“由也果，于从政乎何有？”（《论语·雍也》）他的不少学生，都活跃在鲁国等国舞台上。自此，读书晋身，靠什么？靠的是知识，靠的是对历史、对政治经济各方面的了解。你看，子夏就被魏文侯请了去当老师。曾子的学生，子贡的学生，也有的在那里。这批人，还有点读书人的气概，还有道尊于势的清高。再往下发展，到了吴起、商鞅这一辈——吴起是曾子的学生——就变成一帮功利主义者，有强烈的功名心。为了功名，什么也不顾，不是五鼎食，便是五鼎烹，倒也痛快！

李山脱口秀

孔夫子提出了一个很伟大的道理：英雄不论出身。也就是从春秋结束的时候开始，一大群“犁牛之子”上台了。

吴起、商鞅这一辈，有强烈的功名心。为了功名，什么也不顾，不是五鼎食，便是五鼎烹，倒也痛快！

因为有强烈的功名心，所以他们可以推动历史的大车前行，同时，也常常把自己塞到车轮子底下轧死。战国士子一方面轰轰烈烈，貌似很自由，可是生活中到处充满了矛盾、陷阱，他们自身的修行和品性，对此都难以应付。他们往往是一些很单纯的人，像商鞅，敢把太子师傅收拾了。这在后代的某些大臣，是绝对不敢做的，可他，就这么单纯。吴起到了楚国后就说，大臣太重了，既得利益者太强了，把他们弄远点。一根肠子，忠心耿耿，硬碰硬地对付豪门权臣。你弄他们，他们也弄你，反弹。所以这样的行径，又有他们可爱的一面。读这种人的传记，读一遍不一定理解，好好读几遍，就该为他们感慨，为他们惋惜了，有时还觉得他们可鄙，心情很复杂。总之，就是这样一批人上了台，轰轰烈烈，历史面貌为之一新，文化各方面也都为之一新。

还有一批人，站出来与时代黑暗抗衡。战争那样残酷，是黑漆漆的时代，天下人都为了君主一人对土地、人民的欲望，拼搏厮杀，杀人盈城。各国内政情形又怎样呢？一切以战争为目的，饿死很多人，灾荒没人管。

这时候，孟子站出来了，他说只有不嗜杀人的人才可以统一天下！他这话，十个人听了有八个，尤其是现在读书人，会说冬烘、迂腐。他的话要长远看。项羽与刘邦争天下，谁得了天下？是那个嗜杀人的项羽，还是那个不嗜杀人的刘邦？秦国人靠杀人得了天下以后，为什么马上有那么多人反抗他？十几年不到，天下的诸侯又造了反？这孟子的话，就和“吃饱了不饿”一样是真理，非要饿几天才能验证它吗？孟子走到齐国，走到魏国，讲什么？给民众点产业，让民众活下去。这个话今天看，是在与虎谋皮，让老虎把皮剥下来。但是在那个黑漆漆的时代，有这样一个人站出来，我们说，就拿它当个文学现象吧，也是给这个黑漆漆的时代一点光亮。

而且，孟子还劝梁惠王行仁道，说你就知道抢夺土地好，掠夺人民好，你就没有想想你的老百姓都活成什么样子了？这时候，要听一听孟子的，把心收一收，给民众一点活路，你的国力不也上去了？不。所以，梁惠王这个人不懂得持盈保泰。都什么时代了？还整天想当天下的王。梁惠王身上有很多教训，他还以为自己在春秋时代呢，所以搞什么逢泽之会，称王。这个时代是要灭你的国家的。那么，一个国家要立于不败之地，要想外边打胜仗，一定要内政清明。秦国有了不竭的战争源泉，然而做不到这一点，也要处于守势。守势也需要不竭的源泉，是什么？就是民众对你的信任，民众铁了心跟你，这个条件的前提是让民众有口饭吃。孟子的话，冬烘迂腐吗？

李山脱口秀

战争那样残酷，是黑漆漆的时代，这时候，孟子站出来了，他说只有不嗜杀人的人才可以统一天下！孟子的话，就和“吃饱了不饿”一样是真理，我们说，就拿它当个文学现象吧，也是给这个黑漆漆的时代一点光亮。

战国是中国历史的特殊时期，它是中国历史从大分走向大合的阶段，在这个阶段，交织着新与旧，激荡着血与火，在各个诸侯国之间，有变法的阵痛，有战争的惨烈，一批新人也开始登上历史舞台，这时期大兼并的历史现实，造就了独特的战国面貌。那么，战国时期还在哪些地方发生着变化呢？

整个社会结构发生了变化。大家知道，周家创业，周武王等带着一二十万人闯天下，搞封建制。搞封建制的标准是什么？血缘关系。亲人、盟友，都封出去做诸侯，世世代代。讲亲戚关系，对后来中国人影响很大，至今也很大。但是，到了战国时期不行了，政府不能容忍这些了。商鞅变法就提出来一条，一个家庭最理想的状况是五口。为什么要这样规定？是政府为了税收。为了税收，就要把家庭破析到五口人这样一个小单位。夫妻两口子，总得有吧，缺一个构不成家，生个大孩子，生个小孩子，可能还有一两个老人，这样的话，就是五口之家。五口之家，大概有三个需要纳税的大人。所以，要全社会的家庭都是小到不能再小的五口人的规模，就是为了保证王朝税源充沛。若是大家族，好几百口子在一块儿，却只交几个人的税，国家税源就少。不仅秦国，列国的税收制都在变，无形中对当时的社会结构是一种人为的、出于政治军事目的的强制改变。所以说，当时的社会结构变化，不是由于社会结构自身内部新因素生长的自动变化，不是，是被政府强行划开的。强行划开就不容易愈合。什么时候政府力量弱了，或者不严加管理了，家族势力就起来了。在当时，出于政治需要，经由政治手段，做了一些改造社会的工作。但是这种改造，并不是沿着家庭生活福利这种逻辑做的，而是相反，是为了保证国家财富。所以这样的改革改造，会出现反复。政府稍微一失控，家族势力就起来了。到汉魏南北朝时期，就形成了家族门阀势力。

变法还造成另外一个结果。如果我们熟悉汉朝初期，那时有一个很显著的思想现象，就是“过秦”。什么叫“过秦”，就是检讨秦国，批判秦国。陈胜起义要“诛暴秦”，到了汉初，思想家在理论上要“诛暴秦”，其中思想家里最有力的“过秦”者是贾谊。贾谊写文章说，秦国因为变法，社会风俗变得很不善良。因为一个家庭就是一个税收的利益单位，所以秦法下亲人之间的关系很不好，不厚道。他说在一个家族里，婆婆哪怕是向儿媳妇借个笤帚，儿媳妇也得骂一顿，骂骂咧咧才给你，因为我家吃了亏。这个风俗不好。所以他向政府提出要求，应该兴儒术、兴教化、讲人伦、讲和谐，回到儒家所倡导的社会轨道上去。贾谊的说法，透露出战国在社会风俗方面发生的显著变化。这是另外一个特点。

二百五十多年的战国历史，是中国历史上的一个特殊时期，大大小小的诸侯国互相兼并。在这个时代，既有奔走于各国之间的游说之士，为了功名朝秦暮楚，也有推行变法、不徇私情的法家人物；既有像庞涓一样心胸狭隘的将军，也有蔺相如那样胸怀宽广的大臣。这些人有公心，也有私欲；有优点，也有缺陷，但他们一个个都个性鲜明，具有强烈的战国时期人的特点。那么，对于这些人所生活的战国时代，我们究竟应该怎样总结呢？

最后，我们要用顾炎武的一段话对这个时代做个总结。顾炎武是明末清初的大思想家、大学问家，他写过一本书叫《日知录》。该书卷十三有一条叫《周末风俗》，这个“周末”指的就是战国。他把战国与春秋对比，说：“如春秋时，犹尊礼重信，而七国则绝不言礼与信矣。”意思是，春秋时期的人，包括打仗也讲个礼，讲个信任。什么叫讲信任？春秋时楚国打宋国，宋国的宰相爬出城

李山脱口秀

陈胜起义要“诛暴秦”，到了汉初，思想家在理论上要“诛暴秦”。

来，找到楚国的宰相，说我们国家“易子而咬其骨”，都开始吃小孩儿了——吃小孩儿不忍心吃自己的，换别家的孩子吃！他可以把这话告诉楚国执政。楚国执政也说实话，说我们现在也没粮食了，要撤军了。战争期间还能讲这些，重礼讲信。但是到了七国，再也看不到这种现象了。这是第一点。

第二点，他说：“春秋时犹宗周王，而七国则绝不言王矣。”春秋时期尊王攘夷，要当霸主，没尊王的表现，诸侯就不跟你走，不论是齐桓公还是晋文公，都尊王，尊王可以把大家统一起来，排除异族，所以周王是一面重要的旗帜。但是到了战国时期，就不然了。顾炎武这个说法，是个概括性的说法。有人会说，战国时期梁惠王也尊过王。是的，可他尊王是想升高自己，下场却是马陵之战栽了大跟头。我们说，梁惠王有点时光倒错，生活在战国，却老做春秋梦，所以，梁惠王的表现不足以构成对顾炎武的反证。战国时，周王已经彻头彻尾变成聋子的耳朵了。

第三点，“春秋时，犹宴会赋诗。”春秋时期列国宴会上唱《诗经》，是一种文雅，非常雅致的君子风范。到战国，见不到这样的现象了。白起是战国人，长个尖脑袋，俩小眼睛瞪着炯炯放光。有一部《春秋后语》记载平原君的话，说白起这个人“头小而锐”，谁也挡不住，尖脑袋一钻，任何东西都能钻破，与他作为一个将军打仗势如破竹是一致的，后人称长相有这个特点的叫“有白起风”。所以战国时期，是这样的人在舞台上表演。还有就是苏秦这种人。苏秦，得了势以后回家，问嫂子，为何对他前倨而后恭？苏大嫂子，不是一家人，不进一家门，说，还不是因为叔叔你钱多、官儿大吗？这叔嫂俩，活像两口子！《战国策》里的这位苏秦，是小说人物，但也活画出一些策士的灵魂，即他们强烈的功利心。

李山脱口秀

白起这个人“头小而锐”，谁也挡不住，尖脑袋一钻，任何东西都能钻破，与他作为一个将军打仗势如破竹是一致的，后人称长相有这个特点的叫“有白起风”。战国时期，是这样的人在舞台上表演。

还有一点，“春秋时，犹有赴告书策”。赴告，列国之间发生了事以后，互相通报情况，到战国则没有了。另外，“邦无定交，士无定主”，说这个时候，邦国之间没有一定的交情，今天答应你割地，明天接着打你。而且是今天跟你约了盟，明天一看你要倒霉，就破鼓乱人捶，一块儿下家伙。士与士之间，就是你的功利别妨碍我，我的功利不妨碍你。妨碍了我，就给你使绊子，给你下药、下套，把你搞死！顾炎武说：“此皆变于一百三十三年之间。”还说不要等到秦始皇统一天下，文武之道已经完蛋了。“文武之道尽矣”，“尽矣”不就是完了吗？他对“文武之道”的丧失充满了惋惜。所谓“文武之道”，就是礼乐文明，就是西周文明，就是前边所说的朝聘会盟、赋诗言志、崇礼尊信等等。的确，战国是一个新时代，它在很多方面表现出许多特色。七国打来打去，打出一个新模样，这个新模样，老实说不是很好看。但是中国要走进未来的历史，非要经过这么一段时间不行。这就像蹚浑水一样，非要蹚过去才能好一点。

> **李山脱口秀**
>
> 七国打来打去，打出一个新模样，这个新模样，老实说不是很好看。但是中国要走进未来的历史，非要经过这么一段时间不行。

总之，回望七国，成的有成的原因，败的有败的教训。读这段历史经常使人生警醒。这也应了那句老话，读史可以使人明智。所以无论对个人，还是对我们的事业而言，这段历史都是很有启发意义的。

战国大事记

（前453年—前260年）

公元前453年，周贞定王十六年，　晋出公二十二年

韩、赵、魏共灭智伯，三家分晋。

公元前425年，周威烈王元年，秦怀公四年

秦庶长晁等人包围秦怀公，怀公自杀。

公元前419年，周威烈王七年，秦灵公六年，魏文侯二十七年

魏筑城于少梁。秦攻少梁。

公元前418年，周威烈王八年，秦灵公七年，魏文侯二十八年

秦、魏战于少梁。

公元前417年，周威烈王九年，秦灵公八年，魏文侯二十九年

秦在黄河边修筑防御工程。魏再次在少梁筑城。

公元前415年，周威烈王十一年，秦灵公十年，魏文侯三十一年

秦修补庞城，筑籍姑城。

公元前412年，周威烈王十四年，秦简公三年，魏文侯三十四年

魏围攻秦繁庞，克之，“出其民”。

公元前409年，周威烈王十七年，秦简公六年，魏文侯三十七年

魏伐秦，筑临晋、元里两城。

公元前408年，周威烈王十八年，秦简公七年，魏文侯三十八年

魏伐秦，攻占河西之地，筑洛阴、郃阳两城。秦退守洛水以西，沿河筑军事工程。

公元前406年，周威烈王二十年，魏文侯四十年

魏灭中山。

公元前405年，周威烈王二十一年，魏文侯四十一年，韩景侯四年，赵烈侯四年，齐悼子六年

齐内乱，公孙会以廪丘叛入赵。齐军伐之。韩、赵、魏三国救公孙会，大败齐军。

公元前404年，周威烈王二十二年，魏文侯四十二年，韩景侯五年，赵烈侯五年，齐悼子七年

韩、赵、魏三国军队攻入齐长城。

公元前403年，周威烈王二十三年，魏文侯四十三年，韩景侯六年，赵烈侯六年

周威烈王命韩、赵、魏为诸侯。

公元前402年，周威烈王二十四年，楚声王六年

盗杀楚声王。

公元前390年，周安王十二年，秦惠公十年，魏武侯六年

秦、魏在武城交战。秦改陕为县。

公元前389年，周安王十三年，秦惠公十一年，魏武侯七年

秦攻魏阴晋。

公元前386年，周安王十六年，魏武侯十年，赵敬侯元年，齐和子元年

田和与魏武侯会于浊泽。在武侯帮助下，立为诸侯。齐改称元年（此年为田和在位十九年）。赵迁都邯郸。

公元前385年，周安王十七年，秦出子二年

秦庶长菌改迎立公子连（即秦献公）为君，杀出子。

公元前383年，周安王十九年，魏武侯十三年，赵敬侯四年

赵筑刚平城，以侵卫。卫求救于魏，魏败赵军于兔台。

公元前382年，周安王二十年，魏武侯十四年，赵敬侯五年，田侯剡二年

齐、魏助卫攻赵，卫取刚平。

公元前381年，周安王二十一年，魏武侯十五年，赵敬侯六年，田侯剡三年，楚悼王二十一年

赵求救于楚，楚伐魏。赵攻魏，取棘蒲。楚悼王死，吴起被肢解。

公元前380年，周安王二十二年，魏武侯十六年，赵敬侯七年

中山国复国。

公元前369年，周烈王七年，魏惠王元年，韩懿侯六年，赵成侯六年

魏公子缓争立，韩、赵趁机攻魏，先后为魏所败。

公元前361年，周显王八年，魏惠王九年

魏迁都大梁。

公元前356年，周显王十三年，秦孝公六年

秦用商鞅为左庶长，下令变法。

公元前354年，周显王十五年，秦孝公八年，魏惠王十六年，赵成侯二十一年

赵伐卫，取漆、富丘。魏出兵围邯郸。秦取魏少梁。

公元前353年，周显王十六年，秦孝公九年，魏惠王十七年，赵成侯二十二年，齐威王四年

齐救赵，攻魏，大败魏军于桂陵。齐联合宋、卫，攻魏襄陵。魏攻入邯郸。

公元前352年，周显王十七年，秦孝公十年，魏惠王十八年，赵成侯二十三年，齐威王五年，楚宣王十八年

秦攻取魏安邑。魏与韩军败齐、宋、卫军于襄陵。齐请楚景舍向魏求和。

公元前351年，周显王十八年，秦孝公十一年，魏惠王十九年，赵成侯二十四年

秦攻取魏固阳。魏归赵邯郸。魏、赵盟于漳水。

公元前350年，周显王十九年，秦孝公十二年

秦迁都于咸阳。秦普遍设县。商鞅废井田，开阡陌。

公元前348年，周显王二十一年，秦孝公十四年

秦“初为赋”。

公元前344年，周显王二十五年，秦孝公十八年，魏惠王二十六年

魏惠王称王，召集逢泽之会，率诸侯朝见周天子。秦派少官参加。

公元前342年，周显王二十七年，魏惠王二十八年，韩昭侯二十一年，齐威王十五年

魏攻韩梁赫。齐救韩。

公元前341年，周显王二十八年，魏惠王二十九年，齐威王十六年

齐军大败魏军于马陵，杀庞涓，虏魏太子申。

公元前340年，周显王二十九年，秦孝公二十二年，魏惠王三十年，赵肃侯十年，齐威王十七年

齐、秦、赵攻魏。秦卫鞅用计擒魏公子卬，大破魏军。秦封卫鞅於商之地，号商君。

公元前338年，周显王三十一年，秦孝公二十四年

秦孝公去世。商鞅被车裂。

公元前334年，周显王三十五年，魏惠王后元四年，齐威王二十三年

魏惠王用惠施之计，与齐威王在徐州相会，尊齐为王，史称“徐州相王”。

公元前333年，周显王三十六年，楚威王七年，齐威王二十四年

楚攻齐之徐州，大败齐军。

公元前328年，周显王四十一年，秦惠文王十年

秦用张仪为相。魏献上郡十五县于秦。

公元前323年，周显王四十六年，秦惠文王更元二年，魏惠王后元十二年，赵武灵王三年，韩宣惠王十年，燕易王十年，齐威王三十四年

公孙衍发起燕、韩、赵、魏、中山“五国相王”。

公元前318年，周慎靓王三年，秦惠文王更元七年，魏襄王元年，韩惠宣王十五年，赵武灵王八年，楚怀王十一年，燕王哙三年

魏、韩、赵、楚、燕五国合纵攻秦，不胜而还。

公元前317年，周慎靓王四年，秦惠文王更元八年，魏襄王二年，韩惠宣王十六年，赵武灵王九年

秦败韩、赵、魏三国军队于修鱼。齐联合宋攻魏，败魏军于观泽。

公元前316年，周慎靓王五年，秦惠文王更元九年

秦派司马错伐蜀，蜀亡。

公元前315年，周慎靓王六年，燕王哙六年

燕国内乱，将军市被、太子平攻子之。

公元前314年，周赧王元年，齐宣王六年，燕王哙七年

燕国子之杀将军市被、太子平。齐军入燕。燕昭王即位。

公元前308年，周赧王七年，秦武王三年，韩襄王四年

秦攻取韩宜阳。

公元前307年，周赧王八年，秦武王四年，赵武灵王十九年

赵武灵王"胡服骑射"。赵攻中山，到房子。秦魏冉为将军。

公元前305年，周赧王十年，赵武灵王二十一年

赵攻中山，取中山七邑，中山又献四邑。

公元前302年，周赧王十三年，赵武灵王二十四年

赵迁吏民于九原。命将军、大夫、嫡子、代吏等着胡服，习骑射。

公元前299年，周赧王十六年，赵武灵王二十七年，楚怀王三十年

楚怀王被骗入楚，被扣留。赵武灵王传位于王子何（即赵惠文王），自号主父。

公元前298年，周赧王十七年，秦昭王九年，魏襄王二十一年，韩襄王十四年，齐闵王三年

齐、韩、魏联军攻秦至函谷关。

公元前296年，周赧王十九年，秦昭王十一年，魏襄王二十三年，韩襄王十六年，赵惠文王三年，齐闵王五年

齐、韩、魏军队继续攻秦，秦求和，归还韩、魏一部分土地。赵灭中山，迁中山王于肤施。

公元前295年，周赧王二十年，秦昭王十二年，赵惠文王四年

赵国内乱，公子章夺权。公子成、李兑包围主父之宫，主父饿死。秦魏冉为相。

公元前293年，周赧王二十二年，秦昭王十四年，魏昭王三年，韩厘王三年

秦左更白起大败韩、魏联军于伊阙，斩首二十四万，虏魏将公孙喜。

公元前288年，周赧王二十七年，秦昭王十九年，齐闵王十三年

秦魏冉约齐并称帝，齐为东帝，秦为西帝。齐用苏秦计，取消帝号。

公元前287年，周赧王二十八年，秦昭王二十年，魏昭王九年，韩厘王九年，赵惠文王十二年，楚顷襄王十三年，齐闵王十四年

苏秦、李兑约齐、赵、韩、魏、楚五国攻秦，至成皋，罢兵。秦归还赵、魏部分土地。

公元前286年，周赧王二十九年，齐闵王十五年

齐灭宋。

公元前284年，周赧王三十一年，秦昭王二十三年，魏昭王十二年，韩厘王十二年，赵惠文王十五年，楚顷襄王十五年，齐闵王十七年

赵、韩、魏、秦、燕五国攻齐，燕将乐毅入齐，攻陷临淄。楚收复淮北失地。

公元前279年，周赧王三十六年，秦昭王二十八年，赵惠文王二十年，楚顷襄王二十年，齐襄王五年

燕昭王死。燕惠王用骑劫取代乐毅为将。田单反攻，收复齐国失地。秦昭王与赵惠文王渑池相会。秦将白起大举攻楚。

公元前278年，周赧王三十七年，秦昭王二十九年，楚顷襄王二十一年

秦将白起攻陷鄢、郢，烧夷陵。楚国被迫迁都于陈。

公元前269年，周赧王四十六年，秦昭王三十八年，赵惠文王三十年

秦军经由韩上党攻赵阏与，赵将赵奢大破秦军。

公元前266年，周赧王四十九年，秦昭王四十一年

秦用范雎为相。

公元前263年，周赧王五十二年，秦昭王四十四年，韩桓惠王十年

秦攻取韩太行山以南南阳之地。

公元前262年，周赧王五十三年，秦昭王四十五年，韩桓惠王十一年，赵孝成王四年

秦取韩野王，切断上党与韩国都城之间的联系。韩上党郡守率众归赵。

公元前261年，周赧王五十四年，秦昭王四十六年，赵孝成王五年

秦将王龁攻取上党。赵派廉颇为将，拒秦军。长平之战爆发。

公元前260年，周赧王五十五年，秦昭王四十七年，赵孝成王六年

赵用赵括为将取代廉颇。秦将白起大破赵军于长平，坑杀赵军降卒四十万。